经验与分析：
骨干教师成长叙事研究

许占权　张妙龄　李文送
冯宇红　王海波　等　著

WUHAN UNIVERSITY PRESS
武汉大学出版社

图书在版编目(CIP)数据

经验与分析:骨干教师成长叙事研究/许占权等著.—武汉：武汉大学出版社,2022.6(2022.12重印)
ISBN 978-7-307-23030-9

Ⅰ.经…　Ⅱ.许…　Ⅲ.中小学—师资培养—研究　Ⅳ.G635.12

中国版本图书馆 CIP 数据核字(2022)第 058312 号

责任编辑:李　玚　　　责任校对:李孟潇　　　版式设计:马　佳

出版发行：**武汉大学出版社**　　(430072　武昌　珞珈山)
　　　　　(电子邮箱: cbs22@ whu.edu.cn　网址: www.wdp.com.cn)
印刷:武汉邮科印务有限公司
开本:720×1000　1/16　印张:20.25　字数:329 千字　插页:1
版次:2022 年 6 月第 1 版　　2022 年 12 月第 2 次印刷
ISBN 978-7-307-23030-9　　定价:70.00 元

前　言

骨干教师是教师队伍的中坚力量，是学校发展的顶梁柱。根据教师专业发展规律，骨干教师是教师专业发展阶段中的一个承前启后的重要阶段，骨干教师的前身是胜任型教师，下一发展阶段是专家型教师。从胜任型教师成长为骨干教师既是教师自身专业发展的追求，也是国家和学校教师队伍建设的需要。骨干教师的成长发展既离不开国家、社会和学校营造良好的成长发展环境，更需要教师自身的努力。据研究，只有55%左右的教师发展成为骨干教师。优秀骨干教师成长经验给我们带来哪些启示？具有什么样特质的教师能够发展成为骨干教师？骨干教师的发展过程具有哪些特点？骨干教师自我发展的机制是什么？骨干教师如何发展成为专家型教师？我们围绕这些问题开展了叙事研究。

本书首先由36位中小学骨干教师讲述他们自己的成长故事（第2~5章），讲述他们如何关爱学生、如何投身教学实践、如何读书学习、如何反思、如何开展教研，讲述他们的教育情怀，讲述他们教育理念的形成，讲述他们教育实践智慧的提升，讲述他们如何成长为优秀的骨干教师。同时，我们简要分析了每位教师成长的特点，从个案分析角度，探寻骨干教师成长之规律。在对36名骨干教师成长个案分析基础上，我们进行了骨干教师成长特性与自我发展机制分析（第6章），并进一步探讨了骨干教师如何成长为专家型教师。这是一本关于骨干教师成长的叙事研究，36个个案是从191名广东省湛江市省级骨干教师培养对象中遴选出来的。

2016—2020 年，我们承担了广东省"湛江市省级骨干教师培养项目"，在项目实施的同时，开展了四年的骨干教师培养模式行动研究和实践探索。我们在充分研究教师成长规律基础上，结合多年的教师培训实践经验，创建了"三阶十环螺旋递进"的骨干教师培养模式，经过四年实践探索，取得了一定的成效，2019 年，该项目获广东省教育教学成果奖（基础教育类）一等奖。

在省级骨干教师培养项目完成后，我们继续跟踪培养对象，观察培养效果，继续与培养对象保持密切联系，合作开展教育教学及教师发展的行动研究和叙事研究。为进一步研究骨干教师成长规律，推广该项目的研究成果，我们从 191 名省级骨干教师培训对象中遴选出 36 名骨干教师，作为个案，通过骨干教师成长自述、骨干教师成长分析，以教师专业发展理论为依据，结合中小学教学实践，分析骨干教师的成长过程和影响因素，研究骨干教师成长特性与自我发展机制，以期对教师的培养培训带来启发，同时，为有志于成为优秀骨干教师的人们提供示范和启迪。

本书是集体智慧的结晶，全书由岭南师范学院许占权教授负责策划和统稿，并与岭南师范学院副研究员张妙龄、岭南师范学院附属中学高级教师李文送，以及湛江市赤坎区教师发展中心副主任、特级教师冯宇红，湛江二中港城中学正高级教师王海波等教师，共同组织指导 36 名骨干教师开展成长自述，撰写骨干教师成长分析。具体分工是：第 1 章、第 6 章、第 7 章由许占权撰写；第 2~5 章中骨干教师成长分析部分，由许占权、张妙龄、李文送、冯宇红、王海波 5 人分工撰写；成长自述分别由 36 名骨干教师自己撰写。潘唯女、冯宇红、戴穆兰、李文送、宋广玲、杨浩、魏莲花这 7 位骨干教师的成长分析由许占权撰写；靳瑞、李爱红、梁桂云、梁春梅、吴连助、吴帅、杨小禅、袁毅这 8 位教师的成长分析由张妙龄撰写；蔡虹、陈华晓、陈铸、黄锦荣、黄康太、刘美、尹晓峰这 7 位骨干教师的成长分析由李文送撰写；廖容丽、莫罗东、王秀馨、谢宏卫、叶泗凯、周翠娇、邹岳松这 7 位骨干教师的成长分析由冯宇红撰写；陈恒海、窦梦婷、段钦、黄剑涛、袁勇、李泰发、尤小蓉这 7 位骨干教师的成长分析由王海波撰写。

感谢广东省教育厅对省级骨干教师培养项目的关怀，感谢湛江市教育局及各县区教育局的信任和支持，感谢省级骨干教师培养项目团队及全体学员的支持和配合！由于水平有限，书中难免有不足之处，欢迎读者们批评指正！

许占权

2021 年 8 月 1 日

目　　录

第四章　学习反思与行动研究

第五章　扎根乡村与化弱为强

第一章　研究缘起与设计

第一节　研究缘起

教师专业成长既是一种教师个体行为，又是一种社会需求。骨干教师是教师专业发展中的重要阶段，成长为骨干教师是教师自身发展的需要，也是学校发展、区域师资队伍建设和国家师资队伍建设的需要。我们开展骨干教师成长叙事研究缘起于我们承担的"湛江市省级骨干教师培养项目"，骨干教师成长叙事研究是在完成了"湛江市省级骨干教师培养项目"基础上，对培养对象开展的后续深入研究。

建设高素质专业化创新型教师队伍是国家新时代教师队伍建设目标，培养骨干教师是重要举措之一，也是基础教育高质量发展的需要。2018 年 1 月 20 日，中共中央、国务院印发的《关于全面深化新时代教师队伍建设改革的意见》指出："到 2035 年，教师综合素质、专业化水平和创新能力大幅提升，培养造就数以百万计的骨干教师、数以十万计的卓越教师、数以万计的教育家型教师。"《中共广东省委 广东省人民政府关于全面深化新时代教师队伍建设改革的实施意见》提出了我省师资队伍建设目标："到 2035 年左右，全省教师综合素质、专业化水平和创新能力大幅提升，稳居国内先进地区行列。建立符合教育规律的教师发展体系，培养造就数以十万计的骨干教师、数以万计的卓越教师、数以千计的教育家型教师。"

为加强中小学骨干教师队伍建设，广东省教育厅从 2014 年开始，实施了省级骨干教师和骨干校长培养计划，该项目在全省范围内遴选一批中小学省级骨干教师、骨干校长培养对象进行培养，提高他们的师德水平和业务能力，促进形成特点鲜明的教育教学风格及学校管理特色，使他们成为名教师、名校长的后备梯队。同时建立省、市、县三级骨干教师、骨干校长培养体系，充分发挥各级骨干教师、骨干校长的示范引领作用，全面带动和促进中小学教师队伍整体水平提升。该项目由省教育厅领导，各地市教育局组织实施。湛江市教育局将该项目委托给了岭南师范学院负责具体实施。

我们接受该项目后，成立了项目组，遴选了高校和中小学专家担任项目组成员，在广东省教育厅指导下，在湛江市教育局和岭南师范学院直接领导下，开展了长达 4 年的骨干教师培养之旅和骨干教师培养行动研究。该项目不是普通培训项目，是时间长达几年的骨干教师培养工程。如何有效实施省级骨干教师培养项目，有效实现培养目标？如何结合新时代中小学教师生命成长的规律和特点培养骨干教师？如何富有实效地培养培训骨干教师？如何创建一个有效的骨干教师培养模式？围绕这些问题，我们在几年的理论和实践研究基础上，以承担湛江市省级骨干教师培养项目为契机，开展了 4 年的骨干教师培养模式行动研究和实践探索。

在多年教师专业发展研究和教师培养培训实践基础上，我们构建了"三阶十环螺旋递进"骨干教师培养模式，精心地对这批教师进行培养。"三阶"即把骨干教师培养分为三个阶段：反思和规划、实践和提升、示范和引领。三个阶段具体分为十个环节：集中理论学习、现场专题研讨、教育名著研读、名师工作室跟岗、网络研修、名校考察交流、校本行动研究、示范辐射、结业成果答辩、后续跟踪。十个环节，环环相扣，螺旋递进。

省级骨干教师培养项目达到了预期目的，取得了良好效果。2019 年，该项目获广东省教育教学成果奖一等奖（基础教育类）。实践证明，该项目的有效实施，提高了省级骨干教师培养对象的教育理论素养、教学实践能力和教学研究能力，提升了教育实践智慧，形成较科学的教育理念和教学艺术风格，培养了一批师德高尚、理念先进、视野广阔、学识渊博、业务精湛、实践能力强、能够发挥引领示范作用的湛江市基础教育骨干教师，为湛江市名教师培养了后备梯队。参加培养项目的教师在专业上不断地成长，同时也发挥了示范引领辐射作用。在191名培养对象中，8人获得"广东省特级教师"称号；3人成为正高级教师；4人成为广东省名教师工作室主持人；39人成为湛江市名教师、名班主任工作室主持人，46人成为县区级工作室主持人。在培养期间，获得县区级荣誉总计352人次，获得省部级荣誉总计106人次。48人次在培养期间通过副高级职称评审，16人被提拔为校级领导，102人担任学校中层干部。

我们在承担湛江市省级骨干教师培养项目的四年中，密切接触了191名湛江市幼儿园和中小学骨干教师。这批骨干教师是从湛江8万余名幼儿园和中小学教师中遴选出来的，四年的近距离接触，使我们真实地观察了这批骨干教师的成长轨迹，感受到了他们的教育情怀，了解了他们在专业成长过程中的酸甜苦辣。

在省级骨干教师培养项目完成后，我们继续跟踪培训对象，观察培养效果，继续与培养对象保持密切联系，合作开展教育教学及教师发展的行动研究和叙事研究。骨干教师的成长既需要外在力量的培养，也需要自身的主动发展。为进一步研究骨干教师成长规律，探寻骨干教师成长之路，充分发挥优秀的骨干教师的榜样示范和引领辐射作用，我们从191名省级骨干教师培训对象中随机抽选出来36名骨干教师，作为个案，通过骨干教师成长自述、骨干教师成长个案分析和整体分析，总结骨干教师发展特点，揭示骨干教师成长规律，为广大年轻教师和师范生成长提供榜样，探索骨干教师成长之旅和培养之路。

第二节 研究设计

一、概念界定

何谓"骨干教师"？骨干教师一词在我国最早出现在教育部于1962年12月印发的《关于有重点地办好一批全日制中小学校的通知》中。国家首次在文件中明确提出："各学科各年级都要有骨干教师。"

通常"骨干教师"一词出现在以下三种语境中：（1）行政部门认定的"骨干教师"，即由教育行政部门根据一定的评选与认定标准，通过一定的考核程序最终认定，并颁发相应的证书，同时也提出相应的义务要求等。通常会有"学校骨干教师""县（区）骨干教师""省级骨干教师""国家骨干教师"等不同层次。（2）教师培训项目中的"骨干教师"，即由有关组织开办的"骨干教师培训班"，由学校根据名额、学科及学校的实际需要派送相关教师参加，一般培训过后会颁发相应的培训结业证书。（3）实际工作中的"骨干教师"，他们往往是中小学的教育教学骨干，是学校的"顶梁柱"，他们不一定参加过任何级别、类型的骨干教师培训班，也不一定有"骨干教师"称号，但他们确实在自己的学校发展中发挥着不可忽视的骨干作用。①

根据教师专业发展规律，骨干教师是教师专业发展阶段中的一个承前启后的重要阶段。关于教师专业发展阶段的划分，国内外学者有不同的划分方法。20 世纪 60 年代末，美国得克萨斯大学的富勒（Fuller）是最早的教师专业发展阶段的研究者，他以教师关注事物在其成长中的更迭为研究对象，采用问卷调查研究形式，提出了教师专业发展阶段理论，他认为教师的专业发展要经历"执教之前关注阶段、早期关注求生阶段、关注教学情景阶段和关注学生阶段"这四个发展阶段。美国学者柏林纳（Berliner，1988）认为，教师发展成长经历新手教师、熟练新手教师、胜任型教师、业务精干型教师和专家型教师这五个阶段。

北京教育学院钟祖荣教授等学者在调查的基础上指出，教师的职业成长存在明显的阶段性，素质和业绩（能力表现）是受到广泛认可的划分依据，根据素质、能力表现结合教龄将教师的发展阶段划分为五个阶段：适应期（工作的第 1 年）、熟练期（工作的 3~5 年）、探索期（第 10 年左右）、成熟期（第 15 年左右）、专家期（第 20 年左右）。②

综合国内外学者的研究，特别是柏林纳的划分方法，我们把教师发展分为新手阶段（新手教师）、胜任阶段（成熟教师）、业务精干阶段（骨干教师）、专家阶段（专家型教师）这四个阶段。

本书中的"骨干教师"概念是上文中"骨干教师"所出现的（2）（3）两

---

① 王丽琴，蔡方. 从师范生到骨干教师（一）——关于教育研究在教师专业成长中地位与作用的个案考察 [J]. 当代教育科学，2004（3）.

② 钟祖荣，张莉娜. 教师专业发展阶段的调查研究及其对职后教师教育的启示 [J]. 教师教育研究，2012，24（6）.

种语境的综合体。本书的研究对象来自"湛江市省级骨干教师培养项目"中的参训学员，他们也是湛江市各中小学非常优秀的教育教学骨干。

我们认为，骨干教师是经过一定时间的教育教学实践磨炼后，在一定时空范围内被学校、同行和家长认可，具有良好的敬业精神，具有较强的教育教学、教研、协调沟通等专业能力，具有较高的教育实践智慧，在一定范围内能较好发挥"顶梁柱"作用的教师，骨干教师是教师队伍中的中坚力量。能够在学校发挥"顶梁柱"作用的是学校骨干教师，能够在县（区）发挥"顶梁柱"作用的是县（区）骨干教师，能够在省市发挥"顶梁柱"作用的是县省市骨干教师，能够在全国发挥"顶梁柱"作用的是国家级骨干教师。能够在学科领域中发挥"顶梁柱"作用的是学科骨干教师，能够在班主任工作中发挥"顶梁柱"作用的是骨干班主任。当然，有些骨干教师在学科教学和班主任工作中都是"顶梁柱"。

二、问题的提出

学校不仅是学生学习和成长的地方，也是教师学习和成长的地方。教师的专业发展贯串整个教师职业生涯，经历了一系列的发展阶段。研究教师专业发展阶段及其发展特点，有助于我们把握教师专业发展规律，也是我们培养培训教师的理论依据。教师培训要针对不同专业发展阶段的教师发展特点和发展需求进行培训目标和培训课程的设计。

教师专业发展是一个动态的不断革新的过程，教师在专业发展不同阶段的专业发展水平、专业需求、专业心态、信念等都是在不断变化的，在各个专业发展阶段中会面临不同的专业发展问题，教师的专业发展有不同的特点和需求，不同的培训活动对教师专业发展所起到的作用也是不同的。[①]

根据教师专业发展理论以及教师专业发展实际，从新手教师到专家型教师，教师的发展呈金字塔型（见图 1-1），从新手教师到专家型教师，数量越来越少。美国学者柏林纳（D. C. Berliner, 1988）的研究认为，从事教学工作 3~5 年的教师，基本可以胜任自己的工作，能够达到胜任型教师的岗位要求。教师成为胜任

[①] 杜屏等. "北京市中小学骨干教师成长与行动研究"项目评估与反思 [J]. 教师教育研究，2010（5）.

型教师后，专业发展将会受到显著影响，经过5年左右的知识和经验的积累，只有55%左右的教师发展能进入下一阶段，成为精干型的教师，即骨干教师。熟练阶段教师多数是各个学校的中青年骨干教师，成为业务精干型教师，需要5～10年的时间。① 这个阶段的教师教育教学得心应手，教育技能、教学积累都达到了较高水平，教师的职业幸福感增强，教师的职业信度得到广泛认可，师生关系、教师与家长关系处于较为和谐的状态。但教师的进取心有弱化的趋势，教师的求知激情得到抑制，教师的专业发展进步缓慢，大约90%的教师将处于停滞不前的状态，只有10%左右的教师专业发展能够进入下一个阶段，成为专家型教师。

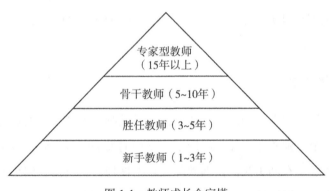

图 1-1　教师成长金字塔

为什么只有55%左右的教师成为骨干教师？怎样让更多的人达到骨干教师的层次？骨干教师的成长，外在的培养与条件固然重要，但更重要的是教师的自我培养、自我发展，正如李镇西所说："每个教师的成长，都是自己培养自己的结果。""'生长'的确需要空气、阳光和水，但是这些条件都是普惠于每个人的。那么为什么不是人人都能'生长'（成长）呢？因为'生长'是生长者自己的事。"② 具有什么样内在特点的教师能够发展成为骨干教师？骨干教师的发展过程具有哪些特点？骨干教师自我发展的机制是什么？骨干教师成长历程和成长经

---

① 张学民、申继亮．国外教师教学专长及发展理论述评 [J]．比较教育研究，2001
(3)．

② 李镇西．自己培养自己 [M]．上海：华东师范大学出版社，2017：1，6．

验给我们带来哪些启示？骨干教师如何发展成为专家型教师？我们围绕这些问题
开展深入研究。

三、研究目的、内容与意义

在"'三阶十环螺旋递进'中小学骨干教师培养模式"行动研究基础上开展
后续深入研究，目的在于分析骨干教师成长的特点，探索骨干教师成长规律，揭
示骨干教师自我发展机制，激励和培养更多的骨干教师带来榜样示范和启发，同
时探索骨干教师如何继续发展，走向专家型教师。具体研究内容有：骨干教师成
长的个案分析、骨干教师成长特性与骨干教师自我发展机制、骨干教师发展方向
与路径。

社会对高质量教育的呼声和需求越来越高，提高教育质量已经成为当今社
会的急迫需求和永恒主题。《关于学前教育深化改革规范发展的若干意见》
《关于深化教育教学改革全面提高义务教育质量的意见》《关于新时代推进普
通高中育人方式改革的指导意见》在 2019 年接连印发，我国基础教育迈入全
面提高育人质量新阶段，教师队伍是质量提升的根本保障。教师是影响学生发
展的重要他人，对学生的发展和成长有重要的引导、教诲和示范的作用，是提
高中小学教育质量的重要影响因素之一。不断提高中小学教师的综合素质是不
断提高中小学教育质量的必要前提。中小学骨干教师是教师队伍中的核心群
体，是中小学教师队伍中的"顶梁柱"。骨干教师处于教师发展的承前启后阶
段，优秀的成熟教师发展成为骨干教师，优秀的骨干教师又会继续发展成为专
家型教师，他们的综合素养在很大程度上影响着教师队伍的整体水平。所以，
骨干教师培养与队伍建设成为国家和各地师资队伍建设的重要内容。国家已经
提出了"培养造就数以百万计的骨干教师"的任务。进行骨干教师成长研究，
为骨干教师自身发展和骨干教师培养培训提供依据，对于推动师资队伍建设具
有很好的价值和意义。

骨干教师的成长是在国家、社会和学校的政策支持与提供成长环境下自我发
展的过程，只有外在的培养培训与教师自我成长机制结合起来，才能取得良好效
果的培训效果。研究揭示骨干教师成长的特点和自我发展机制，对学校和国家师
资队伍建设，对骨干教师培养培训，对教师自我发展都具有重要意义。

四、研究对象与方法

(一) 研究对象

本研究以位于粤西的湛江市 36 名优秀的中小学骨干教师为研究对象。这 36 人是从 191 名省级骨干教师培养对象中抽选出来的，而这 191 名骨干教师是从湛江 8 万余名幼儿园和中小学教师中择优遴选出来的。36 名研究对象中有小学教师 10 人、中学教师 21 人、教研员 2 人、特殊学校教师 2 人、幼儿园教师 1 人。其中，语文教师 9 人、数学教师 6 人、英语 3 教师人、政治教师 3 人、历史教师 2 人、物理教师 2 人、化学教师 1 人、生物教师 4 人、音乐教师 2 人、美术教师 1 人。

(二) 研究方法与过程

我们采用叙事研究和个案研究的方法开展研究。"直接经验是所有教育的基础"，"教育叙事的主要目的在于关注日常教育实践与经验的意义"。叙事不仅仅是记录与叙述故事，更在于一种不断反思自身教育生活与实践的专业精神，以及对教师和学生在日常教学情境中教与学的交往、追问的过程。这种反思与追问在叙事研究看来，是对经验的重组和理解，以及提供意义诠释的过程。"诠释是理解的基础。光有描述是不够的，研究者还必须将诠释与理解呈现给读者。"教师自身成长的经验非常值得我们关注和深入研究。波士顿大学的里斯曼教授 (Catherine Kohler Riessman，1993) 认为，叙事研究过程就是分析各种各样叙述文本的过程。这个过程分为五个阶段：进入叙述者的经验、讲述经验、誊写经验、分析经验、读取经验。如何理解教育叙事研究的一般方法呢？丁钢教授认为："从一般的方法论角度出发主要在于三个方面：一是进行经验收集，二是提供意义诠释，三是注意伦理规范。"①

以里斯曼教授和丁钢教授的理论为依据，我们的研究方法与步骤如下：

第一阶段 (2016 年 5 月—2020 年 6 月)：在湛江市省级骨干教师培养项目的

---

① 丁钢.声音与经验：教育叙事研究 [M]. 北京：教育科学出版社，2008：59-60，73，80，84.

四年中，我们观察培养对象们的专业成长情况，听他们的成长故事，与他们研讨交流教育教学实践问题和理论问题。

第二阶段（2020年7月—2020年11月）：我们从湛江市省级骨干教师培养项目的191名骨干教师中抽选出40人，让他们撰写自己的成长经验，实际完成撰写成长经验的老师有36人。

第三阶段（2020年11月—2021年8月）：由研究团队核心成员对36名骨干教师撰写的成长经验（文本）进行逐篇分析（个案研究）和整体分析。

本书是在"'三阶十环螺旋递进'中小学骨干教师培养模式"行动研究基础上开展的后续研究，不仅仅有优秀骨干教师成长的自我叙事，还有研究团队对这些骨干教师成长的分析，既有个案分析又有整体分析，从而揭示骨干教师成长的特点和规律。研究团队的5名核心成员，其中2人是在大学里长期从事教师培养培训和研究的专业人员，2人是中学教师，1人是教研员，其中有3人自身也是省级骨干教师培养项目的学员。研究团队中的3名核心成员既是研究者，又是研究对象，该研究体现了行动研究的理念。

第二章　教育情怀与内在动力

——骨干教师成长自述与个案分析（一）

　　站上三尺讲台，就是选择了我人生的职业，更是我一生的
事业。从一个班的学生到一所学校的学生，再到一个区域的学
生，让更多的学生享受更好的物理教育，是我从教的初衷，更
是美好的愿景，亦是我的责任与使命！我会一直朝着这个目标
努力奋斗！

——尤小蓉

尤小蓉：热爱·责任·使命

🔖 尤小蓉

　　湛江二中港城中学教研室主任、初中物理高级教师。湛江市广东省骨干教师培养对象、广东省中小学新一轮"百千万人才工程"物理骨干教师、第二届湛江市名师工作室主持人、湛江市物理骨干教师。先后获得"湛江市骨干班主任""湛江市优秀科普工作者""广东省民办教育先进工作者""广东省南粤优秀教师"等荣誉称号；获第七届全国中学物理教学创新大赛一等

奖。被聘为岭南师范学院物理科学与技术学院兼职教授、物理学专业校外实习指导教师、湛江市教育局教研室兼职教研员、湛江市初中物理学科教研攻坚组副组长；取得广东省心理健康教育 A 级证书。《基于核心素养导向下的渐进式实验进阶设计》《基于学习进阶的物理概念教学设计初探》《溯题源导教学》等 10 余篇论文发表于《中学物理》等期刊上；主编教学用书《快乐假期》（八年级物理部分），参与编写著作《三环五步课堂教学研究》。主持和参与省市课题研究 8 项，其中参与研究的广东省教育科学"十三五"规划课题成果《教育现代化背景下的"三环五步"精致课堂教学高效模式研究》获评为湛江市第四届基础教育教学成果奖一等奖。

成长自述

我是省级骨干教师培养项目第二批培养对象，在该项目培养期间，我先后主持或参与省、市级课题 6 项，在《中学物理》《班主任之友》等刊物发表文章 10 多篇，主编或参与著作 2 部；参加了"教育部'国培计划'（2018）中小学一线优秀教师和教研员研修项目研修"。先后应邀为江苏、广东等地基础教育学校或部分师范院校做专题讲座、教学示范课 20 多场；还被聘为湛江市名校长林华庆工作室助理。

可以说，省级骨干教师培养项目是我专业成长的一次加速。在这个过程中我看见了自己的不足，也看到了自己的优势。追述自我成长历程，我更加坚定从教的信念，更加明确了自己的责任与使命，让内心充满不懈奋斗的力量。

一、崇拜感——择业的初衷

小时候，冷冷清清的家一到正月就变得热闹非凡，一个个洋溢着青春和自信的身影就络绎不绝"归巢而来"。只要爷爷放假回家，在村里不管谁遇到他，不管在忙什么，一定会停下手中的活，毕恭毕敬地问候一句："尤老师您回来了！"遇到谁家有喜事，坐在首席的一定是穿着一身藏青色的中山装、左边口袋里别着一支钢笔的爷爷。我那时候就觉得做老师是天下最光荣的职业：风吹不到，雨淋不到，最重要的是受人尊敬。怀揣着对爷爷，应该是对教师的崇拜之情，从走进学校的第一天开始，我就有一个清晰的目标——我要读师范学校，当老师。

高考后填报志愿，我毫不犹豫将所有志愿填写了师范类学校，所选专业几乎都是我喜欢的物理学。"学高为师，身正为范"，是对师范两个字最朴素的诠释，也是对一名教师最基本的要求，我想也应该是最高的要求。在师范学校学习阶段，我一直狠练教师基本功——三笔字、普通话，努力提高自己的物理学科素养，只为毕业后能站上并站稳三尺讲台。

2003年9月，我终于站上了三尺讲台！但不管在师范学校储备的教育教学理论如何丰富、技能多么娴熟，面对一个个鲜活的教育对象时，我还是捉襟见肘。看着那群调皮的"泼猴"，我真想扔下手中的粉笔拂袖而去。是爷爷那句"只要思想不滑坡，办法总比困难多"的口头禅及时将我拉回了讲台。如何站稳讲台，如何从一名优秀的学生转化成合格的老师成了我的短期目标。没有了老师告诉我要做什么，如何去做，我就偷偷地去观察身边那些受学生欢迎、教学成绩突出的老师是怎么上课的，是怎么和学生相处的；还去书中寻找那些素未相识的优秀老师又是如何处理类似问题的。

边学边教是专业成长的有效路径，每一次遇到的教育教学难题都是成长的契机——这是我工作第一年最大的收获。

二、责任感——从业的坚守

2004年10月，第二届全国中学物理名师赛在湖北宜昌举行，作为一名入职一年的新教师，我有幸观摩了中学物理教学界的盛事。竞赛中，环环相扣的教学环节、精彩纷呈的实验设计和螺旋上升的巩固练习设置，深深吸引了我。原来，物理课不单单是讲清知识点和考点，让学生考试时取得好成绩，好的物理课还应该是让学生在紧张而活泼的氛围中感悟物理学科的魅力，激发兴趣、收获知识、提升能力！

两天的观摩学习结束了，我的心中有了一个清晰的目标：我也要参加这样的全国教学比赛，让我的学生享受到这样高品质的物理课。回到学校，我更加认真地对待每一节课，把每一节课都当作比赛课一样去准备。整天琢磨如何设计这节课的教学环节，如何改进这节课的演示实验，如何选择这节课的巩固练习和如何开展相关的课外实践活动等。每天都期待着走上讲台去验证一下这样的教学设计究竟有什么样的效果。因为有了目标，因为不断的尝试和努力，平常的教学工作也变得有意义，课堂效率提高了，学生成绩自然也就提高了。此时发现，热爱物理学科的学生也越来越多了！

2006 年 9 月，我随军到湛江工作，入职一所生源质量不太好的民办学校。面对崇尚用武力解决问题的孩子和家长，我彻底懵了。心生怨怼"孺子不可教！还是湖北的学生好！"电话中我无意流露出的情绪被爷爷捕捉到了，"好的学生谁教都能教好，不好的学生教好了就是改变了他的一生，才是你的善行，你的本事"。用自己的行为去改变一个孩子的一生，多美的事情！我深感责之深，任之重！我义无反顾选择了做班主任，选择用陪伴的方式来感染他们向善、向上。每天早早地去宿舍叫他们起床，整理内务，晚上等他们安静睡着了再离开；没课的时候我就在教室里端端正正地备课改作业；所有的自习全包了，在英语老师、数学老师、生物老师、物理老师身份中不停切换……12 年后的聚会上，这群在湛江各个行业勤奋工作的孩子们对我说的最多的一句话是"每当我偷懒时，都会想到您在背后看着我，坚定地朝我微笑！"

就这样，我坚持"不放弃一个学生"信念，以此为己任，站稳了三尺讲台，也开始在湛江市的各个教学比赛中脱颖而出，朝我的目标一步步靠近。

三、使命感——从业的动力

2013 年 8 月从宁夏银川归来，我身上多了个"全国一等奖获得者"的光环。9 年的时间，我完成了自己的目标，给自己送了一份从教 10 年的贺礼。我没有沾沾自喜，回想着爷爷的叮嘱："你的位置永远是在讲台，虚心在讲台上扎根，你才能长成树！"我思考着未来——怎样让学生享受到更好的物理教育？

全国上下都在提倡"课改"，身边资源不足，我就跟着湖北的那群老同事一起学习课改的理论，分析他们的实践经验，进行自己的"课改"。自己边思考边实践，每天早到 20 分钟和学生一起跑步锻炼，按照小组进行班级管理，家长会改成对话的方式，周末去廉江考查……林华庆校长首先发现了我班上的变化，详细地询问我的班级建设设想、活动设计指南……并给予鼓励和支持，号召其他班主任一起摸索前行。

2016 年 5 月，我开始参加省骨干教师研修，专家的引领和指导让我进入了专业成长的快车道。培训初期，张妙龄老师指导我完成了自我专业成长分析和专业成长计划。我的目标更加清晰：成为在专业上有一定影响力的骨干教师，让更多的孩子受到更好的教育。

我一方面加大自我研修力度，另一方面积极参加各级各类的研修培训：省骨干教师研修、湛江市名师工作室主持人培训、"教育部'国培计划'（2018）中小学一线优秀教师和教研员研修项目研修"，等等。每一次培训，我都坚持每天写一篇随笔，记录自己的所见所思。每位专家推荐专业书籍我都买来原著研读。读着读着，也就开始有了自己的独立思考，也开始从追随别人的研究实践，走上了引领团队实践，研究符合教育前沿要求且自己擅长的课题。广东省"十三五"规划课题"基于学习进阶的初中物理概念教学实践研究"的立项，促使我们从初期的摸索走向规范的研究。每月一次主题研讨涵盖了前言理论的学习、精品课例的研磨、教学成果的梳理，等等，"理论加实践，实践加反思"的研修模式使我们课题组的每个老师的物理学科教学体系更加完善，对如何在课堂上落实核心素养的理解更加深刻，概念教学设计更加完美。在这个研究的过程中，《基于核心素养导向下的渐进式实验进阶设计》《基于学习进阶的物理概念教学设计初探》《溯题源 导教学》等论文在《中学物理》杂志上发表，课题组其他老师的《初中物理概念学习进阶的个案研究》《基于学习进阶的"大气压强"实验教学探究》《初中物理概念学习进阶的个案研究——"压强"教学实例》《浅析"学习进阶理论"在初中物理概念教学上的运用》等论文在《中学物理》《物理之友》等杂志上发表。

为了让更多素未见面的孩子感受到物理的魅力，我们团队又积极走出去。走到湛江的农村中学，到雷州沈塘中学送教课"大气压强"，到徐闻梅溪中学同课异构课"杠杆"，到遂溪县雷林初级中学送教课"磁现象 磁场"，到遂溪港门中学送教课"欧姆定律"；走到省内重点中学，在佛山华英中学执教《声的利用》研讨课；走到外省交流，到广西柳州教学展示——课题《来自地球的力》，到江苏南通进行课堂教学评比——《长度、时间的测量》；走上大学讲台，到岭南师范学院为本科生分享"如何进行教学设计"；走上省骨干教师培训讲台，和省骨干教师一起分享如何进行大概念教学……

站上三尺讲台，就是选择了我人生的职业，更是我一生的事业。从一个班的学生到一所学校的学生，再到一个区域的学生，让更多的学生享受更好的物理教育，是我从教的初衷，更是美好的愿景，亦是我的责任与使命！我会一直朝着这个目标努力奋斗！

📝 成长分析

2019 年 3 月 18 日，习近平主持召开学校思想政治理论课教师座谈会，指出："亲其师，才能信其道。要有堂堂正正的人格，用高尚的人格感染学生、赢得学生，用真理的力量感召学生，以深厚的理论功底赢得学生，自觉作为学为人师的表率，做让学生喜爱的人。"尤小蓉老师的成长路径恰若此。

用高尚的人格感染学生、赢得学生。她亲于为师的爷爷，亲于爷爷受人尊重的榜样力量，信其耳提面命，尊其爱生敬业，其为对教师高尚人格的崇拜。以身作则，起早贪黑，带领学生跑步、学习；蹲守教室、深入宿舍、多科指导，想学生所想，为学生所需而教，实为教师人格的自我塑造。为学生人生考量，才能经得起学生一生的评判。学生对物理学科的热爱与进步，就是尤老师人格升华的佐证。

用真理的力量感召学生，以深厚的理论功底赢得学生。尤老师用 9 年时间，获得全国物理教师大赛一等奖，这是让人艳羡的成绩。究其原因，一是目标明确，"做老师""站稳讲台""参加全国大赛""成为在专业上有一定影响力的骨干教师"，步步"经心"；二是择善而从，"向爷爷学""向身边同事学""向专家学"，凡所促进，无所不择；三是不懈追求，成绩斐然，不停步，不傲居，高山仰止；四是以书为伴，"教材论述""阅读积累""专家推荐"，厚积薄发；五是苦练功夫，"三笔字""面镜自讲""百般磨课"，精雕细琢成碧玉；六是自我完善，"崇德""笃学""求实""进取"，螺旋递进中自我得以完善，名师得以打造。细细品来，大凡名师、专家成长都少不了上述的成长经历。

自觉作为学为人师的表率，做让学生喜爱的人。自我觉醒，才可能自我成长。尤老师自觉从教，自觉跟身边优秀者学习，自觉钻研，自觉向名师、名家求教。特别是抓住广东省骨干教师培养平台，来自自觉的内驱力，让她成为岭南师范学院物理科学与技术学院兼职教授、物理学专业校外实习指导教师；湛江市教育局教研室兼职教研员，湛江市初中物理学科教研攻坚组副组长；也成为同行的表率：湛江市骨干班主任，湛江市优秀科普工作者，广东省民办教育先进工作者，广东省南粤优秀教师。

学生崇拜，家长信任，同事向往，能成为这样的老师曾是尤老师的梦想，而如今是对她的准确评价！

（王海波）

李文送："六自"驱动教师生命成长

李文送

岭南师范学院附属中学教研中心主任，高级教师，中国教育学会第一届、第二届优秀会员，《教师月刊》2017 年度教师，《学校品牌管理》2020年度作者，东北师范大学教师教育课程教材研究中心客座教授，岭南师范学院基础教育学院兼职教授和生科院外聘导师；先后主持或参与国家级和省市级课题 16 项，出版《教师的生命成长》等著作 5 部，在《中国教育学刊》《人民教育》等刊物发表文章 200 多篇；个人获市级以上奖励 80 多次，获中国教育学会首届最具影响力微论奖、中南六省（区）生物教学论文全国一等奖、广东省教育教学成果奖一等奖、广东省生物教学论文一等奖、广东省综合实践活动课例一等奖和论文一等奖项。先后应邀为福建、甘肃、云南、江西、河北、重庆、新疆、广西和广东等地教育同行和到部分师范院校开展讲座 100 多场。

成长自述

我是省级骨干教师培养项目首批培养对象。在参加该培养工程期间，我先后主持或参与省市级课题 4 项，出版著作 2 部，发表文章 100 多篇；个人获市级以上奖励 17 项，是中国教育学会首届最具影响力微论奖、广东省教育教学成果奖一等奖获得者，先后应邀开展讲座 50 多场，并成长为中国教育学会第一和第二届优秀个人会员、《教师月刊》2017 年度教师、东北师范大学教师教育课程教材研究中心客座教授、岭南师范学院基础教育学院兼职教授、岭南师范学院生科院外聘导师、广东省中小学教师培训专家许占权工作室和广东省林文良名校长工作室助理、学校教研中心主任。

参加省级骨干教师培养工程，是我专业上的一次提升，是我生命中的一次拔节成长，是我人生中的一次登高望远。让我的眼界更加开阔，不仅见自己，而且见天地，还见众生。这一路走来，难免不遭遇风霜雨雪，难免不产生困惑迷茫，但我的内心始终充满力量，布满阳光。如果你问我如何做到心有阳光，那么我可以告诉你，"六自"让我内心充满力量，从而实现螺旋递进式成长。

一、自立、自强塑造生命之筋骨

记得小时候，父亲对我说："如果你不想像爸妈一样留在农村种田的话，那么摆在你面前有两条路可走，一是当兵，二是读书。你自己要想清楚，当兵的话，就算现在不需要去打仗，但是对身体素质要求比较高；读书的话，将来可以当医生，也可以当教师。"虽然没有直接回答父亲，但我的内心已隐隐约约做出了选择，那就是用心读书，将来做一名教师。所以，在很小的时候，我就有当一名教师的愿望。

从小学五年级到大学，我一直在学校住宿，每一次去学校报到或放假回家，父母都没有送过或接过我一次。我不仅没有怪他们，反而非常感谢他们的放养与信任，让我学会了自立。尽管儿时家里很穷，学杂费和伙食费有时还要挨家挨户地去东拼西凑，但是没有上过学的母亲自始至终都倾尽所能地支持我读书，并常常教育我说："做人要争口气，不要被别人看不起，只要你读书成绩好，家里砸锅卖铁也会支持你。"

每当想起母亲这番话，我的内心都充满了感动。母亲对读书的敬畏之情也深深影响了我，我把读书作为改变我命运的出路，并在自立中学会自强，既独立，又有点好强，内心充满"不服输"的劲头。在求学的路上，我从来都没有让父母担忧，也没有辜负他们的期盼，年年我都会获得奖励。我还把大大小小的奖状挂满了以前老家泥砖做的老房子大厅正中央的墙，以此来激励自己不断进取。

2004 年，我如愿当上了一名中学教师。走上工作岗位后，我依然对读书心怀敬畏，因为我能体会到读书对一个人的命运意味着什么，所以我从教的座右铭是——"教书先读书，育人先育己"。工作后的我，依然保持自立和自强，珍惜每一次成长的机会，主动地参加各种比赛、培训学习和教研活动等，并积极开展教育教学理论与实践的研究。

在省级骨干教师培养初期，我首先独立完成了基于 SWOT 分析的自我专业成长分析，然后独立完成了专业成长计划，并立志成为在专业上有一定影响力的骨干教师，过一种有教育思想的生活。

二、自觉、自律助推专业之觉醒

自立和自强的我，在教师专业成长上，能做到自觉、自律。在培训过程中，各项学习和作业，我都能做到自觉完成。在学校，无论教学、教研，还是阅读、写作，我都能做到自律。每一次新修订的课程标准，我都会主动研读，并在期刊上发表数篇研究论文；每领到一本新教材，我都会去进行比较研究，深挖其修订的意旨；每接手一个新班级，我都会去研究学生的群体特征和个体特点，努力做到以生为本。

平时我会主动浏览微信公众号、朋友圈，或其他网络平台上的资源，或者阅读期刊、报纸和图书，尤其是有关教育类及心理学、管理学和哲学类的书籍，及时了解社会发展和教育教学改革的新动态、新思想。也常常反思自己的教育教学，不断更新自己的思想观念，并在不断磨炼中形成自己的教学风格，提炼自己的教学主张。经过前期的深耕和细作、积淀和反思，"三维四象"生本教学是我的教学主张，并形成了幽默风趣的教学风格。

在自觉、自律的驱使下，我的内心似乎总有一种责任和使命在召唤，常常在各大教育报刊上勇敢发声。这对我来说，算是一种专业觉醒吧。正如国家督学成尚荣先生所言，一个人总要发出声音，教师要做一个"发声者"。当然，要想自己的声音唤醒更多心灵，启迪更多智慧，我意识到自己需要学习、学习和再学习。只有坚持学习，我方能不断成长。只有不断成长，我方能发现教育的芳香和生命成长的规律，才能看见不一样的风景和创造不一样的故事，才能读懂学科育人的价值和立德树人的意义。

做到专业觉醒的教师，会认识到教师既是专业又是生命，教师专业的价值在于服务，而教师生命的意义在于奉献。就人的生命来说，无论主观上是否愿意，事实上我们每个人都会为成千上万的生命奉献着自己，社会上各行各业各工作岗位的人员也都是要以服务他人为宗旨。这是生命本然的使命，因为没有生命的牺牲和奉献，就不会有生命的延续和成长。所以，每个人都应心怀感恩，爱惜珍贵的生命时光。

做到专业觉醒的教师，会走向专业自觉和自律，从而形成自己的专业自信和专业精神。网球名将德约科维奇在接受记者采访时说："我非常相信精神的力量，如果我们像锻炼我们的肌肉和身体一样，锻炼自己的精神意志，就能够激发自己最大的潜能。很多时候，我们并不知道自己的极限在哪里，直到我们不断地想要去突破自我。"可见，精神的力量是一种信仰或信念般的力量。这种力量是教师专业成长非常重要且强大的内在力量。

三、自主、自悟实现成长之飞跃

经过自立、自强、自觉和自律的磨砺，这次省级骨干教师的培养中，我还收获了自主、自悟的成长力。

在教育界流传这样一句话："读万卷书不如行万里路，行万里路不如阅人无数，阅人无数不如名师指路，名师指路不如自己去领悟。"这句话有点意思，强调了自悟的重要性。但是，我的体悟是不能从字面上去简单解读，不然就容易形成"读书无用论"的错误观点。换句话说，我们不要用大于号或小于号去解读这句话，而要用加号去品读这句话，才能读懂这句话的"精妙"，才能领悟这句话的"奥秘"，才能读活这句话的"生命力"，同时才能读出自己独特的见解和独到的智慧。也就是说，一个人的成长成才，既要读万卷书又要行万里路，既要阅人无数又要名师指路，特别需要自己的领悟。

就教师的专业成长来说，在我看来，读万卷书是专业阅读，行万里路是专业实践，阅人无数是对话交流，名师指路是专业引领，而领悟则是思考觉悟。其中思考觉悟是内因，而专业阅读、专业实践、对话交流和专业引领是外因。教师的专业成长，需要内因和外因共同作用。因此，我找到了一条教师专业成长的公式，那就是——教师的专业成长=专业阅读+专业实践+对话交流+专业引领+思考觉悟。

基于这样的理解和体悟，在专业发展上，我是遵照这条公式成长的，并坚持做自主和自悟的教师。做到自主的教师，在专业成长上能自我做主，不受别人支配，遇到事情有自己的看法和主见，能对自己的行为负责，在教育教学的实践上凸显自我的创造性，在个体的精神世界里闪烁着独立性和自由性。而自悟，包括开悟、渐悟和顿悟三种过程。开悟即开窍领悟，体现一个人的悟性；渐悟即渐渐明白了，需要积累和沉淀的过程；顿悟则是突然一下子懂得了，反映一个人的豁然开朗，三者最终的结果都是指向个体的觉悟。如果用"变"来对三者进行表述，那么渐悟是一种渐变，类似于生物进化或群落演替；顿悟是一种骤变，类似于生物大爆发现象或基因突变；而开悟是变的前提，渐变和骤变都离不开这个前提。

随着教育教学实践经验的日益积累、个人阅读的日益拓宽、对话交流的日益丰富和名师专业引领的频频启迪，我对教育教学有了自己的理解，并找到了自己的教育信仰（教育的本真是一种"善"），认为好教师是"善"的拥有者、发现者、传播者、唤醒者和培育者，同时体悟到中学生物学教师要把"培育具有生命情怀和生态思维的现代公民"作为从教生涯的育人目标。这对我的专业成长来说，无疑是一次质的飞跃。

我不仅出版了《教师的生命成长》和《润泽心灵成长的学科教学》等著作，而且发表了《学科教学育人的六重境界》《为师的境界》《教学的四重境界》《教师专业成长的生命周期》《教师专业成长的类型》《教师专业成长的激励机制》《名师之"明""鸣""名"》《点燃老教师教研激情有"三招"》《读懂教师之"四好"》《好教师的底色》《好课程，成就学生四种发展》《好课堂根植"四境"》《好教学成就三种"心境"》等系列文章。同时，欣然接受来自省内外教育同行邀约，乐于分享自己的成长经验。如 2017 年 5 月应福建教育学院邀请为福建省教育部"国培计划"高中生物骨干教师高端研修班授课——"让思想丰盈教师的生命成长"；2018 年 11 月应广东省茂名市茂南区教师进修学校邀请为全区首批骨干教师培训班授课——"好课的样子及价值追求——兼谈观课议课和教学案例的撰写"；2019 年 1 月应河北沧州市教育局邀请为全市教师在线直播授课——"教师的生命成长——兼谈基于网络研修和实验教学的教师核心能力提升"；2020 年 7 月应中国教师教育网邀请为阳江市阳西县中小学师德素养提升班授课——"优秀教师的核心素养及修炼"。

总之，内心充满力量，我们就可以找到教育的"诗和远方"。当你拥有自立、自强、自觉、自律、自主和自悟的阳光雨露，坚守专业实践，坚持专业阅读，坚定对话交流，坚信专业引领，并勤于独立思考，相信你的专业成长也会是一片春意盎然。

📝 成长分析

李文送老师是岭南师范学院广东省中小学教师发展中心培养的一位非常优秀的骨干教师。记得 2016 年为他的专著写推荐序时，我曾说："读罢《教师的生命成长》，与其说我看到的是本书，不如说我看到的是一个人，一个成长的人，一个分享自己成长的教育人，一个可以启发更多教师快乐成长的人。"而读完他的这个成长故事，我却想表达的是："我看见的不仅是一个成长的人，而且是一本日渐厚实、日臻完善、日益流光的书，一本值得广大教师特别是想成为骨干教师或名师的教师品读的书。读之，你会发现心的力量。"

自立、自强、自觉、自律、自主、自悟不仅是文送老师的成长密码，而且是他生命成长最重要的内驱力。正是这"六自"让他走向了专业自觉、专业自主和专业觉醒，并找到自己的教育信仰、教学主张，从而更好地实现教师的生命价值；也正是这"六自"让他克服重重困难、层层阻碍，日夜兼程，以文化人、以书会友，从而成为著述丰富、富有教育情怀、很有自己教育思考和想法的优秀骨干教师。

从文送老师的身上，我们看到了新时代青年教师应有的责任与担当，看到了研究兴趣与能力在促进教师专业成长中的重要作用。看到他成长得这么好，收获这么多，让我既惊喜又感动，既欣慰又幸福，使我更加坚信和坚定"三阶十环螺旋递进"中小学骨干教师培养模式的生命力，相信此培养模式能培养更多如文送老师一样优秀的骨干教师。

（许占权）

吴帅：教育田野的"稻草人"

吴帅

岭南师范学院附属中学思想政治高级教师。湛江市省级骨干教师培养项目首批培养对象、教育部全国普法办中小学法治教育名师、"国培计划"广东省优秀青年教师、"广东省教育考试命题省级骨干教师"培养对象、广东省高考研究会思想政治高考研究分会理事、湛江市教育局教育研究室兼职教研员、湛江市基础教育课堂改革攻坚小组成员、湛江市青年联合会第九届委员会常委、湛江市赤坎区第九届政协委员、湛江市最美志愿者。主持和参与6项省市级课题研究，发表文章82篇，微课"我国行政监督体系"获广东省二等奖、湛江市一等奖，教学设计"民族区域自治制度"获湛江市一等奖，主持或参与编写教辅资料15本，参与编写地方教材《中小学国家安全教育读本》。2018年接受《广东教学报》专访。

成长自述

国家教育咨询委员会委员杨东平教授曾说："教育的真理古今中外相通，大致是质朴无华、晓畅明朗、直抵人心的。"每粒种子都渴望成长，只要有了适宜的土壤和气候，都会凭借内驱力突破种种障碍，哪怕是巨石在上，也会破土而出，承受阳光雨露。在15年的教育教学工作中，我坚持行动第一，既仰望星空，高怀教育理想；又脚踏实地，漫步教育田野，把行动哲学和田野精神作为自己的生命追求，把根深深扎在教室里、扎在学生心坎里，努力让自己"开出一朵生命的花"。2016年参加广东省省级骨干教师培养后，我努力建构自己的成长动力机制，把促进专业成长、热爱教育事业作为一种生命自觉。

一、学习唤醒激情

中国目前不缺各种教育理论，缺的是对教育常识的认知和普及，缺的是像苏霍姆林斯基那样在教育的田野里深深扎根、辛勤耕耘，把论文、专著写进师生心田的人，缺的是像他那样安安静静、认认真真、扎扎实实办学的实践者。

在省级骨干教师培养期间，理论学习、返岗实践让我提高了认识，厘清了思路，学到了新的教学理念，找到了自身的差距和不足，使我在教育教学理念上接受了一次深刻的洗礼。"玉不琢，不成器。人不学，不知礼。"在这次培养过程中，我聆听了刘明贵、张剑伟、许占权、徐向阳等教授，梁哲、张妙龄等多位导师生动形象而精彩的讲座。集中培训每一天的感觉都是幸福而又充实的，因为每一天都要面对不同风格的专家名师，每一天都能听到不同类型的讲座，每一天都能感受到思想火花的冲击。专家名师们从案例与理念、实践与理论相结合的角度进行深入浅出的探讨和分析，为解决当前教师实施新课程遇到的困惑提供有针对性和说服力的解答。

通过这次培养，我深深地体会到了教育大家的博大胸怀和乐观向上的工作态度，以及成就一番事业后的幸福感。身为教师，特别是一个与时俱进的教师，要懂得寻找规律，掌握学生的认知发展规律，按规律施教；要在教学实践中不断地学习，不断地研究，厚实自己的底蕴，以适应社会发展的需要，适应教育改革的步伐。我深知自己的知识底蕴、思想认识、教学方法、内在修养等都还有很大的不足，但是在专家名师们的感染和熏陶下，我在这些方面有了较大的提高。

培养项目组安排周仕德教授担任我的理论导师，王永浩老师担任我的实践导师。两位导师用自身的言行，教会我求知、处事、为人，指导我分析教材的重点、难点，制订教学目标，确定教学方法，写出规范具体的教案，上公开课、研讨课，开展课题研究，撰写教育教学论文。引导我信仰所传播的精神，自觉充实自己的精神空间，在"求真、求善、求美、求实"的基础上追求"有魂、有神、有序、有生、有色、有效"的大视野、生活化、生态性的政治大课堂，让我深深地、认真地、努力地在每一天润泽自己的课堂、自己的学生，最后成就自己。两位导师的教导，让我深刻体会到，教育可以让生命之花绽放，唤醒了我心灵深处的教育激情。

二、创新学习场域

卢梭说："儿童是大自然派驻到成人世界的天使。"儿童目睹的一切世界都是美好的，并充满神奇的色彩和生机。朱永新老师认为，教育需要"农人"，需要把两条腿深深扎到泥巴里的人，需要每天深入课堂与孩子们进行心与心的交流的人。看着孩子健康茁壮地成长，是每个家长和老师最开心的事情。但是如同树木生长一样，优质的栋梁总是需要很长的时间才能长成，教育也是一样，需要我们对孩子的长期关注和耐心细致的工作。我从自然生长和自然教育中得到启发，秉承诚真教育理念，遵从生命个体的天性和成长环境，为学生创造一个终生生长的学习场域，让学生在这个场域里自然生长、自主发展。拓展学生的学习时空，把学习的主动权交给学生，以实现充分发挥学生潜能，尽最大可能解放学生的教育追求；注重构建集体生态，追求学习共同体建设，关注集体教育场域中的个体成长，让学生习得良好的核心素养；坚持"全纳教育"，探寻着科学的育人机制和教学方法，把每一位学生教育好、培养好。

在周仕德教授、王永浩老师的指导下，我在新课程改革中着眼于学生的现实生活经验和未来发展需求，将思想政治学科基本观点和基本原理寓于社会生活主题中，做到理论逻辑与生活逻辑的有机结合，注重收集相关课程资源，为课堂教学提供支撑。努力做到如下三个方面：一是做到课程内容生活化。实现教材内容生活化、课堂学习内容生活化、课外实践活动生活化，既体现学科知识传承的需要，又从学生的生活需要和生活实际出发，指导学生的生活实践。二是做到学习过程生活化。从学生现有的知识基础和生活经验出发，善于运用富有教育意义的教学案例来提供问题发生的情境，提供分析和解决问题的思路和方法，以帮助学生在解决问题的过程中活化知识；用学科理论来解释现实生活，用现实生活实例来丰富和说明教材内容，避免从教材到教材、从知识到知识的空洞说教。三是做到认知工具生活化。注意选用国家、社会重大事件和学生们普遍存在的认知困惑现象，帮助学生运用有关理论来分析、认识社会热点问题，以促进学生知识、能力、素养的和谐发展。根据课程要求优化教学过程和教学设计，使看似枯燥抽象的理论知识变得生动形象、富有乐趣，让学生在有价值、有意义的案例和问题中实现对学科知识和道德情感的内化和外现，并引导学生将已获得的认知转化为生活实际中指导其行为的准则，培养学生的思想政治学科核心素养，守护每个学生的生命精彩绽放。

三、眺望幸福远方

教育就是教师和学生一起追寻幸福。教育不仅是为未来的幸福做准备，教育生活本身就应该是幸福的。这样的幸福不是简单的感官快乐，而应该是全身心的完整和谐的满足和喜悦。要让学生幸福，首先教师自己要幸福。我在教育教学实践中与学生共同发现幸福，创造幸福，享受幸福。充分认识高中思想政治课教育教学工作的奉献性和重要性，认识到本学科在学生幸福成长中所发挥的重要作用。在教育教学过程中，把高中思想政治课教材逐渐内化为自身知识、素养，体会高中思想政治课教学工作的乐趣性和重要性，增强自身职业幸福感。积极参加各种培训进修、学术交流活动，始终保持与时俱进，开阔视野，做到守正与创新相结合。及时进行自我剖析，认识自己的人格特征、思维品质、价值观、教学基本功、特长优势、现存不足、职业热情等现状，制订好翔实可行的个人发展规划。强化自主学习和终身学习，提升自身的专业理论水平和科研能力，持续建构自己的专业能力结构。用实际行动落实发展目标，不断学习前沿的教学理念、先进的教学方法、有效的教学手段、多样的教学技术，加强价值性、技术性、理论性教学反思，以教学带动科研、以科研促进教学，坚持教学、科研全面发展，促进自身专业成长，提升思想境界、政治素养和教学智慧，为师生共创幸福课堂奠定基础。

在参加省级骨干教师培养期间，解决了我在教学中遇到的很多疑难问题，使自己在师德修养、教育理念、教学方法、教学技能、课题研究、论文写作等各方面有了很大的提升，驾驭课堂、把握教材、交流沟通、教学设计、教学反思的技能也有了很大的提高，更新了教育理论，丰富了教学经验，为今后继续从事政治教学工作，进一步提高课堂教学效益打下了良好的基础。与大学教授们有了初步交流，同时也结识了许多优秀的学伴，开阔了视野，充实了自己。

苏霍姆林斯基曾经疾呼："在教学大纲和教科书中，规定了给予学生各种知识，却没有给予学生最重要的东西，这就是幸福。理想的教育是：培养真正的人，让每一个从自己手里培养出来的人都能幸福地度过一生。这是教育应该追求的恒久性、终极性价值。"我常怀平常之心、宽容之心、感恩之心，将教育教学工作当作一种艺术，努力实现幸福教育与课堂教学的对接，始终关注学生思想活动和道德品质形成过程的独立性、选择性、多变性和可塑性等特点，注重结合学生的当前状态、潜在状态、生活经验和发展需要，实现学科理论与社会现实、学生个人经验和幸福追求的有效衔接，尊重学生个性差异，采用开放互动的教学方式与合作探究的学习方式，使课堂成为学生实现个性张扬，自我成长的理想场所，提高学生认识社会、适应社会、融入社会、服务社会的能力，从而实现教育学生学会做人、学会学习、学会做事的价值目标。对待学生像对待自己的家人、朋友那样充满耐心，用最细致的方式去引导他们，不论他们在学业上遇到困难，还是在生活中、情感世界里遇到困境，都对他们伸出援助之手，获取他们的信任，成为他们的良师益友，守护学生的幸福感。在"什么是幸福、树立正确幸福观以及如何追求幸福"等方面做好积极的指引，正面系统地引导学生获得快乐和幸福，眺望着他们走向幸福远方。

作为一名思想政治教师，我的幸福就是桃李满天下、春晖遍四方的喜悦与自豪。我愿做一个"稻草人"，在教育的田野上，年年月月、朝朝暮暮关注田野，深入田野，守望田野，让田野的鲜花竞相绽放。见证学生的成长，哪怕只是一时一刻，也是幸运的；经历着学生的进步，哪怕只是一点一滴，也是幸福的；分享着学生的成功，哪怕只是一丝一毫，也是欣喜的。我会继续在教育这条道路上前行，即使一路荆棘，也始终相信铁树总有开花的时候；继续静下心来教书，在课堂上和学生对话，相信栀子芬芳；继续静下心来读书，在阅读中和作者思想碰撞，相信精神不朽；继续静下心来写作，为自己心路历程留下足迹，相信春华秋实。

✒ 成长分析

思政课是落实立德树人根本任务的抓手课程，办好思想政治课关键在教师。吴帅老师参加省级骨干教师培养项目以来，发挥自己的积极性、主动性、创造性，坚定信仰，坚持正确政治方向，秉持传道情怀，诚意正心，切实提高自己的思想认识，增强自己的理论水平，努力做一个可信、可敬、可靠、乐为、敢为、有为的思政课教师。迎着新课改的浪潮，勇于接受变革的冲击和洗礼，争做学习型、研究性教师，乐教善教，潜心育人，关注学生，研究解决教育教学问题，养成主题学习、即时反思的习惯，用敏捷的头脑去思考，用敏锐的眼光去发现，用敏感的心灵去感悟，及时更新教学内容，丰富教学手段，不断改善课堂教学状况，构建教学相长、学思结合、知行统一的新课堂，对学生加强自然生命教育、社会生命教育和精神生命教育，为学生的幸福成长创设生态发展的空间，引导学生自尊自信自立自强。

吴帅老师用自己的心灵真诚地守护着纯粹的精神领地，追寻教育之本真。天行健，君子以自强不息；地势坤，君子以厚德载物。教育田野里的守望者只有傲骨，没有傲气，既坚守思想的纯度，又在现实中有足够的耐心，并能孜孜不倦地追求教育理想的实现。教育的真正目的在于促进个体获得幸福体验，提升幸福意识，发展幸福能力。作为教育工作者，我们要让学生和自己都成为幸福人生的主人。

（张妙龄）

宋广玲：追寻教育人生的诗和远方

宋广玲

　　湛江经济技术开发区第四中学副校长，语文高级教师。湛江市省级骨干教师培养工程培养对象，湛江市名教师工作室主持人，教育部"援藏援疆万名教师支教计划"首批援疆支教教师，"广东援疆语文名师工作室"首席主持人。倡导和践行生态语文，先后主持省级课题2项，出版著作1部，参与编写出版生态教育教材1部，发表文章100余篇。获市级以上各类奖励与荣誉100多次，诸如，"中国最美教师志愿者""广东省优秀援疆支教教师""新疆喀什地区优秀教师""新疆喀什伽师县民族团结先进个人""湛江经开区优秀教师""广东省优秀作文指导教师"，中国教育学会微课一等奖、广东省教育创新成果奖三等奖、湛江市基础教育成果一等奖、广东省语文教学论文一等奖、广东省语文录像课二等奖、湛江经开区校长课堂教学特等奖等。辅导学生参加省市区级竞赛，获奖200多人次。

💬 成长自述

> 教师如星辰
> 远观是一盏引路的灯
> 近看是一团燃烧的火
>
> 教师如百合
> 诗意飘香一朵花
> 幸福含笑一枚果
>
> ——题记

参加省级骨干教师培养工程的 4 年，我的教育理论水平得到长足发展。在 4 年的培养期间，我得到了导师的专业指导，了解了来自全国各地大家的最前沿的教育理念和观点，吸收了众多前辈的先进研究成果。我主动把身边的一切当作学习的契机，不断加强自身修养，提升理论水平。全身心投入教育教学实践，勤于总结，笔耕不辍，得到了同行们的认可和肯定，在教育教学上取得了丰硕的成果。结合参加省级骨干教师培养工程的学习感悟，回顾自己的教师生涯，我从一名懵懂的年轻教师成长为一名骨干教师，我对自己的成长历程进行了反思，分享给同行们，一起追寻教育人生的诗和远方。

一、不忘初心、勇于追梦

我父亲曾是一名中学数学老师，小时候我最大的快乐就是跟随父亲到学校上课。受父亲的影响，一个教师的梦想在我幼小的心里播种。1993 年，我中等师范学校毕业回到古老美丽的小镇——廉江安铺镇当了一名小学语文老师。记得报到的前一天晚上，想到自己与小时候的梦想只有一夜之遥了，我激动得一晚都没有入睡。初为人师的激动，让我想了很多。那时候，我对好老师的认识更多来自父亲。父亲热爱他的教育事业，工作用心尽力，把学生当作自己的孩子，倾尽所有的心血与爱。父亲的故事告诉我，教师职业的特殊性质，决定了教师的"身教"在整个教育过程中具有不可忽视的重要作用。既然选择了教育事业，就要对自己的选择无怨无悔，尽职尽责地完成每项教育任务。

从踏上讲坛的第一天起，后来无论身在哪个单位，我对教育的热爱都不曾减少。面对教育事业，二十多年我一直恪守：对学生的不良习惯，坚持用温情去融化他们，使学生能爱上学习；对学生的言行，坚持以高尚的人格感染他们，培育学生健康向上的品质；对学生的错误，坚持以博大的胸怀爱护他们，让学生知错能改；对学生的学业，坚持以丰富的知识引导他们，让学生学有所成。记得冰心说过："有了爱，便有了一切，有了爱，才有教育的先机。"为了自己的教育理想和追求，我二十多年来默默把更多的爱给了学校和学生，做到了爱生犹爱己，甚至胜过爱自己的孩子。

正是对教育事业这份崇高的、执着的理想，我从一名缺乏经验的年轻教师迅速成长为一名学生喜欢、家长尊敬、同事夸奖的学科带头人、教坛新秀。

2016年，我被推荐为广东省骨干教师培养对象，负责这个项目的是岭南师范学院。培养学习期间，我遇到了一大群知识渊博、情怀高深的老师，他们都是我的老师。我如饥似渴地学习探索，专业素养得到迅猛提升，这更加坚定了我的教育理想。

作为一名教师，需要有勇于追梦、心怀祖国的情怀。2018年8月23日，对我来说是不平凡的一天，这天我作为湛江市推荐出来的骨干教师，肩负领导的重托，成为国家"援藏援疆万名教师支教计划"广东省首批援疆支教教师中的一员，来到祖国西部边陲重地——新疆喀什伽师县，开始了为期一年半的援疆支教工作。

到了受援地，根据当地教育实际情况，在省厅、前方指挥部和支教团的领导下，我作为受援学校副校长、"广东省援疆语文名师工作室"主持人，通过开设专题培训讲座、远程录播示范课、送教下乡、举办教师素养大赛、开展读书会、组织集体备课等活动，让湛江市名教师工作室先进的教育教学理念与模式在当地生根，快速促进了当地教师教育观念、方法和手段的转变。我倡导了支教组援疆教师与本地民族教师"师徒结对"成长模式，开创了广东援疆教师和受援学校教师互学互助的新局面，使得当地教师专业水平得到长足发展，一大批当地教师在我们的指导下获得各级各类比赛大奖，教学成绩也得到很大提高。我还为受援学校筹建 10 个开放式书吧，筹种一批树苗，募捐一大批图书、衣物，为民族团结尽了一份力。援疆支教一年半，我充分发挥了一名省级骨干教师和名教师工作室主持人的示范引领作用。

二、勤学善思、更新理念

教育理念决定了教育行为，作为一名教师，我深知先进的教育教学理念是至关重要的。我观察发现，在我们的中小学，不乏有老师对教育上出现的问题束手无策，把功夫都用在加大学生作业负担的题海战术上，用在课后无限延长辅导时间上，更有甚者并不把学生视作与自己人格上平等的个体，辱骂者有之，冷暴力者有之。这样的老师永远不可能成为一名受学生喜欢的好教师。

如何才能更有效地解决教育上的问题？唯有不断更新教育理念，形成科学正确的教育理念。没有正确的教育理念，教师就不会有先进的教育行动。中小学教师怎样才能不断更新教育理念，形成科学先进的教育教理念？我的做法是勤学善思。

黄宗羲曾说："道之未闻，业之未精，有惑而不能解，则非师矣。"渊博的学识、高超的技能，是教师高素质的集中体现。大家都说，要给学生一杯水，教师自己必须有一桶水。为了灌满这一桶水，并让它不因为蒸发而减少，多年来，我在业余时间认真学习业务知识，不断探索教育技巧的奥秘。从 2016 年起，我开始实施我的读书计划——七天读一本书，一直坚持到现在，我陆续读完了《陶行知文集》《给教师的建议》《和教师的谈话》《论语译注》《斯宾塞的快乐教育》《我们怎样思维·经验与教育》《教育的理想与信念》《为了自由呼吸的教育》《亲爱的安德烈》《野火集》《静悄悄的革命》等教育名著。同时，为了激发学生的读书兴趣，我在班级开展了师生共读活动，每学期共读不少于 5 本书，还鼓励孩子背诵《唐诗三百首》，提升自己的文化素养。我曾在全班开展了一次阅读大调查：家中有没有书架？自己一共读了多少本书？……调查数据令我振奋，孩子们大多已经养成了良好的读书习惯。

为了提升自己的理论水平，解决教育中遇到的困难，我除了读书、向身边有经验的老师请教外，我还经常关注了解国内外的教改信息，自觉适应国内外教育发展需要，学习教育理论，提高教育理论修养，明确教改的实质，从而更新观念、揭示规律、寻找方法、懂得教育规律，正是"千锤百炼出深山，游刃有余在教海"。

上海著名特级教师顾泠沅认为，真正的好老师是在学校里、课堂里摔打出来的。从走上教师岗位至今，我一直坚守在语文教育一线岗位，勤于思考，对自己的教学效果寻根究底，不断反思教育教学中的成功和失败，解决学生学习中的困惑和问题，反观自己的教育教学方法成效如何。我主动承担各类汇报课、竞赛课、公开课等，上过的各类课数不胜数，获奖无数，自己的教学能力也在历练中得到不断提高，终成长为教师队伍中的教改骨干。

三、开展教研、勤于笔耕

"教师即研究者"，作为专业技术人员的教师，不仅要终身学习，还要不断开展教学研究。我根据区域学习文化资源优势，结合本班学生特点，开展"生态读写"创新性语文教育教学活动；带领身边老师开展校本研究，成功开展2项省级课题研究，出版著作1部，编写出版生态教育教材1部，发表文章100余篇，获广东省教育创新成果奖三等奖、湛江市基础教育成果一等奖。开展校本教研，开阔了教师们的视野，锻炼和提高了教师的理论综合应用能力，优化了我们的教育教学方法，推动了学校教育教学质量提升。

在日常工作中，我比较善于写作，对课堂、学生、教法进行思考并及时记录下来，形成自己的教学理念，变成自己的教学风格。笔耕生涯让我感受到，写作可以让工作常新，可以使教师感受到成功的快乐，可以让教师知不足，从而让教师产生无穷的动力。只有平时经常反思、总结，才能够让我们有所进步，有所提高，课堂才会生动，学生才会活泼。

我不仅自己爱写作，还带领身边的老师一起写。在过去的4年里，我带领教师们写下了大量的随笔，指导学生写了大量优秀习作，发表、获奖篇章众多，编写了不少于10本的作品集。虽然，教师们的文章很多只是对生活和工作的感悟，但这些记录是真实的，感动是真实的。要的就是真实，要的就是教师能够坚持不懈地进行写作，只要写了就是一种成功，就会有所收获。

我利用我创建的微信公众号为教师和学生提供了写作的平台，目前，微信公众号平台已推送师生原创作品近 2000 篇，激发了学生的写作热情，培养了学生读写的兴趣与能力，学生从写作中获得了语文学习幸福感和成就感。平台还吸引了不少社会同仁投稿交流，产生了很好的社会影响。我坚信，只要我们坚持写，会写得越来越好，关键是能提升自身素养，提高教师的职业幸福。

热爱、坚守、用心、执着，做一个有崇高理想的教师；勇于课改，善于反思，做一个有先进理念的教师；课堂万变、应付自如，做一个有高超能力的教师；追寻梦想、心怀大业，做一个爱满天下的教师。如果我们做到了这些，我想，我们距离真正意义的省级骨干教师就不远了。

岁月无声，总有一种情怀肃然起敬，追寻教育人生的诗和远方，我永远在路上。

成长分析

宋广玲老师从一名乡镇小学语文教师成长为骨干教师，从骨干教师成长为名教师，在教学教研上取得了优异的成绩。我们从她成长发展的自述中看到了影响教师成长发展的一些重要因素。

热爱教育事业是做好教师的必要前提。宋广玲老师受父亲的影响，喜欢上教师这个职业，并且初心不变，一直在追寻教育人生的诗和远方。"正是对教育事业这份崇高的执着的理想，我从一名缺乏经验的年轻教师迅速成长为一名学生喜欢、家长尊敬、同事夸奖的学科带头人、教坛新秀。"她这句话道出了教师成长的真谛。

形成科学先进的教育理念是当好教师的基础。教师的教育教学行为是由教育理念决定的，教育理念的好坏决定了教育行为的优劣。一些中小学老师往往只是关注具体的教育教学技巧，不关注深层的教育理念问题。宋广玲能够认识到教育理念的重要性，通过不断的学习和反思，更新教育理念，树立"生态语文"先进的教学理念，为她的成长夯实地基。

勤学善思是提升教师综合素养的有效路径。学校不仅是学生学习和成长的地方，也是教师学习和成长的地方，一位优秀的教师一定是终身学习的人和不断进行教学反思的人。宋广玲老师就是一位勤学善思的优秀教师。

开展校本教研是提高教师教学水平的法宝。教师职业是专业化职业，专业化职业与普通职业的区别之一就是要不断开展研究。不断开展校本教研是教师改进教学、创新教学、提升教学质量的重要手段。不开展教研的老师是走不远的，教学水平的提高也是有限的。宋广玲老师带领身边老师开展校本研究，开展省级课题研究，出版著作，编写出版校本教材，发表文章，不仅自身不断发展成长，也带动身边同伴的发展，推动了学校教学质量的提升，并且影响辐射到了新疆，可圈可点！

祝愿宋广玲老师在追寻教育人生之路上，渐行渐远，不断书写璀璨的教育诗篇！

（许占权）

李爱红：思政教师的教育情怀

李爱红

岭南师范学院附属中学政治高级教师。湛江市省级骨干教师培养对象，广东省首批示范性教研组——岭南师范学院附属中学政治教研组长。先后被评选或聘为广东省新课标研修专家、教育部"国培计划"国家政治骨干教师学员、广东省本科师范生技能大赛评委、广东省高中思想政治学科校本研修交流中心组成员、广东省法治骨干教师培训讲师、湛江市政治学科骨干教师培训讲师、广东省中小学教师资格考试面试考官等。主持 5 项课题，公开发表论文 8 篇。2020 年 8 月开始，作为西藏柔性引进人才、第 9 批援藏干部进藏工作 1 年，在林芝市巴宜区团结小学担任副校长，主管学校教学教研工作。

成长自述

我是湛江市广东省级骨干教师培养项目首批培养对象。作为广东省首批示范性教研组组长，积极探索活动育人途径，培养学生政治认同等核心素养，率先开展学生时政开讲活动与模拟联合国活动等课程，代表湛江市率领学生参加广东省模联比赛获优秀组织奖、优秀指导教师；指导学生参加广东省高中思想政治学生社会实践活动成果展评（如学生时事评论、学生社会调查成果、教学设计、活动指导方案）均获省一等奖，本人也多次获广东省优秀指导教师，所获奖项是全市甚至是粤西地区唯一获此奖项的高中政治教师，在全市起到示范引领作用；所编辑的省教研活动报道或相关分析文章经常发表在广东省学科官方公众号上，有1篇被全文转发到广东教育研究官方公众号上。2020年8月，接受组织工作安排，作为西藏柔性引进人才、第9批援藏干部进藏工作1年。

一、责任担当——教师成长的内驱力

有人说，平庸的人有一条命：性命；优秀的人有两条命：性命和生命；卓越的人有三条命：性命、生命和使命。我虽是家里老幺，但由于家境贫困微弱，高中开始便与父亲一道承担家庭责任、独当一面，这也锻炼了我不管身居何位，都把岗位职责放在第一位。这几年，担任岭南师范附属中学政治教研组长，顶着"省示范性科组"的称号，这几年我也在思考如何建设学科特色？我们何以示范？以何示范？思想政治课仅仅是要追求成绩吗？带着这些问题，我不停地求学，包括阅读、参加各级省市级培训，甚至自费参加国家课标组核心成员北师大李晓东教授的课改项目成果展示会。同时作为省教研员网络工作室核心成员，有机会了解广东省思想政治课改最前沿的深圳、东莞、广州，我经常观察他们在做什么？并思考我又能做什么？

罗曼·罗兰曾说："生命被赋予了一种责任，那就是精神的成长。"是的，我期待能通过不断地努力学习与丰厚的阅历来提升与积淀自己，让学生可以站在我的肩膀上去看这个世界，用自身精神的成长创造使命的精彩，铸就学生生命的辉煌。经过几年的学习与探索，尤其是参加湛江市省级骨干培养项目以来，打开了我的视野，让我知道了个人专业成长规划、校本课程、形成个人教学特色的重要性；看到了信息技术给教育教学插上飞翔的翅膀，让教育有无限可能，充满想象；内化了真实的教研引领教学与教师专业成长。

在学校领导、学科大咖前辈们以及我们省级骨干教师班这么多优秀同行的帮助引领下，进一步凝练我的教学思想，强调活动育人，并带领科组老师开展了一系列教改活动，包括学生时事开讲、民俗文化调查、学生时评小论文、参加广东省模联比赛、学生中美关系论坛、辩论赛、法治宣传画大赛等，增强学生活动体验，在学生心中埋下真善美的种子，铸魂育人，培养时代新人。而我也因此多次被评为"广东省学生社会实践活动成果优秀指导教师""广东省模拟联合国优秀指导教师"。在湛江市省级骨干教师培养、广东省法治骨干教师培训、赴都安中学学科教育教研交流、广东省骨干教研组长培训、教育部"国培计划"国家政治骨干教师培训等各种交流讲座中获得好评，撰写各种广东省高中政治教科研与分析评论，尤其是关于学生社会实践活动方面的分析文章，发表在广东省高中政治官方公众号，有 1 篇被全文转发到广东教育研究官方公众号。

二、关爱懂得——引领学生成长的前提

"老师，您不教高三了吗？"（哭的表情）

"我去西藏援教。"

"啊啊啊，什么时候能回来啊？"（哭的表情）

"一年。"

"舍不得您啊……"（哭的表情）

"我也舍不得。"（拥抱的表情）

这是今年高二教学（3）班学生阮苏琳同学在进入高三提前来上课当天中午发给我的微信。她上学期期末政治考试以 93 分的成绩位居全市第一名，品学兼优，纯朴宽厚。而我自从参加省骨干培养项目后，在课堂教学方面特别注重培养学生的自主探究能力、信息整理归纳能力与研究反思能力，高一选科后一直引导学生以高三要求整理笔记，对优秀的学生经常作为样板在年级展示。像阮苏琳这样集学科学习浓厚兴趣与学习能力优秀的学生不多见，我从不吝啬对她的欣赏与心疼。所以这一刻，我不再控制自己，也表达了自己的不舍。

"一年都见不到您了！"（哭的表情）

"是的，而我确实也经常面临两难选择，遇到你，以及许多像你这好学

刻苦的学生，心底是很想陪伴着一起奋斗过高三这最后一年的，是心疼缺乏这一段陪伴，师生相互成长的阶段。"

"对，我也想着高三压力大的这一年，能有信任的老师相伴着度过，突然在这最后一年您就去援藏了，知道这个决定时很措手不及，想到没有您每次在我迷茫的时候给我鼓励，在我不自信的时候支持我，在我松懈的时候警醒我，我就不争气流下泪，但还是尊重老师的选择吧，相信一切都是最好的安排，我要学着去适应，老师，您放心吧！"

学生的懂事令我心疼，也备感安慰。人到中年的我，自认不再具备年轻时与学生容易打成一片的优势；上有老下有小，也不再把学生当成生活的主旋律。作为中年女教师，还是教政治科目，被人称为马列老太太，如何提高学科吸引力与自身影响力？经过这几年省骨干学习，让我明白必须不断提高自己的专业素养，拓宽视野，让我更能站在学生的视角上看问题，明白学生的需求与困难，给学生提供高质量的诊断与点拨，才能直抵学生心中。付出总会有回报，上学期末学生写给我的一封信："您也在我学习过程中经常给我指导，给予我安慰叫我别太大压力，渐渐地到现在我发现您是我遇到的老师之中最能看透我的心思，也能帮助我走过学习的黑暗期。我的好朋友杨倩茵她之前也和我说过，她是初中就说好高中不选政治的，但在 10 班被你教过之后就决意要选政治了，我问她为什么，她说这说不出来理由，但是老师您有一种魅力！"

因为懂得，所以慈悲。成熟的师爱，可以像亲娘一样，真心疼爱；像后娘一样，狠心要求；像干娘一样，细心包容；像丈母娘一样，全心欣赏。曾经我期待我的学生能够有家国情怀，指点江山，站得更高，看得更远，富有浓厚的政治选科生特色。为此，在课堂教学中，我努力引经据典，解读时事，开展学生中美贸易战论坛、辩论赛。这一刻，面对我的援藏，他们交上了满分的答卷。我懂得你们，也感谢你们的懂得！就像另一个班的学生说的："不仅我们需要一位好老师，西藏的孩子也需要，老师支教是为国家做贡献的！"你们的成长，是我们教师从事教育事业的目的与归宿。

三、教学研究——教师发展的推动力

蒲公英评论特约评论员李兴旺在公众号"中国教育之声"提到："真正优秀

的教师，必定是把教研和教育教学融为一体的教师。因为一个真正优秀的教师，必定是以自己对学科的热情与执着唤起学生学习兴趣的教师；是不断研究学生、研究现实、研究教育问题，从而能走进学生心灵的教师；是热爱生活、热爱艺术、不断提高和完善自身，从而能给学生人生正能量的教师……这样的教师，怎么可能会不搞教育教学研究呢？或者说，一个固步自封、没有精神追求、没有研究兴趣的教师，怎么能担当得起指导学生做人做事的教育大任呢？"

对此，我深深认同。第一次参与课题研究，是在 2011 年，申报了学校校本课题"时政热点在高中课堂分层教学中的运用研究"，初步接触，在摸索中前进。后来写了一篇相关论文发表在省级刊物上。论文提出：以典型案例的时政材料为情境载体，设计不同的层次性问题，以激发不同层次学生的兴趣，符合最近发展区域理论，能促进不同个性与层次学生的发展。这个观点一直在影响与指导我这九年来的课堂教学，得到学生与同行的认可，在担任第七届广东省本科高校师范生技能大赛评委时，对这个问题的讨论得到了评委专家们的认可。

第一次接触综合性课题是参与我的导师梁哲校长主持的省级骨干教师培养项目——"校本课题研究促进教师专业发展"课题的子课题研究，在梁哲导师的指导下，我进一步认识到做课题的重要性，认识到教科研活动与教学育人绝不能是两张皮，一定要让自己的教科研活动立足于教学育人之中，通过教科研活动不断提高自己教学育人的水平，做学生成长的引路人，实现自身专业发展与学生发展的双赢结果。省级骨干教师培养项目也让我把课题研究与教研活动常态化。我深切知道了教师专业成长的重要性，明白教科研活动对一个教师专业成长的影响。培养过程中，周立群教授提到的"推进自主学习的体验式学习""以问题为导向的研究性学习""开展个性学习"，以及在评价方面的"评价目的发展性、评价功能的多元性、评价内容的全面性、评价手段的多元性、评价方式的先进性"等观点深深打动了我。导师梁哲校长对课题研究的执着和坚持也深深影响了我，所以自从参加了省级骨干教师培养项目后，这几年我一直在做课题。从最初申报的小课题"'互联网+'时代下高中课堂教学德育渗透研究"，到 2017 年申报湛江市"十三五"规划一般课题"体验式学习与高中生政治学科核心素养培养研究"，2019 年利用高校资源，申报到岭南师范学院的课改项目——"高中政治活动型课程的校本研修——以湛江民俗文化教学为例"，2020 年申报到广东省"十三五"规划课题"基于核心素养的学生时事开讲活动教学策略研究"，以课题的形式推进活动型综合性学科课程，践行对学生的多元评价，树立成果意识，激励自己不断向研究型教师转变。

有些课题在高中 3 个备课组中作为子课题以校本研修的方式，在科组内开展同课异构、主题研修、专题讲座，开展学生时事开讲活动、学生辩论赛、中美关系学生论坛、学生时事评论、学生实践活动、民俗文化调查研究，参加广东省模拟联合国比赛等省级学科比赛活动。这些活动得到了科组老师的支持与学生的喜爱，同时也激发和带动科组老师进行相应教科研活动的热情。在教学实践的基础上，这几年教研组老师申报到省"十三五"规划课题 2 项，市"十三五"规划课题 3 项，岭南师范学院教育教改项目 1 项，岭南师范学院教师发展中心课题 2 项，参与的省市重点课题 2 项。在课题研究的指引下，通过教研组教研活动，以此不断推动思想政治课教学改革，促进教研组教师的专业发展，不少老师被评为"党员示范岗"，考核优秀或被评为学校先进教师的比重也居学校前列，教研组中有 8 人参加省级骨干教师培训，8 个老师通过中级或高级职称评审；所开展的学生时事开讲活动在湛江市一些中学铺开，并在广东省甚至全国学科群里产生重大影响；教研组老师通过担任省、市级或周边学校的专题授课教师，发挥示范引领作用。我本人也通过高级教师评审，是"国培计划"国家级政治骨干教师学员，被聘为广东省课新课标研修专家，广东省高中思想政治学科校本研修交流中心组成员等。

四、理念更新——教学创新的基础

"教育的大爱，是教会 3 年，为学生考虑 30 年；教学生 6 年，为学生今后的 60 年打好人生底色。""互联网对传统教学模式的挑战、教师的作用不是传递信息，而是把碎片化信息整合，未来教育尽力利用信息技术以自学方式完成学生底层学习，更深入学习通过活动去体现……"这是骨干教师培养项目的班主任张妙龄老师在做"核心素养下的德育管理研究"讲座时分享给我们的，让我感受到了她教育的情怀！曾经我以为课堂始终还是由老师主宰，翻转课堂，学生教师"各 20 分钟"只是停留在专家的口中与笔下，或者存在于一些表演赛课中，学生根本没有能力进行社会实践或无法真正成为课堂展示主人；曾经我以为自己已教了

17年书，有7轮高中小循环教学，上课应该不难；甚至以往我还会沉醉于自己对材料的选取如何典型，充满时政性与生活性；沉醉自己对问题的设问如何充满层次性与探究性；沉醉于自己对知识的讲解如何到位。

可是，经过参加省级骨干教师培养项目这几年的学习后，我的思想发生了很大变化。很多观点、很多做法照亮了我前行的灵魂，让我不想再一成不变地按原来方式组织教学活动，希望自己能够去尝试，去思考一些新变化，更加注重学生的社会参与，注重学生的体验与感悟，注重学生的课堂与课外实践活动，注重学生的思想认同与知识内化，以学生为中心，让学生的表现更精彩！通过指导学生进行"湛江民俗文化调查"，以及综合性实践活动"学生时事开讲"、学生论坛、参加省模拟联合国比赛等活动，让我领略到学生社会参与体验的思维之美与活动之美。学生的表现令人惊艳：获得了广东省模联比赛最佳立场文件奖、广东省高中政治时评小论文比赛一等奖、学生社会调查活动成果一等奖，等等，而我所撰写的指导学生社实践活动方案、活动型课程教学设计也获得省一等奖（粤西唯一）。而我多次被评为省级学生社会实践活动成果优秀指导教师。所教班级学生，乐于进行公共参与，担任班团委，服务同学，是高二年级提交入团申请书最多的班级，李浦薇、李亮坤等还被推选为第五届"湛江市美德好少年"和"湛江市智慧好少年"评选，期末考试中所教学生阮苏琳与郑宝宝在所有参加测试学校中分别排第一名、第二名。原来不是学生不给力，而是教师不够给力！

回忆这几年带领学生进行社会实践活动，从学生时事开讲、学生论坛，到调查当地民俗文化课堂反馈，参加省模联比赛、省时事评小论文、省社会调查成果评比，见证师生教学相长，共同成长。我从过去注重纯粹的知识与技能传授到现在更为注重学生自主合作、探究展示，更为注重拓宽学生视野，让学生在真实的社会环境中进行综合性的跨学科的深度学习，给予学生充分的自主选择权与决定权，更为注重以活动体验培育学生学科核心素养，立德树人。从今年8月开始，我踏上了援藏的新征程，负责教学与教研管理。这一路，山高路远，水土难服，是挑战，也是难得的经历。既然选择了前方，便不负新课程与教育者的使命，让生命在不同阅历中积淀！

📝 成长分析

李爱红老师在湛江市省级骨干教师培养期间获得了多方面的发展，可以说是收获颇丰。分析其成长的原因和途径，主要有以下几个方面：

1. 责任与担当是个人成长的内在驱动力。李老师不管身居何位，都把岗位职责放在第一位。作为省示范教研组——政治教研组的组长，李老师用敏捷的头脑去思考、用敏锐的眼光去发现、用敏感的心灵去感悟，及时更新教学内容，丰富教学手段，了解广东省思想政治课改最前沿的动向。

2. 教学研究是教师专业发展的推动力。参加湛江市省级骨干培养项目以来，打开了李老师的视野，让她知道了个人专业成长规划的重要性，逐渐形成了个人的教学特色；更明白教科研活动对一个教师专业成长的影响。李老师以课题的形式推进活动型综合性学科课程，践行对学生的多元评价，树立成果意识，激励自己不断向研究型教师转变，也带动政治教研组的老师不断进步。

3. 思想与情怀是教师专业发展的持久力。在湛江市省级骨干教师培养期间，李老师的思想发生了很大变化。不想再一成不变地按原来的方式组织教学活动，希望自己能够去尝试，去思考一些新变化，更加注重学生的体验与感悟，注重学生的课堂与课外实践活动，注重学生的思想认同与知识内化，以学生为中心，让学生获得更多的发展。从 2020 年 8 月开始，李老师接受组织的工作，作为西藏柔性引进人才、第 9 批援藏干部进藏工作一年，在援藏学校担任副校长一职，祝福李老师平安，希望李老师做出更大的贡献。

（张妙龄）

杨浩：浩瀚人生醉教育

👤 杨浩

湛江市省级骨干教师培养工程培养对象，高中化学高级教师，廉江市教育局教研室副主任，廉江市教育督学。广东教育学会化学教学专业委员会理事会理事，廉江市专业技术拔尖人才。曾多次荣获"广东省化学竞赛优秀辅导员""湛江市高考先进工作者""湛江市高中教学质量管理工作积极分子""廉江市优秀共产党员""廉江市优秀教师""廉江市优秀教育工作者""廉江市高考先进工作者""廉江市考务工作积极分子"等荣誉称号。主持省级课题 2 项，参与研究省级课题 3 项、湛江市级课题 1 项，发表及获奖论文近20 篇。

💬 成长自述

我被确定为湛江市省级骨干教师培养工程培养对象，深感荣幸，备感责任重大。岭南师范学院制订了科学严密的培养计划，充分发挥省级中小学教师发展中心的资源优势，打造优质的学习交流平台，采取混合式培养模式，运用多元培养方法，让我们有机会近距离向专家学习，与名师面对面交流。在这浓厚的学术氛围中，感受到的是专家点石成金的顿悟，收获的是教师职业精神的升华。一路走来，专家教授的教育理论大大拓宽了我们的视野，一线名师的实践智慧启迪了我们的思维，同伴的切磋交流解决了我们的困惑。参加省级骨干教师培养工程，在我 20 年的专业发展历程中，是一次实现螺旋递进式成长、专业成长上台阶的又一次跨越，感悟是深刻的，收获是丰盈的。

一、在班主任工作中践行阳光育人的理念

1999 年，我从湛江师范学院本科毕业，怀揣着教育梦想回到廉江二中任教，2005 年调到廉江中学任教，长期担任班主任和级主任工作。在教育工作中，我切实践行阳光育人理念，总结出"勤、严、爱、实、活"相结合的"五字教育法"，所带的班级班风好，学风正，成绩好。我注重培养学生干部，先后培养了16 名学生入党；10 多名学生成为市级"三好学生""优秀团干部"。看着一届又一届的学生在自己的教导下茁壮成长，考入理想的大学，自己感到无比的高兴和自豪，增强了教师职业幸福感，激发了"人生更上进"的动力。在参加省级骨干教师培养工程中，岭南师范学院刘明贵教授在"现代教师的职业精神"讲座中指

出教师对学生的爱是无条件的，没有对学生的爱就不会有真正的教育，爱是教育学生的前提。让我懂得了"没有爱就没有教育"的含义，只有关爱学生，成为学生的良师益友，才能达到"亲其师，信其道；尊其师，奉其教"的教育效果，进而引导学生不断提升道德素养，激发学生的智慧潜能，获得丰硕的教育成果。

二、在课堂实践中领略教学艺术之美

在廉江二中任教期间，我经历了两次高中循环教学，由新手教师成长为一名深受学生欢迎的成熟教师。为了尽快适应角色，使自己迅速成长，我认真备好每一节课，上好每一节课，主动承担公开课，通过课堂实践不断提高教学技能。

因工作需要，2005 年我调入廉江中学任教。廉江中学是廉江市品牌中学，学生基础好，学校文化底蕴深厚，始终追求一流的教学质量，确立了"显示目标—先学后教—当堂训练"的教学模式，做到"堂堂清、周周清、月月清"。在浓郁的育人氛围里，"以学论教"逐步内化为我的教育价值观，并逐步转化为自觉的行为追求，教学水平得到进一步提高。在对学校教学模式反复实践的基础上，结合湛江市教育局提出的"四环节"教学要求，根据化学学科的特点，以"导学案"为基础，构建中学化学"六环节"教学模式，通过"自主学习、达标训练、合作探究、答疑精讲、检测提升、评价总结"六个环节的教学活动，激发学生学习化学的兴趣，促进学生学习方式的转变，引导学生应用分类观、守恒观、微粒观、转化观等化学核心观念解决问题，培养学生的创新精神和实践能力。该模式体现"教师为主导、学生为主体、训练为主线"的现代教学思想，使每一个学生的化学学科核心素养得到发展，取得了很好的教学效果。

聆听周仕德教授的"中小学有效课堂教学新模式"讲座之后，对有效教学模式有了新的认识，我认真总结"六环节"教学经验，写成论文《中学化学"六环节"教学探索》并发表在省级期刊《师道》上。为了取得更大成效，在王林发等教授指导下，我将"六环节"教学研究申报省级课题，通过实践调查获得翔实可靠的教育事实和数据，并进行认真分析和深入研究，取得了创新性成果，同时积极将成果应用推广，发挥其最大效应。只有把教学当作自己喜欢的艺术去追求，形成自己的风格和特色，打造出有效的教学模式，实现"教知识→教方法→教思维"的转变，才能达到"教学更轻松"的境界。教学是一门有遗憾的艺术，对教学的探索永无止境，没有最好，只有更好，用心一定能做好。

三、在听课评课中提高教学水平

2015 年，我调到廉江市教育局工作，在继续践行教学新思想的同时开启了教研新征程。作为化学教研员，我除了带头上好公开课外，还积极打造各种平台，让老师展示自我，让他们走进"百家课堂"，在听课、评课中品味"同课异构"的奇思妙想、匠心独具的教学设计，领略教学艺术之美。我认真组织评课活动，提出要从"目标达成度、教师教学维度、问题设置维度、学生参与度"进行课堂观察，通过"以学定标，导学对标，训练达标"的标准去评价教学效果。此外，我还先后邀请广州市海珠区教育发展中心刘凯钊教研员、湛江市教育局林宇教研员等专家一起听课评课，专家们就如何将化学知识生活化、如何引导学生深入思考、如何培养学科核心素养等进行分析，指出评课最需从学科内容角度做诊断，从学生学习的角度做评价，要做到"四到"，即：眼到（观察）、耳到（倾听）、手到（记录）、心到（思考）。在专家们指导下，在广大教师共同努力下，实现了"重上课"与"重评课"并行的转变，每听完一节课后安排至少一节课的时间进行评课，确保有充足的交流时间，让教师们就观课中的感想，结合自己的教学经验发表见解，对存在的问题和困惑展开讨论并提出可行性的建议，同时还安排专门的老师做好"评课记录"并转发给相关教师，做到"总结更经常"，在教学反思中产生新的见解和认识，便会有新的发现，真正实现相互学习、取长补短、共同提高的目的。实践证明，这是提高教学水平的有效途径。

四、在教研活动中实现共同发展

为进一步深化课堂教学改革，努力打造一支高水平的教师队伍。我们积极开展"结对共进"教研活动，打造教研共同体。近两年，开展"结对共进"教研活动 71 场，研讨课 396 节，讲座 62 次，参与学校 313 校次，参与教师 4608 人次。"结对共进"活动的蓬勃开展，促进了教师专业化成长，提高了学校教学质量。此外，还以"观念引领、面向全体、培育典型、以点带面"的方法开展一系列讲座和辅导，增强教师开展课改的动力，强化"教研"对"教学"的拉动作用。在浓厚的教研氛围下，教研员通过传、帮、带的方式促进青年教师成长，我指导的陈日明、李芬、彭秋萍等教师现已成为教学骨干。我注重让青年教师施展才华，使他们在各种比赛中脱颖而出。2016 年指导陈日明老师参加湛江市初中高效课堂比赛获得二等奖；2017 年指导李芬老师参加首届湛江市青年教师教学能力大赛获一等奖；2019 年指导彭秋萍老师参加第二届湛江市青年教师教学能力大赛获一等奖。总之，各种形式教研活动的有效开展，达到了"提升自己，影响他人"的效果，让大家理解了"教而不研则浅，研而不教则空"的真正含义，体会到"合作更有力"，实现了共同发展的目标。

五、在课题研究中提高科研能力

没有教育科研的现代化就没有教育的现代化。梁哲校长在"教师专业技术评价新标准下课题研究与要求"专题讲座中谈道："教科研能力是教师的核心竞争力。"科研能力是专家型教师成长的本钱；教研相长，理性实践是专家型教师成长的立足点。对于课题研究，很多老师没有实操经验，对课题的选题、可操作性、应用价值、研究报告撰写等认识不深。针对他们的困惑，我积极发挥辐射引领作用，认真指导广大教师开展课题研究，从不同角度给予他们启迪与鼓励，使他们认识到课题并不高远，就是找到一个合适的研究主题引领我们的教学研究，让日常教学更科学、更系统、更深刻、更高效。此外，我还通过专题讲座分享了课题研究经验，使他们明确课题研究的思路、操作流程和注意事项。作为广东省教育研究院课题"中学化学'三环九步'导学模式研究"的核心成员，我按照项目分工自觉开展研究，按时按质完成研究任务，课题于 2018 年 1 月顺利结题。我主持的广东省教育科研"十三五"规划 2017 年度课题"教育现代化背景下中学化学'六环节开放式'优质教学研究"顺利结题，成果荣获湛江市第四届基础教育教学成果二等奖。张子石教授指出，信息技术与课程整合最高的目标仍然是有效地改善教学，成功的准则是创建有效的信息化课堂。为了加强信息技术与化学课程整合，我把问题转化为课题，通过主持的省级课题"信息技术持下的中学化学思维可视化教学研究"引领日常工作，在信息技术持下，课题组老师在教学教研中"反应更敏锐"，为打造有效的信息化课堂奠定了坚实的基础。一事精致，便能动人；从一而终，就是深邃。我将坚持走教育科研之路，为推进教育现代化而努力奋斗。

六、在科学备考中续写高考新篇章

高考是全社会关注的民生工程，成绩就是硬道理。为了提高备考效率，我认真学习《考试大纲》《考试说明》和《课程标准》把握高考方向，研究"高考真题"探索命题特点和趋势，并通过针对性训练提高得分率。我贯彻"快步走，多回头"的复习策略，及时更新备考方法，切实做好"三轮"复习，复习效果好，成绩显著。2014 年高考，我所教的高三（8）班高考成绩优异，600 分以上 13 人，上重点大学线 35 人，上本科大学线 74 人，本科上线率 97.4%。特别是有五位同学进入廉江市理科总分前十名，分别被中山大学、南方医科大学、华南理工大学、暨南大学等录取。

作为廉江市教育督学，结合分管的高考备考工作，我坚持以教学为中心，抓好业务学习，完善备考制度，落实目标任务，组建区域联盟，拓宽备考思路，优化特长备考，狠抓各类辅导。成立有特约教研员、高三学科备课组长或科组长的备考指导小组，统筹学科备考，全程指导备考，带领全体高三教师积极投入备考中去，使"备考更有效"。2016—2019 年廉江高考，上清华大学、北京大学人数：3 人→7 人→11 人→13 人，上清华大学、北京大学人数居湛江市第一；本科上线人数：3451 人→3935 人→4997 人→5125 人，是湛江高考本科上线大户，居湛江五（县）市第一；本科上线率：33.39%→36.62%→46.82%→53.20%，大大超过湛江市高考本科上线率，居湛江五（县）市第一。以高质量的备考支撑教育高质量发展，用显著的高考成绩擦亮了廉江教育名片，为办好人民满意的教育添上了绚丽的一笔。

多年以来，为了提高教学水平和教育质量，我与广大教师一道风雨兼程、并肩前行，共同追逐教育的梦想。通过参加省级骨干教师培养工程，我深深体会了"独行快，众行远"的含义，只有实现智者与智者的碰撞、精英与精英的共勉，与专家为伍，和名师结伴而行，才会走得更快、更远。浩瀚人生醉教育，我将努力学习，积极工作，以研促教，立德树人，为党的教育事业贡献力量。

成长分析

杨浩老师从一名普通的师范毕业生成长为骨干教师，从骨干教师成长为优秀

45

的教研室副主任，无论是在中学教师岗位上，还是在教研员职位上，他都非常优秀。他的优秀表现为在科学的教育理念指导下，创建独到的有成效的教育实践模式。他在担任班主任和级主任期间，践行阳光育人理念，开展"勤、严、爱、实、活"相结合的"五字教育法"，育人效果良好。在教学工作中，树立了"以学论教"的教育理念，创建了中学化学"六环节"教学模式，教学成绩优异，获湛江市教学成果奖。他在任教研室副主任期间，提出了"四到"听评课做法、开展"结对共进"教研活动，推动了廉江市教研工作，为提升区域教学质量发光发热。

从杨浩老师的自述中，我们能看出他的优秀成因。他热爱教育教学工作，富有教育情怀。无论做班级管理工作、学科教学工作还是教研工作，他都非常投入、勤于学习、善于思考、勇于创新。他用心参加培训，主动承担公开课，积极开展课题研究。他自己也总结出来了教师成长的路径：专家的教育理论引领、名师的实践智慧启迪、同伴的反复切磋。

醉心教育、终身学习，与专家为伍、和名师结伴，不断反思、以研促教，一定会成为优秀的幸福教师！

（许占权）

李泰发：一个数学老师的诗意成长

李泰发

初中数学高级教师，廉江市廉江中学党委专职副书记。国培初中数学骨干教师，湛江市省级骨干教师培养对象，湛江市名教师工作室主持人，湛江市特约教研员。荣获"湛江市中考先进个人""廉江市优秀共产党员""优秀教师"等称号。多次参加市教学基本功比赛，均获得一等奖。2010 年、2011 年连续两年被聘为湛江市中考命题组成员。作为湛江市中小学教师培训专家团队成员，近年来多次到雷州市、吴川市、坡头区、麻章区、遂溪县等地开展送课下乡活动或专题讲座。先后主持或参与省级课题 2 项，其中主持的省级课题"课题学习在初中数学教学中的应用研究"结题并推广。撰写论文多篇，《妙用"轻敌"心理，铸就课堂——有感有理数一章教学点滴》《建模意识，沟通初中数学与生活》发表在省级刊物上。

💬 成长自述

年华似水，岁月飞逝。回首，竟已在教育这个行业里耕耘了二十二载。二十二年如一日，我在数字中追求诗意，在桃李园里奉献青春。

我从小就喜欢数学，小学前已能进行较复杂的算数。就读小学后，得到老师们的悉心指导，数学思维发展迅速，五年级参加数学奥林匹克比赛获华南地区三等奖，六年级参加数学奥林匹克比赛荣获廉江市第一名，初二年级参加数学竞赛获得广东省三等奖。

1998年从廉江师范毕业后分配到长山中学任教我所喜欢的数学，2005年7月于湛江师范学院数学与应用数学专业本科毕业，2005年9月在廉江市廉江中学任教至今。

2015年我被遴选为第二批省级骨干教师培养对象。参加省级骨干教师培养项目是自己成长路上的一次重要经历，我格外珍惜。在此期间，我先后主持或参与省市级课题2项，在省级刊物发表论文2篇。作为省级骨干教师培养对象，先后应邀到广东省廉江市、遂溪县和广西融水县等地开展专题讲座，到徐闻县下洋中学、廉江市长山中学、广西融水县保桓中学等学校开展送教下乡。

一、情注教育铸师魂

落红不是无情物，化作春泥更护花。

要想成为一名好老师，就必须以高尚的道德情操、良好的师德来引领自己。用扎实的专业知识、精湛的教法丰富自己，做到既教书又育人。

做人朴实诚恳。二十二年来，一段不平凡的岁月，我始终有一颗坚定的心和对事业的执着信念。在日常生活中，我注意说话方式，力求彬彬有礼，为人谦虚谨慎。我的座右铭是"态度决定高度，细节决定成败"。我身体力行，时刻以良好师德标准来规范自己。

我喜欢把学生当朋友。学生们都亲切地喊我"发哥"。在交流中，我喜欢《把信送给加西亚》中的一句话"主动做事，积极人生；要自己想尽一切办法去把事情做到最好"来鼓励学生，主动积极对待人生，向社会传递正能量。经常勉励学生在求学阶段就是要克服各种困难，努力学习。

我喜欢学生。喜欢源于对教育事业的热爱。我懂得欣赏学生，善于发现学生的闪光点，肯定学生。2006年，有一个择校生小学会考三科总分只有112分，刚进入我班时，表现一般，成绩不理想。但是这个学生喜欢体育运动，第一次体育测试就得了满分。我便鼓励其往体育特长生发展，并经常与其谈心，给予肯定，坚定他的信心。在我的关心帮助下，这名学生获得了无尽的自信和勇气。通过努力，该学生的文化课也在逐步提高。三年后，该生顺利考上廉江中学高中部。

每当学生取得好的成绩，突破了自我，我会感到很有成就感。这也许就是我长期担任班主任工作的原因，所带班班风正、学风好，深受学生喜爱，在社会中享有很高声誉。

二、心系讲台勤耕耘

一支粉笔耕岁月，两袖清风度平生。

在教学上，教学基本功扎实。我自从踏上讲台，就一直坚持把学生的成长进步放在第一位。课前认真备好每一节课，不但备教材、备教法，而且备学生。我潜心研究教材教法，经常跟编写教材的老师、专家、教授们沟通，虚心请教。做到弄通教材，从而达到课堂的深度学习的最佳教学效果。根据教材内容及学生的实际，设计授课的类型，因材施教，拟订科学合理的教学方法，并对教学过程的程序及时间安排都做了详细的记录，认真写好教案和教学反思。每一节课都能做到"有备"而来，认真上好每一节课。在教学实践中，积极探索新的教学方法，提高上课技能，力求讲解清晰、有条理、富生动，做到线索清晰、层次分明、言简意赅、深入浅出。充分考虑每一个学生的需求和学习能力，让每一个学生都得到提高发展。在课堂上充分调动学生的积极性，加强师生交流，体现学生的主体作用，让学生学得容易，学得轻松，学得愉快。

在课改中，提升研究能力。我勤于思考，热爱学习，勇于探索，敢于创新，教学理念先进。2010年、2011年连续两年参加湛江市初中毕业生学业考试命题组。作为湛江中小学教师培训专家团队成员，多次到雷州市、吴川市、坡头区、麻章区、遂溪县和广西融水县等地开展送课下乡活动和专题讲座。2004 年、2008 年、2015 年参加廉江市教学基本功比赛，均获得一等奖。我撰写的论文《妙用"轻敌"心理，铸就课堂——有感有理数一章教学点滴》《建模意识，沟通初中数学与生活》发表在省级刊物上，其撰写的多篇论文参加廉江市中小学论文评选获得一等奖。先后主持或参与省级课题 2 项，其中主持的省级课题《课题学习在初中数学教学中的应用研》结题，并推广应用。

"一分耕耘，一分收获。"由于工作到位，管理得法，2015 年我所带的初三（3）、（4）班学生参加中考，成绩优异，其中黄榆竣同学数学成绩全市第一，林国安等 5 名同学总分排全市前 10 名，我也被评为"湛江市中考先进工作者"。2018 年所教学生参加中考，成绩优异，黄亦森同学数学成绩居年级第一，罗飞扬同学总分年级第一，我也被评为"廉江市优秀教师"。

三、因材施教育桃李

十年之计，莫如树木；终身之计，莫如树人。

我对每一个学生都很负责，注重学生行为习惯、学习方法的培养。积极整合以往的经验与教训，注意自身师德修养，扎扎实实开展班级工作，紧抓日常行为规范，严格班级常规管理，树立"讲正气、讲学习、讲荣誉"的良好班风。重视班委会建设，以点带面，通过培育一个优秀的班干部队伍，带动良好班风的形成，营造积极向上的氛围；培养学生的主动性，增加学生"主人翁"意识。

关注学生的全面发展。班级是学校的基本单位，是学校教育教学的前沿阵地，也是学生学习和生活的主要舞台。班主任是班级的、学生的指导者。作为班主任，我本着"一切为了学生，为了一切学生，为了学生一切"和"不让一个孩子掉队，不准一颗心灵污染"的理念投入工作，不仅关心学生的文化学习进步，更关心学生的身心健康，教导学生怎样做人。

关注学生的家庭成长。平时，我和任课老师保持联系，与之密切配合，针对学生的不同特点采取不同的方法。力争在我们的成长过程中，受到最佳指导。建立家长微信群，工作之余，时时与学生家长进行联系交流，互通有无，互换信息，发挥好家庭、学校教育的一致性、互补性。采用电话联系、家庭走访等多种方式和家长沟通，共同探讨家庭教育的科学方法。

关注学生的心理成长。面对调皮的学生，我会找学生聊天、家访，动之以情、晓之以理，让学生感受到老师的关爱，用爱心融化学生。我教的学生中，曾经有一个很调皮的学生，在我的陪伴、关爱和融化下，该生健康成长，现在成了一名医生，多年来经常打电话关心、问候老师。

2006 年，我带的第一届学生参加校运会 4×100 米的接力赛，当时全班都想拿第一，但是在比赛过程中，有一个同学因为太紧张，导致接棒时失误，遗憾地与第一名失之交臂。比赛结束后，全班同学抱着我痛哭。我以此为契机，分析成败原因，因势利导，此后班上的同学更加团结，学习氛围更浓，第二年的校运会上，同学们努力拼搏，顺利拿到了年级第一名。2009 年，我带的初三（7）班有57 个学生中考成绩超过廉江中学录取分数线。

四、安教乐教永青春

捧着一颗心来，不带半根草去。

回顾二十二年的教学工作，我的辛苦付出虽然取得了一些进步和成绩，令人振奋，但我却从不骄傲自满，我认为成绩只能代表过去，况且自身还存在许多不足，有待改进和继续努力！"教诲无涯"，"学无止境"，我深感作为一名人民教师的责任，也深感作为一名人民教师的光荣，成绩属于过去，未来才属自己。

安教、乐教。我所带的每一届学生的数学成绩都能取得高分甚至是满分的成绩。其间有多所私立学校想用高薪聘请我过去任教，都被我委婉拒绝了。我选择坚守在廉江中学的讲台上，默默耕耘。我喜欢上课，并享受着学生渴望求知的眼神；学生在课堂上专注、课后的喜悦让我也乐在其中，享受着上课的乐趣。

善教、善领。积极发挥示范引领的作用，对学校的教育教学管理出谋划策。作为学校的骨干教师，我主动将湛江市省级骨干教师培训的成果带回学校，充分发挥骨干教师的作用，积极示范，大胆引领，带领全校的初中数学教师投入学校教育教学改革中。在集体备课里，在教研组活动中，我积极解答教师教学中遇到的各种难题，引导互动和交流，使学校初中数学教研组成为了全校活动最丰富、效果最显著的组别，促进了大家的专业素质的成长。

这个充满着机遇与挑战的时代，这个极富竞争性的时代，对教师提出了更新更高的要求。我深感惟有放眼未来，勇往直前，开拓进取，努力学习，不断创新，才能取得更大的成绩。我坚信岁月永远垂青于乐于奉献，求真务实的人。我也将一如既往踩着时代的节拍，不断学习和创造，脚踏实地，不断完善自我，超越自我，不断追求崇高的理想，把青春和热血奉献给深爱的人民教育事业，实现自我的人生价值。

📝 成长分析

从李泰发老师朴实的自述中，我看到了他身上的闪光点，这些闪光点是骨干教师成长所需要具备的素质。

李老师是个有理想信念的人。2014 年 9 月 10 日，习近平主席在与北京师范大学师生座谈会上提出"四有好老师"标准，其中第一点是"做好老师，要有理想信念"。李老师自述道："二十二年来，一段不平凡的岁月，我始终有一颗坚定的心和对事业的执着信念。"有了信念，做起事情来就会更加坚定，更加执着，就会"不以物喜，不以己悲"，居课堂为学生成长而"忧"，居生活为自我形象而"忧"。一个情注教育的人会自觉践行："教师重要，就在于教师的工作是塑造灵魂、塑造生命、塑造人的工作。一个人遇到好老师是人生的幸运，一个学校拥有好老师是学校的光荣，一个民族源源不断涌现出一批又一批好老师则是民族的希望。"

李老师是一个不懈提升专业能力的人。"广大教师要始终同党和人民站在一起。要用好课堂讲坛，用好校园阵地，用自己的行动倡导社会主义核心价值观，用自己的学识、阅历、经验点燃学生对真善美的向往。"李老师多年来始终心系讲台，不懈耕耘。坚信"专业能力的不断提升就是一种好的师德体现"，心系的背后是不断地钻研，不断地成长；一个又一个成绩的取得是耕耘的结果，更是用以点燃学生的"真善美"。

李老师是有仁爱之心的人。"好老师还应该是智慧型的老师，能够在各个方面给学生以帮助和指导。"李老师在教育中能从各方面关照到学生的成长因素，素质培养、家庭教育、心理成长，等等，无所不在。尽己所能，为孩子找到适合发展的切合点，并实现进步，所以才有"桃李芬芳"，为生所爱。

　　李老师是一个忠诚教育的人。"爱是教育的灵魂。好老师要用爱培育爱、激发爱、传播爱，通过真情、真心、真诚拉近同学生的距离，滋润学生心田。"李老师就是这样的践行者："'我喜欢上课，并享受着学生渴望求知的眼神'，'我坚信岁月永远垂青于乐于奉献，求真务实的人'。"自己拥有，才可能给予。李老师用优秀师德、扎实的基本功、仁爱之心和对教育的忠诚与爱填满自己，再把这些给予学生，安心教育，把孩子的成长作为人生的一大快乐。他的人生注定是快乐的。

　　一个热爱教育的人会有同感：只要和孩子们在一起，我们就永远拥有青春；只要在教育的事业中奋斗着，我们就拥有美好青春；即使耄耋之年，我们的事业依然青春。为此，我为李老师写一首小诗：

情注教育铸师魂，

心系讲台勤耕耘。

因材施教育桃李，

安教乐教永青春。

（王海波）

第三章 教育理念与实践智慧

——骨干教师成长自述与个案分析（二）

> 作为一名平凡的老师，守住自己的初心，便自有自己的一方天地，把手头的点滴工作做好，经年累月，滴水穿石，便能让自己一点点增值。
>
> ——魏莲花

冯宇红：智慧型教师成长的助推者

冯宇红

湛江市赤坎区教师发展中心中学语文、中小学综合实践活动教研员，湛江市省级骨干教师培养工程培养对象，特级教师、中学高级教师。湛江市中小学名师工作室主持人。湛江市基础教育课堂教学改革攻坚小组成员、高考备考中心组成员、湛江市中小学教师培训专家团队成员。广东教育学会中语教学专业委员会第八、九届理事会理事，广东省首届中小学青年教师教学能力大赛（综合实践）决赛评审专家。2014年被教育部港澳台事务办公室授予"优秀指导教师"称号。湛江市第一届、第二届中小学青年教师教学能力大赛优秀指导教师。2017 年广东省 "书香校园" 创建活动中荣获 "阅读推广人" 称号。多次被评为湛江市 "普通高考先进个人"，带领团队开发近十门综合实践活动校本课程，其中 "雷琼火山文化校本课程开发与应用" 成为省级项目。主持或参与 5 个省市级课题项目，发表 12 篇教育教学论文。合作出版专著《走向语文核心素养》《从优秀到卓越：教师领导力的 12 项修炼》。

💬 成长自述

我是湛江市广东省级骨干教师培养项目第二批培养对象。在培养初期，我通过拟订基于 SWOT 分析的专业成长计划，明确了我近 5 年的成长目标，依托湛江市省级骨干教师培养工程，实现自我螺旋递进式成长，在教研的道路上不断探索与创新，当智慧型教师的助推者。

进入新时代，面对发展素质教育、全面提高基础教育质量的新形势、新任务、新要求，中学语文教师不仅要有情怀，更要有教育智慧。作为教研员，我们要在推进课程改革、指导教学实践、促进教师发展等方面发挥重要作用；要引领教师开拓视野，不断更新教学教研理念，改进教学教研方式，客观理性分析当前中学语文教学教研工作中存在的问题，并提出有针对性的解决对策，成为智慧型教师；基于 "智慧共生理念"，形成 "智慧型教师团队"，成为了我的职业理想。

一、定发展目标，培养 "智慧型教师"

2016 年 11 月，冬阳明媚。怀着热切的期盼，项目组中学语文一组开始了为期一周的跟岗学习。在张春红导师和王晓敏科组长的带领下，我们来到岭南师范学院附属中学，了解校园文化建设和办学情况。林文良校长为我们开展 "我们走在做'智慧型'教师成长的路上" 的讲座。林校长讲座高瞻远瞩，在培养 "智慧型教师" 方面给了我丰富的启发。随后，我认真阅读了一些论文和著作，认识到成为 "智慧型教师"，是对现代教师的成长提出了更全面的要求和更高的发展目标。田慧生教授指出，"教育智慧是良好教育的一种品质，表现为教育的一种自由、和谐、开放和创造的状态。教育智慧在教育教学实践中主要表现为教师对于教育教学工作的规律性把握、创造性驾驭和深刻洞悉、敏锐反映及灵活机智应对的综合能力"，"智慧型教师就是具有较高教育智慧水平的教师。智慧型教师的教育智慧是教育科学与艺术高度融合的产物，是教师在探求教育教学规律基础上长期实践、感悟、反思的结果，也是教师教育理念、知识学养、情感与价值观、教育机智、教学风格等多方面素质高度个性化的综合体现"①。对于"如何提升教师的教育实践智慧的问题"，许占权教授提出了几个路径："让心中充满爱，做幸福型教师""汲取教育理论智慧，做学习型教师""总结积累实践经验，做反思型教师""向名师及同伴学习，做合作型教师""开展案例研究，做研究型教师"②。通过不断研读关于智慧型教师的文献，我对"智慧型教师"及培养路径有了比较深入的理解，产生了教研员应该成为助推中小学教师成为智慧型教师的引领者的理念。结合新时代要求及一定工作经验，我更进一步明确了以形成智慧型教师团队为目标，在培养教师专业规划力、教学思考力、团队学习力和项目研究力等方面，开展进一步的实践探索。

二、观照教学，促专业规划力

要成为智慧型教师，科学反思、及时调整和有效修正是非常重要的素质。"如果说知识转化，生智慧型教师之才智；心有学生，育智慧型教师之良善，那么教学表现则是显智慧型教师之智慧，是智慧型教师的才智与良善的综合体现。""对教学内容和方法进行的专业化和艺术化处理，主要表现在教师把教学内容置于一定的情境中，将概念、命题与理论的逻辑关系、亲缘结构和历史发展揭示出来，以便使教学内容能够呈现出其自身的本性和活力，从而将特定的教学内容放置于适合的土壤中，激起学生的相关生活经验，让特定的知识走进学生的精神世界。"③ 扎根教育，深耕教学，追求高超的教学表现，是迈向智慧型教师的第一步。随着课堂改革的不断推进，各种"观摩课""研究课""汇报课""评优课"成为教师必须承担的工作。引导教师观照自身教学，让公开课成为教师专业成长的重要路径，助力教师成为反思型、规划型的教师。

在2017年1月，我召开赤坎区中学语文教师座谈会，了解教师公开课选题

① 田慧生. 时代呼唤教育智慧及智慧型教师 [J]. 教育研究, 2005 (2).
② 许占权. 提升教育实践智慧 促进教师专业发展 [J]. 教育导刊, 2007 (8).
③ 李润洲. 智慧型教师成长的教学审视 [J]. 当代教育科学, 2017 (6).

的情况，结果发现，教师公开课选题主要存在以下几种常见现象：相当一部分教师按照教学进度，学校安排什么时间上公开课就选择相应进度的课题来上；一部分教师，尤其是年轻教师比较重点考虑课文是否"容易上"，选择比较易于课堂操作的课题来上；有的教师乐于做出新的尝试，每年选择不同范畴的课题，例如阅读、作文、语言表达等来上公开课；有的教师喜欢选择自身擅长的课题来上公开课；还有的教师按照学校、学科主题研究来上公开课，例如学校开展"高效课堂"教学竞赛，教师会考虑围绕主题来选择课题。由此可见，教师普遍没有从专业发展的角度对公开课选题进行过深入的思考，需要得到进一步指引。同月，通过对我区中学语文近 30 位教师的短信调查，发现有近 3/4 的教师在公开课后，评课资料没有及时整理，也没有及时撰写反思。可见，教师较为轻视学情反馈和教学反思，在以课后教研优化教学等方面，缺乏自觉性。同时，我通过查阅各种资料发现，以中学语文教师专业发展为目标，借助公开课作为专业发展的突破口，以课前规划和课后反思推动教师制定专业发展中长期规划和短期计划，实现专业成长，在国内的研究中还比较少。

恰逢此时，我在省级骨干教师培养项目中学习了 SWOT 分析法，并将其运用到三年成长规划中。SWOT 分析，即基于内外部竞争环境和竞争条件下的态势分析，S（strengths）、W（weaknesses）是内部因素，O（opportunities）、T（threats）是外部因素，就是将与研究对象密切相关的各种主要内部优势、劣势和外部的机会和威胁等，通过调查列举出来，并依照矩阵形式排列，然后用系统分析的思想，把各种因素相互匹配起来加以分析，从中得出一系列相应的结论，而结论通常带有一定的决策性。运用这种方法，可以对研究对象所处的情景进行全面、系统、准确的研究，从而根据研究结果制定相应的发展战略、计划以及对策等。将 SWOT 分析法运用到教师专业发展规划，能促进教师更全面、准确研判自身特点，从而使自身发展规划更清晰、客观。

由此，我在申报岭南师范学院广东省中小学教师发展中心 2017 年度课题时，确定的课题是"基于中学语文教师专业发展的公开课规划与反思的实践研究"。该项目已顺利通过，并经过两年的实践研究，得以顺利结题。其主要的研究目标是：以中学语文教师专业发展为目标，借助公开课作为专业发展的突破口，以课前规划和课后反思推动教师教对自身教学成果、教学疑难、教学特色进行深度思考，从而促进自身教学、教研能力提升。在这两年的研究里，我们引入 SWOT 分析法，拟制并不断改善教研工具《赤坎区中学语文公开课教学规划表》《赤坎区中学语文公开课教学设计及反思表》。这两份表与日常教师们所使用的公开课教案表有非常大的区别，具有一定的独创性，能更有效帮助教师客观分析自身的教学优势和劣势，从而找到自身专业的可发展点，提出改进的具体策略。我们对表中的每一项内容进行研讨分析，尽量做到指令明确，简明扼要，既不增加教师负担，又能够给老师思维提示和思考路径，促进教师有效规划和反思。《公开课教学规划表》突出了选题的多角度思考、教学目标设定的科学依据、与以往教学经验相对所作的调整等，《公开课教学设计及反思表》突出反思的规范路径，以达成目标、学情反馈与分析、调整措施等，从而促进老师以研究的眼光来看待自己的公开课，提炼教学特点和亮点、围绕学情及时发现问题调整策略，优化教学。我区近 10 所学校参与课题研究，收集整理近 40 个案例，一些教师们逐步对自身的教学有了更加深入的反思和探索，及时撰写教学论文，其中多篇得以发表或获奖。以我区高中语文柳斯艺老师为例。柳老师在 2016 年代表湛江第七中学参加赤坎区高中语文高效课堂教学竞赛时，运用《赤坎区中学语文公开课教学规划表》《赤坎区中学语文公开课教学设计及反思表》来对高二课文《夜归鹿门歌》进行备课、教学和反思，从而对高中古代诗歌阅读教学有了较为深入的探索和思考。随后，在当年的赤坎区高考备考研讨活动上，柳老师从高中古代诗歌阅读备考的角度进行研讨教学，实现了公开课之间的内部逻辑的衔接，从一堂公开课教学上升到一个领域的研究。她再接再厉，撰写了论文《在反思中前行——〈夜归鹿门歌〉的反思性教学探讨》，荣获湛江市十年课改优秀教学论文一等奖。经过几年的历练和努力，柳老师不但在第一届湛江市青年教师教学能力大赛中荣获高中语文组一等奖，还当上了学校语文科组长，成为了一名发挥示范引领作用的优秀教师。柳老师及部分教师的成长大大鼓舞了我。

作为一名教研员，要通过有效的教研方式和活动实现区域全体教师的必要发展，部分老师的充分发展。推动教师借助各类公开课规划和反思，引进 SWOT 分析法不断观照自我，在直面自我、发现自我的过程中，确定自身专业发展的方向，做好专业发展规划，提升专业规划的能力，并在课程实践中走向研究型教师、智慧型教师，令我对自身的工作充满了自豪感和成就感。

三、朴实备课，促教学思考力

林文良校长在《我们走在做"智慧型"教师成长的路上》讲座中，提及"思维型课堂的构建"的重要性，这引起了我的深思。联系语文教育来看，要发展学生思维，首先要发展教师思维；思维型课堂教学理论强调课堂教学中教师和学生积极主动的思维，同时重视教师和学生的作用——这是一种"双主体"的师生关系，突出了课堂教学中教师和学生积极思维这个核心，同时强调了教师和学生的作用，对于调动教师和学生的积极性，改变重视教师忽视学生和重视学生忽视教师的两种错误的倾向具有重要的指导意义。

如何有意识地构建"语文思维型课堂"，我决心试一试。在跟岗学习时，我们组的理论导师岭南师范学院的李斌辉教授要求高中组的老师黄素清、杨达武和我同课异构梁遇春的《观火》，并在高二年级进行公开教学。这对我们来说是非常大的挑战。刚接到这个任务的时候，我是非常忐忑的，一般性的公开教学难不倒我们这些"身经百战"的老师们。可是这次很特别，因为《观火》没有入选任何版本的中学语文教材，可以参考的资料非常少，因此，"教什么""怎样教"就更需要教师自己来思考和决断。

为此，我反复阅读《观火》，在公开课前的一个多星期里，我坚持晨读和晚读，大声朗读，细细品读，也尝试模拟学习情境快速阅读。于是，我决定大胆尝试，打破散文教学的常规模式。我的教学设计突出"一个关注""一个思考"。"一个关注"是"如何在阅读教学中发展思维"。语言是思维的工具，发展思维是语文学科的核心素养之一，阅读教学中既要关注文本的思维，也要关注教师自我的思维，即"我是怎么阅读的、怎么教学的"，同时关注学生的思维，思考"学生的学习是怎样产生的，如何能促进学生的思维发展"。这样的关注体现在《观火》里，对于文本，我关注的是散文中丰富的联想与想象；对于自身，关注自己阅读时产生的问题与疑问，并反思自己是如何解决这些问题与疑问的；对于学生，预计学生阅读时会遇到什么问题，需要得到我的什么帮助。"一个思考"就是：作为教师，我们明白要教什么，怎样教；但是作为学生，有没有这样的自主性，能预设自己要学什么、为什么要学、怎样学才能促进我自己的发展？因而，我设计的预习题也是一个学情调查。预习题是："如果你来当小老师，你认为，本文的学习目标（学习内容）是什么？请列出三点。""《观火》中，作者想表达的思想感情是什么？请你简要概述。""《观火》中，有哪些语句使你感到困惑？请抄录下来。"通过三个问题，可比较清晰地了解学生对散文阅读的要求是否清晰、对本文的解读是否基本到位、具体的学习困难在哪里。由此确定学习目标是"借助鱼骨图，联系作者背景资料，快速把握文意；抓住关键语句反复拼读，领悟作品深刻内涵；复习散文的基本阅读方法，进而了解梁遇春散文的基本特点"。教学环节是"目标导入——联系旧学，复习学法——实践阅读，更新学法——反思学习，巩固学法——拓展提升"。

跟岗学习给了我一次宝贵的实践检验的机会，对"语文思维型课堂的构建"有了一些新的探索。《普通高中语文课程标准（2017年版2020年修订）》明确把"思维发展与提升"作为语文核心素养之一，强调"要关注学生在语文学习中的思维培育，如思维发展与提升是指学生在语文学习过程中，通过语言运用，获得直觉思维、形象思维、逻辑思维、辩证思维和创造思维的发展，促进深刻性、敏捷性、灵活性、批判性和独创性等思维品质的提升"。因而，在教学中要重视师生双方的思维培育。这正是做一名智慧型的语文教师不可或缺的重要素质。

这次跟岗学习更是让我深深感受到"朴实备课"的魅力。"朴实"意指"质朴笃实"；朴实备课，就是教师减少对参考资料的过度依赖，独立进行备课，通过实践效果检验自身教学理念和教学技能。在第四次集中培训中，岭南师范学院雷励华博士开展"学科教师TPACK知识框架发展"讲座。TPACK是Technological Pedagogical Content Knowledge的缩写，即整合技术的学科教学知识，TPACK框架包含三个核心要素，即学科内容知识（CK）、教学法知识（PK）和技术知识（TK）；四个复合要素，即学科教学知识（PCK）、整合技术的学科内容知识（TCK）、整合技术的教学法知识（TPK）、整合技术的学科教学知识（TPACK）。雷博士的讲座给了我非常大的启发，教师要实现专业化，就要在学科教学知识习得方面倍加努力，在信息技术环境下，TPACK更是教师应当具备、且必须具备的全新知识。"朴实备课"能使教师在减少外来信息支援的基础上，在备课与上课过程中对自身的PCK、TPACK有更清晰的反思、诊断和认知，为改进教学奠定坚实基础，对提升教学思考力和实践力具有相当大的意义与作用。

它能推动教师走出自身的舒适圈，向智慧型教师迈出关键的一步。

对语文老师而言，"朴实备课"包括两个部分，一部分是"朴素阅读"，强调自身对文本的独立阅读和深度阅读，发现文本的教学价值；另一部分是"实在备课"，不过度依赖参考资料，结合实际教学需要来进行独立、完整、得宜的教学设计。而现实是，不乏过度依赖教学参考资料来备课的现象。尤其在信息技术环境下，教师获取各种参考资料的途径是非常丰富的。这就造成了一些教师为快速备课，快速把握"教什么""怎么教"，忽视了文本的深入研读，而更依赖参考五花八门的资料。而教师如果缺乏自身对文本的深度阅读和思考，缺乏阅读思维的过程，缺乏对"因何教""这样教会如何"这些核心问题的评估，这样又如何去构建"思维型语文课堂"呢？因此，在教师不熟悉文本，缺少参考资料的前提下，"朴实备课"能推动语文老师精心专心阅读文本，并结合以往的阅读教学思考与经验，确定教学的目标、重难点和教学策略，对自己的教学设计做出一定的评估。课堂的生成效果，也是教师自身教学设计的最好检验。这对语文教师是非常大的挑战。敢于迎接这种挑战，能更有效促进课程执行力、教学思考力的发展。

于是，我决定把"朴实备课"的教研作风带回我们赤坎区，用于中学语文教师教研活动上。在2019年10月赤坎区高中语文教研活动上，我亲自上苏教版（必修一）第17课《像山那样思考》，引发大家对"发现式"阅读策略教学进行深入研讨。对我和老师们、同学们而言，《像山那样思考》都是一篇陌生的课文，如何在短短的40分钟内指导学生发现并领悟它的学习价值，提升哲理性散文的阅读能力，是一个不小的考验。同时，通过自身的示范，我引领老师们认识"朴实备课"对促进教师自身专业发展的重要性，鼓励大家尝试不依赖教参资料，把更自主的教学空间留给自己。在2020年12月，我在赤坎区中学语文青年教师教学能力提升专题研训活动中，组织老师们对莫泊桑的《两个朋友》进行文本解读写作，并邀请李斌辉教授对老师们的作业进行点评，指导老师掌握文本解读的几个重要方法。在此基础上，开展限时教学设计训练。通过对"朴素阅读"和"朴实备课"的专题训练，夯实年轻语文教师的教学基本功，提升了教学能力。

四、专题阅读，促团体学习力

智慧型教师身上具有一些能力，例如专业规划力、教学思考力和课程实践力等，而最核心的是学习力。在骨干教师培养对象项目的学习中，我深深感受到，阅读和撰写读书心得是培养学习力的重要途径。撰写《汉字教学，岂能确实文化意蕴教育——读〈汉字与中国文化意蕴教育〉》《向叶嘉莹学解诗——读〈叶嘉莹说中晚唐诗〉》等，都让我读有所悟，读有所获。被广东省教育厅、省委宣传部、省文明办、省新闻出版文广局评为 2017 年广东省"书香校园"创建活动的"阅读推广人"，更是对我莫大的鼓励。因此，在赤坎区中学语文教师之间推动阅读，通过专题阅读活动促进科组、团队学习力的整体提升。这些专题阅读活动有基于教学问题解决的（如"如何开展快速阅读教学"），有基于统编新教材要求的（如"《乡土中国》《红楼梦》项目式学习"），有基于课题开展的（如"语文核心素养培养下的《诗经》整本书阅读教学"）……在这些专题阅读活动中，我区中学语文教师自然而然形成了学习共同体。在学习共同体中，老师们将学习、教学、教研结合起来，共研共读，以读促学、以读促研，收获共同进步。

五、示范引领，促项目研究力

随着教育教学改革的深入，教师从教学工作者变成教学研究者，集教学与研究于一身已经成为一种必然。做智慧型教师，在实践与理论的紧密结合中全面提升自身的教育智慧水平，就首先要成为一名研究型教师，将研究视为重要的成长基础，对理论学习抱有高度热情，执着探索教育规律，持续深入研究现实教育问题。要成为研究型、智慧型教师，开展课题研究、项目研究是主要的路径。智慧型教师集"理论智慧、实践智慧、人格智慧"为一体，具有科研型、学者型和专家型的特点，新时代的教师要从体力型、经验型向智慧型转变，必须充分认识课题研究的引领作用，使课题研究真正成为教师专业成长的助推器和发动机。[1]

近年来，我以"构建思维型语文课堂"的教研方向，推动青年教师开展课题研究、项目研究，使一些学校的语文科组形成了项目研究小组，整体提升研究力。如湛江市第二十八中学全湛然老师主持的"初中阅读教学中思维导图应用实践研究"、湛江市第十七中学林惠华老师主持的"统编教材背景下的读写结合实践研究"、湛江市第十九中学黄英老师主持的"情境教学在初中文言文教学中的实践研究"、湛江市初级实验中学陈永华老师主持的"基于国家课程数字教材的

① 周南平. 走向智慧型教师专业发展 [J]. 上海教育科研，2016 (5).

初中语文教学应用实践研究"、湛江市第七中学陈丽老师主持的"高中生现代文快速阅读能力培养的实践研究"、湛江市第五中学陈雪梅老师主持的"主题阅读在高中现代文教学中的实践研究"等都取得了突出的成果，成为省级、市级和区级"十三五"规划课题，顺利结题。我和老师们开展"初中文言文个性化阅读的实践研究"也取得了丰硕成果，项目成果写进了专著《走向语文核心素养》（与杨泉良合著，黑龙江教育出版社出版），在《广东教育》《广东教学》《湛江教育》等期刊发表3篇教研论文。2019年，随着项目研究力的不断提升，我承担了一些重要的培训任务。我被聘为广东省2019年"乡村教师访名校（初中语文）"项目"初中语文综合性学习教学策略"的专题主讲教师、广东省2020年"世行贷款村小教师全科能力提升"项目"跨学科的教学艺术"的专题主讲教师等，参与省、市级培训项目8项，开展20多场专题讲座和研修活动。成为了岭南师范学院教育硕士（学科教学语文方向）专业学位研究生兼职导师。

参加湛江市省级骨干教师培养项目，使我的教研生涯迈出了重要的一步。这个项目不仅给了我广阔的学习平台，更给了我要当智慧型教师助推者的信心和勇气。我以"智慧共生，共研共进"为理念，培养"智慧型中学语文教师"为目标，以"构建思维型语文课堂"为教研方向，引进SWOT分析法提升教师专业规划力和反思力，使"朴实备课"成为我区中学语文新的教研常态，以专题阅读形成学习型团队，重视青年教师项目研究力的培养，对教师专业发展有了新的探索和感悟……在教研道路上且歌且行，我收获作为教研员独有的喜悦！

✍ 成长分析

冯宇红老师是我们负责的湛江市省级骨干教师培养工程中的优秀学员之一，也是我主持的广东省中小学教师培训专家工作室成员，因此，我对她很熟悉。冯宇红老师有明确的专业发展目标，热爱学习，善于反思，勇于创新，从普通教师发展到骨干教师，再从骨干教师成长为一名优秀的语文教研员，成长为省名师工作室主持人、特级教师，在自己不断成长的同时，还引领区域语文教师成长，推动了区域语文教学质量的提升。

省级骨干教师培养工程项目组在充分研究教师成长规律的基础上，结合多年的教师培训实践经验,创建了"三阶十环螺旋递进的"的骨干教师培养模式。"三阶",即将四年的培养过程分为三个阶段:"反思和规划""实践和提升"和"展示与示范"。反思规划、实践提升是骨干教师成长必经之路,成为骨干教师后要发挥示范引领作用。冯宇红老师的成长自述充分体现了这些特点。

刚入职的新教师往往只关注具体的教学技能或班级管理技能等具体实践问题,发展到骨干教师阶段,走向名师,特别是作为指导区域教师发展的教研员,则要关注更深层次的问题,关注实践背后的理论依据,关注引领实践发展的前沿教改动态,形成能够引领自己、指导同伴的先进的教育教学理念。通过冯宇红老师的成长自述,我们能看到她在参加省级骨干教师培养项目学习中,关注到了智慧型教师理论,研读了相关文献,并运用于实践,形成了"智慧共生,共研共进"理念,指导自己的教研工作,成为区域智慧型教师成长的助推者。冯宇红老师基于智慧型教师理论,以培养"智慧型中学语文教师"为目标,以"构建思维型语文课堂"为教研方向,在培养教师专业规划力、教学思考力、团队学习力和项目研究力等方面,开展深入的实践探索,自己和同伴均取得了一定的教学和教研业绩,在教师专业发展的道路上不断前行。

从冯宇红老师的自述中,我们看到了教师教育理论对教师专业发展的指导作用,看到了教学实践的提升需要课程与教学理论的指导。中小学教师如果忽视理论的指导作用,仅凭经验,教学实践的提升就是有限的,自身的发展也是有限的。名师们的成长经验显示,教师在成长过程中要不断学习优秀的教育教学理论,用以指导教育教学实践,提升实践智慧。

(许占权)

魏莲花:"融合"教育理念伴我成长

👤 魏莲花

湛江市二中海东中学副校长,生物高级教师。湛江市中小学"名师工作室"主持人,湛江市生物教学专业委员会常务理事、副秘书长。教育部"国培计划"学员，广东省骨干教师培养对象，湛江市"名教师"培养对象。荣获广东省"南粤优秀教师"、湛江市"优秀教师"、中海油南油教育培训中心"优秀教师"、"十佳教师"、南油高级中学"优秀教师"、湛江市二中海东中学"十大魅力教师"等荣誉称号。先后被聘为湛江市基础教育课堂教学改革攻坚小组成员和湛江市教育研究室兼职教研员、湛江市普通高中教师新课程培训专家组成员、湛江市中小学教师远程非学历学科培训课程辅导专家组成员、湛江市初中生物骨干教师培训专家组成员、湛江市中小学教师培训专家组成员。主持参与省、市级课题4项，《从"两个方式"的转变看生物新课程的"导"与"学"》等多篇论文在期刊发表。

🗩 成长自述

融合是指熔成或如熔化那样融为一体。现代生物技术细胞工程中的植物体细胞杂交技术和动物细胞融合，便是基于"融合"的思想下开展的科学研究。作为一名生物学教育专业毕业的师范生，我的"融合"教育教学理念便是这样与"生"俱来的。

一、"融合"理念的萌动期：从师范生到教师的蜕变之路

1997年大学毕业后，我回到了生长地——湛江南油①，带着"老南油人"父亲一番"努力上进，好好做人，端正做事"的质朴叮嘱，怀着对教学的无限畅想，播下教师梦想的种子，开始了我的教学生涯。

任教第一年，我担任的是初中的教学工作，但工作量超出众人的想象。初一级生物课、初二级健康教育课、兼任生物实验员。新教师生涯过得忙碌而充实，但骨子里的任性不允许我喊累，天生适合做教师的本性更激发了我执教的热情。抱着熟悉教材、学习教学、规范教学、站稳讲台的想法，休息的时候，我会花大量时间查阅资料、阅读教材、写好教案，提前备好下一周的课，以便在上课前能提前与老教师交流学习，获得更多的指点；工作的每一天，我尽量提早到校或推迟下班，以便提前做好第二天的工作安排，"抢"出更多的时间去听课。生物学

---

① 指中国海洋石油南海西部油田。

科的课必须听，其他学科的课想办法听，在听课评课中感受、领悟老教师的教学魅力。老教师扎实的专业知识让我惊叹，对待课堂的热情让我佩服，对待学生的耐心及爱心让我敬畏，应对突发事件的智慧让我折服，板书呈现也让我无比感叹。在老教师们的身上，我深切体会到叶澜教授所说的"教师的教学，不是只把现成的知识当作物件一样传递给学生，它需要教师对多种知识进行多层次的开发、转换与复合才能完成"。作为新教师，从"师范生"到"教师"角色的转变，要学的、可学的、能学的实在太多，主动学习的欲望在这时达到新的高峰。

向众多教师"偷师"的我，对教育教学有了新的认识和反思，渐渐从无所适从到重新定位，找到了一些做"教师"的感觉，在确保"上对"课的基础上，有了"上好"课的想法。教学时，加深对课程知识体系理解的同时，我注重了课堂的教学设计，备课中将健康课堂与生物、物理、化学等学科知识相结合。而陶行知先生"生活即教育"的教育理念更是让我有意识地在课堂中融入生活，借着实验员身份的便利，让生物课堂不仅有文字，更有模型、有图画、有制作、有实验、有活动、有生活，千方百计让生物课堂"生"动起来，让学生在"做中学，学中做"，体验理论知识，培养学习兴趣。学习、继承、修正、改变、创新，新教师生涯的课堂在不断的教学实践与教育探索中渐渐进入师生融洽共生的状态。

作家刘心武说："终点之美，属于优胜者；起点之美，属于每一个人。而自觉地进入起点并调动起自己的未来，也便是人生中的一种优胜。"从"师范生"到"教师"的这一程，我在自己的教学中借鉴、汲取、融入老教师宝贵的经验，尝试将不同学科知识相结合，尝试让课堂与生活融合成长，"融合"的种子在教师专业成长的土壤里备耕播种，破壳萌芽。

二、"融合"理念的生长期：从普通教师到南粤优秀教师之路

教育教学实践是教师成长的沃土。二十多年的教学生涯中，让我记忆犹新的，是第一次上课受到表扬。那是上午最后一节课，作为初中"副科"，课堂上不但没有学生因厌学睡觉，反而出现了全班学生热情高涨地参与课堂讨论、踊跃发言的好学场景。巡堂的校长课后评价"这样的生物课打破了'副科课堂'的印象"，写在学校最受关注的公告板上。

一年初中任教的经历虽然短暂，却让我收获颇多。任教第二年，带着这份肯

定和对教学的思考，我从初中调入高中，开始高中教学生涯。高中教学的工作量依然很大，高一、高二跨级，每周课时达 20 多节。幸运的是我所在的理化生科组，是跨学科、跨教师成长阶段的"混合编队"，组内既有能熟练备课、驾驭教学的一级教师，更有能独创教案、创新教学的高级教师和能研究教学、发展教学的特级教师，他们都有对教育教学纯粹而深邃的热爱。在这样一个"高手如林"的正能量环境中，不同发展阶段教师对教育教学的认识和见解，不同学科教师对教育教学问题的思想碰撞，让我对于教学有了更为迫切的思索，"上实"课、"上全"课、"上活"课，教学生涯中印象最深且备受肯定的一堂公开课便是在这样的状态中产生的。

2001 年，我代表科组上《减数分裂》公开课，在课堂中融入信息技术元素，采用多媒体课件辅助教学，尝试进行基于信息技术下的课堂教学。信息技术与传统课堂融合，将符号化的知识转换成各种鲜活的、直观的教学场景，既使学生易于接受又能引起思考，对学生的认知和思维形成一定挑战，使课堂成为师生共建的探究生命体。本节课在当年学校的"八字"要求赛课中获一等奖，制作的课件也获得一等奖。在此后的每一年，我注意适度给自己施加压力，主动承担至少一节的公开课教学，每一次都会抱着第一次上公开课的心态认真对待，不断反思自己的教育行为，不断提升教书育人的专业水平。从"体验式教学"到"信息技术融合"，再到"核心素养"；从关注教法到关注学法，再到关注学生能力的培养；从对教法的思考，再到对教学的思考，再到对教育的思考；课堂呈现的每一点变化，正是我对教与学的不懈追求。从上课一等奖、说课一等奖到竞赛课评委、竞赛课点评老师、高考备考调研检查，通过备课、研课、上课、说课、观课、议课等教学全流程的实践、体验、研讨、反思，在日复一日的点点滴滴中，我努力耕耘着做一名教师的朴素梦想，走实胜任型教师到骨干教师的蝶变之路。

拔节生长的我，有了从给学生讲课的生物教师到给家长讲课的辅导师、再到给老师讲课的培训专家的历练，有了从学校单元测试命题到连续十年参加市级模拟试题命制、直至参加省级高考试题命制的磨炼，有了撰写的论文从学校一等奖到市一等奖、再到省一等奖并发表的体验，有了从高考成绩优秀的"高考先进个人"到辅导学生竞赛成绩优异的"省级优秀辅导教师"的荣誉，有了从参与编著教学用书到独立主持课题研究的提升，有了从校级教研员到区级兼职教研员、再到市级兼职教研员的成长，有了从校级优秀教师到区级优秀教师、再到市级优秀教师甚至南粤优秀教师的肯定。坚守执教初心，坚守育人根本，踏实走好成长中的每一步，教学、教研及教育的融合在教师专业成长的良田里向下扎根，蓬勃生长。

三、"融合"理念的绚烂期：从"我"到"我们"的团队之路

"一花不是春，独雁难成行。"2015 年，湛江市成立名师工作室，我有幸入选首轮名师工作室主持人，组建"魏莲花名师工作室"，与一批有着共同理想的教师在专业成长的路上携手前行，让我有机会在"我"中融进"我们"。

作为生物学科工作室主持人，首届工作室的建设中，工作室团队主要以高中生物学科的教学与研究为主，构建了高中生物学科"种群"式的工作室，即主要是生物学科同学科同学段教师的共同体，是为生物学科教师的专业成长所搭建的舞台。工作室在生物学科骨干教师培养、课题研究、示范辐射、资源建设方面开展了富有特色的活动，如接受并指导湛江市骨干教师的跟岗学习任务，开展研学旅行了解资源开发与环境保护和谐发展的现状，开展送教下乡活动等，助力区域生物学科骨干教师队伍建设、教育教学状态的提升，基本实现了工作室从"我"到"我们"的预设目标，在 2017 年湛江市名师工作室考核中，我所主持的工作室被评为"优秀名师工作室"。

"种群"化的工作室培养，专业性强，学科特征突出，一定程度上促进了老师们纵向成长，但也可能限制了老师们横向成熟的潜能。而名师工作室不仅仅是同一区域同一学科同一学段教师的工作室，在条件允许的情况下，可以考虑尝试打破区域的限制、突破学科的边界、淡化学段的设限。2017 年，我有幸入选第二轮名师工作室主持人，在新一轮的工作室的实践工作中，本着构筑无地域边界、无学科边界、无学段边界，打造"生物圈"式工作室联盟体，让老师在互助的"生物圈"中，相互促进、共同成长、全面发展的工作理念，对新一轮工作室的建设和发展做了一些尝试和改变。如打破学科的限制，在工作室成员的选择上多学科化；开展不同学段工作室的联动，使工作室体系跨学段化；开展多科综合活动，使工作室活动跨学科化；开展跨区域的活动，使工作室培训跨区域化；开展省市名师工作室联合教研活动，使工作室活动跨级别化。

"生物圈"式的工作室联盟体，能让不同学科教师共享优质资源，让"我"到"我们"在发展路上融合越来越丰富的内容，既开阔了工作室的视野，更能促进工作室主持人取经换"脑"，跨科做新的尝试与探索。作为生物名师工作室主持人的我，近几年一直在尝试引导不同学科教师进行教学研究，助力教师们形成自己独特的教学风格。2017年，跨学科指导美术工作室的青年教师李土燕参加首届青年教师教学技能大赛获省二等奖；2019年，跨学科指导音乐青年教师苏小燕参加第二届青年教师教学技能大赛获省二等奖，指导历史青年教师陈婷参加第二届青年教师教学技能大赛获省二等奖，融合的"我们"在教师专业成长的沃野上开疆拓土，硕果累累。

四、"融合"理念的积淀期：从"生物"到"生物+"的希望之路

2016年被推选为广东省省级骨干教师培养对象时，正是我踏上教学岗位的第19年，也正迈入四十不惑之年。身边优秀的人比比皆是，19年的教龄不敢当成停止成长的理由，四十不惑的年龄更不愿当作限制成长的借口，从"国培"到"省培"到"骨干培训"，培训学习从没有间断过。即使一刻不停歇地学习，也无法穷尽其中一二，但每一次的培训学习都是难得的提升机会，听教育大咖讲核心素养、讲学科核心素养，汲取新的教育理论；规划个人专业成长、分析名师成长个案，顿悟反思自身教学。培训学习中有课程与课堂，有教育与教学，有信息与技术，有理论与实践，有行动与反思，有重建与更新，诸多教育的前沿进展与动态，拓宽了我对教育的理解的深度和广度，更有了将这些信息带入课堂、融入课堂、甚至改变课堂的想法，校本课程"生物+"课程建设的启示便是这样来的。

2017年参加培训学习，融合"科学、技术、工程、艺术、数学"等多学科的STEAM教育及PBL，促动了我尝试学科融合课程建设的设想。本着将书本上的生物知识变成与学生生活实际紧密结合的活知识，让每个学生通过自己的疑、学、思，去理解知识和运用知识的目的，2018年尝试开展了以生物学科为基础的校本课程"生物+"建设，以构筑融合其他学科的跨学科老师共同执教的融通课堂。

"生物+"校本课程，力图打破学科壁垒，引导教学结合实际选题、团队备

课和讲课，尝试将生物学科与其他学科知识进行融合，探索学科交叉的教学模式。结合湛江的地域特色及学生的生活实际，尝试开展了融通课程生物与信息技术的融合"生物+信息"——让生物"动"起来，生物与美术的融合"生物+美术"——把生物"画"出来，生物与地理的融合"生物+地理"——把生物"找"出来，生物与健康的融合"生物+健康"——把生物"用"起来。这些课程通过各科教师的有效合作，将传统的课程改良成"生物+"跨学科课程，有助于提升学生的核心素养，促进学生"人"的发展。

"生物+"校本课程的建设，是基于"生物"基础上的"生物+"的融合，充实了从"师范生"到"教师"转变以来关于"融合"的内涵，不仅有不同学科知识的融合，有不同学科教师的融通，更有唤醒学生的思维定向、培养学生学科核心素养、关注教师新的生长的期待，"融合"在教师专业成长的天地里融心融智，相因相生。

2018年培训时，许占权教授提出"我是谁"20问，要求作答者每一次的作答都要在上一个答案的基础上增添新答案，直至回答满20问，所以，每一次的解答过程，实际上就是作答者对自己的一次认识、一次肯定、一次反思、一次期望、一次增值的过程。23载春耕秋收，"融合"的每个时期都有属于她的精彩，"融合"的每个阶段都有属于她的感动。"我是谁"，有些已在过去的成长中给出答案，有些正在现在的成长中作答，有些将在规划中的成长中回答。作为一名平凡的老师，守住自己的初心，便自有自己的一方天地，把手头的点滴工作做好，经年累月，滴水穿石，便能让自己一点点增值。我期待，"融合"之花的成长与绽放，生生不息，美美与共。

📝 成长分析

"有梦才有远方"，魏莲花老师大学毕业，心怀教师之梦，勤奋耕耘，逐渐形成"融合"理念，从新手教师走向胜任教师，从胜任型教师走向骨干教师，从骨干教师走向名师，演绎着一名普通教师的优美蝶变之路。

"自觉地进入起点并调动起自己的未来"，这是魏莲花老师成长为骨干教师的第一个亮点。作为新毕业的师范生，面对繁重陌生的教学工作，魏莲花老师不是喊苦叫累，而是热情满满，勤奋备课，主动听课，精心设计教学。她在广泛借鉴、汲取老教师宝贵经验的同时，不满足于"上对"课，在职业生涯初期就开始探索着"上好"课，勇于创新。

理念引领行动，行动反哺理念，这是魏莲花老师成长为骨干教师的第二个亮点。思想能滋养丰富的心灵和厚重的人格，理念能影响教育教学行为的优劣。骨干教师、名师要形成自己的教学主张，明确树立科学的教育理念，有独特的教学理念，才能形成独特的教学风格。魏莲花老师在20多年的教师生涯中贯彻着"融合"教育理念，"融合"教育理念在她专业成长的天地里融心融智，相因相生。在入职初期，她受陶行知先生"生活即教育"的理念影响，有意识地在课堂中融入生活，千方百计让课堂"生"动起来，让学生在"做中学，学中做"，体验理论知识，培养学习兴趣；在她自己的教学中借鉴、融入老教师宝贵的经验，尝试将不同学科知识相结合；在骨干教师阶段，她探索着教学与教研的融合；在担任名师工作室主持人期间，探索着"生物圈"式的工作室联盟体的团队融合；在校本课程建设上，她探索着"生物+"，跨学科融合。

魏莲花老师成长为骨干教师、成长为名师，一方面得益于她自身的努力，她有当好教师的理想，有教育情怀，能够规划个人专业成长，向优秀教师学习，分析名师成长个案，汲取新的教育理论，反思自身教学，开展教学研究；另一方面也得益于良好的成长环境，任职初期校长听课后的肯定与表扬、高手如林的充满正能量的理化生科组环境、公开课的有效教研方式、省级骨干教师培养工程、市名师工作室建设，等等。当然，外因通过内因才能发挥作用，教师自身的事业心和努力程度才是教师专业成长的决定性因素。

（许占权）

陈华晓：明晓多彩的童心

陈华晓

　　湛江市第八小学副校长，曾任湛江市第十五小学大队辅导员、教导处主任；湛江市省级骨干教师培养项目首批培养对象，广东省潘唯女名师工作室学员，广东省十佳少先队辅导员，湛江市社区家庭教育讲师团讲师，湛江市优秀少先队辅导员，湛江市优秀共青团员，湛江市优秀团干，湛江市优秀志愿者，湛江市赤坎区优秀共青团干部、优秀青年志愿者、优秀中队辅导员、优秀班主任、优秀教育工作者和教育宣传报道先进个人；主持和参与省市级课题3项，撰写的论文荣获第五届全国小学语文教学论文大赛二等奖等奖项，多节微课被推荐到"学习强国"平台展示，深入社区开展的家庭教育系列讲座和"社区家长学校"线上公益微课深受广大家长、师生欢迎。

成长自述

如果说被推荐为湛江市省级骨干教师培养项目首批培养对象是一种荣幸，那么在此期间聆听全国知名教师李镇西老师的讲座"幸福比优秀更重要"则是另一种荣幸。早有听闻"南有李镇西，北有魏书生"，但现场聆听，感触真的不一样！李镇西老师说："教育者的童心是教育的必备条件之一。没有教育者的童心，就没有完美的教育。童心在教育上的体现，便是爱心。"

记得刚从师范学校毕业出来的我，一头短发，一脸青涩，几分温柔。那时把所有学生当朋友，嘻嘻哈哈，直到学生再不把我当老师，然后堂上控不了场。最后跟他们"翻脸"了，板起面孔，戴上面具，做一个"严师"。如今20年过去了，尤其是参加省级骨干教师培养项目以后，我深刻认识到：跟孩子们相处，不能靠"恐吓"，不能靠发脾气，而是得用理解、尊重、激励和爱。于是我卸下面具，重新做回"柔师"。其实，孩子们的心是多彩的，所以我要为他们送上彩色的教育，让他们都能绽放出至真、至善和至美的童光。

一、童心未开，只因含苞待放

"教育者是否拥有一颗童心，对教育至关重要。这可能是我后来能够真正走进学生的心灵，并且能够在教育上取得一定成绩的重要原因。乐于保持一颗童心，善于在某种意义上把自己变成一个儿童，这不但是教师最基本的素质之一，而且是教师对学生产生真诚情感的心理基础——也正是在这个意义上，我甚至把童心视为师爱之源。"我一直铭记李镇西老师的教诲，并以此来鞭策自己的专业成长和耕织我的教育梦。

有一年，我班来了一位插班生，第一次测验，他的卷面只有 3 分！没错，他的试卷几乎是空白的，的确是 3 分！过了两天，我在批改学生日记时，读到一段话："我们班转来了一位新同学，他很奇怪，从来不跟我们一起玩，他走路总是不看前面的……"忽然，我又想起了这位学生。

我决定走近他。经过了解，他的确像同学日记中描写的那样。不仅如此，他的学习基础更是差得超出我的想象：拼音字母、笔画、偏旁统统不会……面对这样的二年级学生，我开始是茫然的。但是许多老师的教学经历告诉我：在教育过程中，老师的一张灿烂的笑脸、一句赞扬的话语、一个习惯性的动作，都有可能在孩子心里产生巨大的"蝴蝶效应"，成为他们生命中意想不到的支点。所以，我要努力给他一个又一个的支点。

我开始去挖掘他的闪光点。看到他坐着一动不动，我便大力表扬他，并激励其他同学像他一样坐好。我耐心地教他认识"横竖撇捺"，认识偏旁部首，记住字的音节，逐步学会组词和说话。经过一个月的努力，他终于学会了写字，面对试卷，也不再胆怯。在第二次测试中，他考了 34 分。虽然还是不及格，但对他来说，已经很不简单了，进步了 31 分，放眼全班，也没有几个能进步 31 分的。在课堂上，我没有直接读出他的分数，而是以"进步了 31 分"来表扬了他。在期末考试中，他又"进步了 21 分"。

考试前的一次日记作业，我布置大家用便条的形式给老师写一句心里话。他是这样写的："陈老师：我天天学习，学不好，你教我，也叫家长和哥哥教我，我会写了很多字，哥哥表扬，我也高兴了。"读到这，我"也高兴了"！

"人间四月芳菲尽，山寺桃花始盛开。"不是每一朵都在春天开放，所以我们教师要学会等待，或者适当"追肥加料"，并善待儿童的"含苞未开"，允许他们的"笨拙"和"青涩"。

二、爱洒童心，方见七色虹彩

苏霍姆林斯基说："不了解孩子——不了解孩子的思维、兴趣、爱好、才能，就谈不上教育。"对此，我深有体会。在我担任班主任工作期间，给我印象最深的是一位叫冰冰的女孩。

冰冰长得纯净可爱，但人如其名，无论对谁都是冷冰冰的。她经常说肚子痛，而不来上学。从而引起了我的注意。

记得有一次，冰冰的外公给她请了病假，可是 3 天过去了，还没见她回来上学，我担心极了！这孩子是怎么了？一放学，我就直奔冰冰家去家访。来到她家，我就看到脸色苍白的冰冰蜷缩在沙发的一角，对于我的到来，她只是微微地睁了一下眼睛。这一幕让我揪心。从她的外婆口中得知，冰冰三岁时，父母就离异，又各自重建了家庭。冰冰是由外公外婆一手带大的。外公告诉我，冰冰很想爸爸、妈妈，为了爸爸、妈妈来看她，经常装肚子痛。这一次，她也说肚子痛，还一定要爸爸带她才肯去看病。她爸爸却认为孩子是装病，一直没来。瞧这孩子，怎么办呢？

听了老人的话，我更加揪心了，当同龄的孩子在享受父母浓浓的爱时，她却在担心父母不再爱她、不再要她。为了引起父母的关注，她居然经常装病。此刻，我才发现，平时，我只关心孩子有没有来上学，上课认不认真，跟同学相处得好不好，却从没有深入地去了解孩子们的内心世界，了解他们的情感需要。想到这里，我有一种深深的内疚感！

经过多次沟通，冰冰的爸爸终于赶过来了。见到爸爸的那一刻，冰冰无神的双眼顿时有了神采。她的双手紧紧地抱着爸爸，一刻都不肯放。我陪冰冰爸爸一起带她去医院。在医生帮冰冰做检查的时候，我对冰冰爸爸说："看得出，你很在乎孩子，但是你忽略了孩子的内心。现在的冰冰，她最需要的是父母的爱！"

听了我的话，冰冰爸爸脸上的表情很复杂，他有点为难地对我说，其实他很想让冰冰跟着他，可是现在的妻子不同意……

过了一会儿，冰冰从诊室出来了。她的爸爸走上去摸着她的头，对她说："冰冰，爸爸一直都爱你，爸爸保证，以后会经常去看你！"

这时，冰冰扑进爸爸的怀里，哭了。此情此景，我也情不自禁地流下了眼泪。我相信，父爱一定会让冰冰发生改变的。

的确，之后的日子里，冰冰的脸上时常挂着笑容，变得阳光了。

李镇西老师曾经说过："比管理更重要的是走进学生的心灵。"一次普通的家访，让我走进了孩子的内心，读懂了孩子的需求。无论是家长还是教师，都要把爱洒播在孩子的心田。在有爱的脸上，我们就能看见儿童应有的七色彩虹。

三、护引童心，成长花自然来

儿童是未长大的孩子，不仅需要呵护，而且需要引导。教师要坚守儿童立场，走进他们的世界，并尊重他们的天性和需求。倘若做到这样，教师就能遇见儿童成长之无限可能。人民教育家陶行知先生说得好："教育孩子的全部秘密在于相信孩子和解放孩子。"教师应相信孩子，尤其是要相信孩子能变好、会变善。

有一天，一位"劣迹斑斑"的学生被正在上课的老师带到我面前，因为他回到学校"正常"不到几分钟，又捣乱了，老师无法上课。

当那位老师回去继续上课，我把他自己留下时，他来到我面前，立刻打开"防火墙"，防备地望着我，像一只准备战斗的小刺猬。我手上刚好拿着一个塑料袋，就顺手递给他，说："你能帮我一个忙吗？知不知道这个垃圾应该丢在哪个桶？"

他瞥了一眼，说："其他垃圾。"

"很好！你的垃圾分类知识学得很好！表扬你！请帮我投到'其他垃圾'桶里，谢谢！"

他很快就完成了这个任务。返回来后，我给他一张纸："请你写一写你的名字。"

他接过笔和纸，很快写了自己的姓名。我看了一下，又说："请认真地再写一次。"

他在第一个名字下面写了第二次。我指着纸的背面透过来的条条模糊的平行线对他说："你在这两条线之间再写一次，不要超出线。"

当三个名字排列在一起时，书写的效果明显极了。我让他给自己写的名字打分。他拿起红笔，有点犹豫，最后分别按名字的先后次序，打了70、80、90分。不用问也知道，他喜欢90分，并已经从第三次写的那个漂亮的名字中，看到了自己的能力——原来还能写这么漂亮的字。

我让他自己说说喜欢90分那个名字的理由，他欲言又止，最后吐出几个字："不懂说。"他还在防备着我，似乎只要没等到我的批评，就不能解除"危险信号"。

难得见他这么紧张，我便直接进入了主题，问他前一天做的那件"大坏事"是怎么回事。这下他淡定起来了，不慌不忙地回答："是不小心的。"

哪怕他是故意的，此刻，我也不追究，而是选择了"相信"。因为我记得李镇西老师说过："让犯了错误的学生自己感到惭愧，进而产生要改正错误的愿望和信心，这比教师的任何惩罚更有用。"

接下来，我询问了他在家里和家人的相处模式，跟他聊他在家里的表现。他渐渐放下了防备。聊到他会煮饭时，我告诉他，他比我能干，我当老师后第一次做饭，还把饭煮焦了。他惊讶地看了看我，脸上露出自豪的神色，跟我说话的声音也比开始大了。跟我聊着聊着，就聊到他的爸爸对待工作很认真；他的奶奶做饭菜也很用心；他的爷爷负责接送他上学放学，有一次来接他放学，中途自行车坏了，为了不让他等得急，也顾不上修车，就推着坏的车子来接他……我顺着话题告诉他："你家里的每个人都有他们要做的事、该做的事。而且你家里的每个人都在努力地把自己该做的事做好。"接着我问他："你知道你自己该做的事是什么吗？"他毫不犹豫地回答："是学习。"

当他说出"是学习"的时候，我知道，他已经重新定位了自己。他不仅知道该学习，还把他犯的几次错进行了分析，认识了自己的错误。这次谈话，我第三次表扬了他："你是个懂事的孩子，知道自己错在哪里，也知道应该怎么做。"

最后，我让他去跟老师道歉，并告诉他：在往后的学习中，要接受老师的教育和提醒，才能让自己变得更优秀。他离开办公室前，突然问我："老师，我读初中后，你还在这间学校吗？"我告诉他，我在这里，我期待他随时来跟我分享他的进步！听了我的话，他欢快地离开办公室，跟老师道歉去了……

儿童本身就是一种生命力，像一株株嫩芽，充满希望。当他们的心灵蒙上灰时，如果我们能早点察觉，那么就可帮助他们拂拭干净，并给予他们适当的指引，使之找到生命之光。

一年之计，莫如树谷；十年之计，莫如树木；终身之计，莫如树人。李镇西老师说："教育，更多的时候是一种情感的滋润与人格的感染，所以它并不只是讲台上的事，也包括日常生活中与学生共同的喜怒哀乐甚至摸爬滚打。童心和爱心，是每一位教育者铸造事业大厦的基石。优秀的教育应该学会并善于运用儿童的眼睛去观察，用儿童的耳朵去倾听，用儿童的情感去热爱，用儿童的兴趣去探寻！当学生把我们当作知心朋友来接纳时，我们已经在学生心中建立起了人格的丰碑，而我们的教育之舟也就开始驶入成功的港湾。"

"诚天性之潜感，顾童心兮如疑。"儿童的心是纯真的，也是多彩的。他开心时，像一朵盛开的花；他收获时，像太阳一样光芒四射；他期待时，像土地上冒尖的嫩芽……他们是纯净的三原色，愿他们经过教育的滋养，教师的指引，每个孩子都能都美美地做自己和做美美的自己，从而在人生道路上都能出彩。

✏ 成长分析

阅读"明晓多彩的童心"，不知为何，我的脑海总想起中国情境教育创始人、儿童教育家李吉林老师的话语："我，长大的儿童。"儿童，不仅是她的使命的"灯塔"，指引她不论风雨都兼程向上向善，还是她的生命的"动力源"，促使她全心全意地为儿童的成长保驾护航。从陈华晓副校长的身上，我发现同样的光。这光是对儿童发自内心的爱，是坚守的儿童立场。

那么，什么是儿童立场？国家督学成尚荣先生在《儿童立场》一书中，说："儿童立场不是一句空话，也不是表面的尊重，其深度在于价值。儿童立场是价值的载体，也是价值本身，而其价值还应从情感、思维的价值中去追求。情感要沸腾，思维也要沸腾，情感与思维沸腾了，学习生活便会沸腾起来，于是，美就到了课堂，来到了儿童的心灵。儿童是美的，儿童立场便是美的，教育便是美的。"

陈华晓副校长看到了儿童之美，同时也创造了教育之美。究其原因，是因为她明晓儿童的心灵。正如成尚荣先生在回答教师关于"学习实践儿童立场应注意什么"时所说："把心放进去，把情放进去。我们读任何书不是为读书而读书，是有需要而读书。你的心在儿童身上，情在儿童身上，自然就能读懂。读书不是为了完成任务，不是为了完成工时任务、领导的任务。我们要边读书，边生活，从不同的侧面看到儿童的生活。心在、情在，儿童立场就在。"

用心读心，用情唤情，用爱育爱。这是我从陈华晓副校长成长故事中找到的"读心术"和"育人慧"。

（李文送）

王秀馨：儿童立场的坚守者

👤 王秀馨

湛江市委机关幼儿园一级教师，湛江市省级骨干教师培养项目培养对象。多次被评为"湛江市优秀教师""赤坎区优秀教师""市委机关事务局优秀党员"等。先后参与2项省级课题（"《指南》背景下幼儿园本土民间艺术课题研究""教师专业成长激励机制研究"）以及3项市级课题。积极撰写论文和课例，3篇课例获2019年度第十五届"当代杯"全国幼儿教师职业技能大赛教案组一等奖；2篇论文获2015年广东教育学会学前教育专业委员会年会论文评比三等奖；参加湛江市贯彻实施《指南》学前教育征文比赛荣获二等奖，2017年赤坎区学前教育征文征集比赛获二等奖。

💬 成长自述

我是湛江市省级骨干教师培养项目第三批培养对象。从事幼教工作25年，始终用爱、尊重与耐心陪伴着孩子们，用心浇灌着祖国的花朵，以自己的方式做"走在孩子后面"的人。不过，日复一日的工作有时不免琐碎，让我产生了一些倦怠。曾几何时，我在忙碌中逐渐放弃了对专业的刻苦钻研，在忙碌中失去了工作的极大热爱。而参加省级骨干培养项目，让我对自己的职业生涯好好梳理了一遍，回望来时路，展望未来途，我对自己有了全新的认识，对工作了二十多年的幼儿教育有了全新的认识，对教师专业发展有了全新的认识。培养项目中的辅导老师，针对一线教师的需求精心设计课程，精彩的讲座又一次点燃我专业学习热情，激发了我在专业发展之路中的追求。培养项目就像一座灯塔，为我及时点亮前进方向。怀着感激之心，我向新的人生规划进发。

一、回顾往昔，坚定"初心"

记得1995年，我随父母南下，来到了湛江这座美丽的城市，来到了湛江市委机关幼儿园。当园长带我推开一间教室的门，一群天真可爱的孩子像小鸟一样向我扑来时，我的心弦被轻轻拨动了。我用眼睛捕捉着每个纯真的心灵，心里暗暗想着："孩子们，我想和你们一起永远快乐下去。"

每个清晨，面对可爱的孩子，我都会给他们一个甜蜜的笑容，一个温暖的拥抱，让他们开心地度过每一天！课堂上，我和孩子们进行一个个生动有趣的活动，让孩子们学习了知识，掌握了本领；教室外，我与孩子们一起嬉戏、一起玩耍，操场上留下了我和孩子们那串串欢乐的笑声！

记得我刚上班不久，接到通知，要去一所特殊学校进行跟岗培训两周，我心里有些忐忑，因为这是我从未有过的经历。当我走进"启聪聋哑学校"，面前出现了一群特殊的孩子。对我的到来她们表现得特别开心，纷纷走上前来看看、摸摸。

我被分到一个聋哑班里，班上有个小女孩，眼睛大大的，非常可爱，我朝她微微笑，她好像见到亲人一样跑过来，用小手比划着各种动作，而我却一个都没看懂。可能她看到了我的无助，也开始着急了，动作更加快更加频繁，而我就更看不懂了。她看到我这样的反应，低下头失望地走开了。我赶紧走上去想抱抱她，她却本能地推开了我。在我手足无措的时候，在旁边的班主任告诉我，她叫晴天，是个被遗弃的孩子，并且帮我做了手语翻译。原来，晴天说："老师，我是个聋孩子，别人总是用奇怪的眼光看我，老师您一点都不嫌弃我，真是太好了。"听到孩子这样说，我的心有点痛。平时有那么多的老师来我们幼儿园参观，孩子们从来没有这样的感受，而对于这些聋哑孩子来说，只要有个人来看看他们、对他们笑笑，他们都那么开心、那么满足。于是那几天我试图用稚嫩的手语去和晴天聊天，刚开始晴天比较胆怯，不太接近我，但是我并没有放弃，每天都早早来学校，带她散步，和她玩游戏，生活上细心照顾。慢慢地，晴天开始亲近我、甚至很黏我。两周的培训时间让我与这群聋哑孩子成为了好朋友。在我临走的时候，晴天紧紧拉着我的手，对我做了一个动作："老师，我喜欢你，你不要走。"看到晴天渴望的眼神，看到全班孩子都做了一个手语动作（老师我爱你），那一刻我不敢看他们，只是拼命地点头，我不想让他们看到我的眼泪，我也不敢面对他们的眼泪。那一刻，我的心中是辣辣的，辣得我眼泪止不住地流，辣得我暗暗下决心，我一定要让我的孩子们生活在爱的世界里……

20多年过去了，如今参加本次骨干培养项目，要求我们总结工作经验，做出三年职业规划，我的脑海里再次浮现出那次跟岗实习的画面。聆听导师的谆谆教导，让我更加明确：要在对孩子的教育和呵护中，使孩子不断体验、感受到老师对自己的关注、喜爱、鼓励和支持。我更加坚定了我的初衷，要不断学习和进步，才能做一个孩子们热爱的好老师，做一个热爱孩子的好老师。

二、经受挫折，重拾热情

我不断追问自己，除了忙碌、琐碎，还有什么因素消解了自己对幼儿教育的热情？我想，就是遇到工作中的挫折吧。当幼儿园教师，哪怕再小心，也常常要面对一些突发事件。某一次户外活动令我终生难忘。那天我和孩子们玩得正起兴，突然间，一声凄厉的尖叫声，让我们的活动戛然而止。接着，我便看到了被绊倒在地的郑宏涛，还有从他下巴上不断流下来的鲜血。还沉浸在快乐和笑声中的我，脑子一片空白！听着郑宏涛委屈的哭声，我的心就像一个被人掏空的瓶子，从高空一下子坠入谷底，摔得粉碎。我不敢看家长焦虑的眼神，不敢看宝贝流血的伤口，非常自责和难过，内心充满了苦涩。为了避免类似情况再次发生，从此组织户外游戏活动时，我都小心翼翼，慢慢失掉了与孩子们共同游戏的快乐，工作失去了往日的活力。然而，通过这次骨干培养学习，当看到年过半百的老教授还神采奕奕站在讲台上，看到同伴们一个个充满活力和激情，我顿时醒悟，哪有工作不经历挫折和考验？工作中的苦滋味正是在告诉我：作为一名幼儿教师，我们不光是教会孩子知识、带给孩子快乐——更重要的是一种责任，对孩子的责任、对家长的责任！有了这种责任，我关注的就不仅仅是如何避免工作中的失误，更重要的是带着热情、激情工作，在工作中创造快乐，体验幸福。

三、不断探索，新立目标

在省级骨干教师培养项目培养中，我认识到，作为骨干教师，不仅要踏实认真地埋头苦干，同时要勤于笔耕、及时反思，提升自己的理论知识和教学层次。我受到了思想火花的冲击，开阔了眼界。在充分领略到专家独特的魅力——广博的知识积累和深厚的文化底蕴的同时，也和优秀的同行朋友探讨了教学中的疑惑，让我收获了责任、感恩、奉献与坚持。

其中收获最大的是，我深刻认识到，为适应新时代发展的要求，幼儿教育工作者要坚守儿童立场。用儿童的视角看世界，发现和理解世界在儿童眼中的意义，探究儿童是如何主动积极构建自己的生活和生活经验的，从认识儿童到发现儿童，并进一步促进儿童发展。苏霍姆林斯基说："儿童就其天性来讲，是富有探索精神的探索者，是世界的发现者。"坚守儿童立场来开展教育，我们要研究，要实践，要行动。

通过聆听专家讲座，阅读《儿童立场》（成尚荣，华东师范大学出版社出版），我进一步认识到：坚守儿童立场，就是要把适度的时空还给孩子，不过分干涉他们的生活，让他们有自己的时间和空间去游戏、阅读、思考和创造；坚守儿童立场，就是保护儿童充满好奇、勇于探索的天性，鼓励孩子自由快乐、与人合作去感知世界、探索世界；坚守儿童立场，就是要让孩子到真实的生活中去，创设真实的生活情境来展开教育，让孩子产生真实的生活体验，构建自己的生活经验。我把我的学习所获运用到"《指南》背景下幼儿园本土民间艺术课题研究"中去，坚持在课题研究中突出儿童立场，让本土民间艺术在孩子们心中生根、发芽。我作为其中的一名主要参与者，做了大量的工作，从课程安排到环境创设无不考虑到孩子的立场，让孩子在解放、自由、快乐的过程中接受教育。课程教学上打破传统的老师讲小朋友听的模式，而是教师作为一名参与者、引领者走到孩子们中间。在认识"雷州石狗"的过程中，我首先组织一次亲子活动，家长和孩子们一起走进大自然寻找石狗、认识石狗，然后一起来到湛江市博物馆参观，通过讲解员的讲解进一步了解石狗的来历、外形特征、作用等。孩子们用一双双可爱的大眼睛好奇地盯着那充满神奇色彩的石刻，仿佛小石狗已经来到了他们身边，和他们做起好朋友。第三步便是画石狗。在博物馆绿色的草地上，在一排排石狗雕塑前，孩子们用稚嫩的手笔为石狗画像，一幅幅图画栩栩如生：有的憨态可掬，有的怒目圆睁，有的咧着嘴笑，有的又好像在低头沉思……这是在课堂上不可能达到的效果。手工课上，我们利用轻泥捏石狗，孩子们边捏边告诉老师：老师，这个是保护我们的家的，这个是打坏蛋的，这个是陪我们做游戏的……没想到，没有老师苦口婆心的说教，孩子们却潜移默化把石狗的功能与外形特征印到自己的心里了。我把孩子的作品放到墙上，放到区域里面，孩子们下课了就会去看一看，玩一玩。这次活动让我深深感受到：教育即生活，生活即教育。我们应该让孩子走到生活中去，走到大自然中去，去体验、去参与、去成长。只要坚定地站在孩子一边，坚定儿童立场，我相信每一个孩子都会是一颗闪耀的星星。

通过理论与实际相结合的不断探索，我的理论和实践水平有了质的飞跃。我主动承担送教下乡活动任务，音乐绘本课《母鸡萝丝去散步》、美术课《有趣的颜色》等受到了孩子们的喜欢；主动承担园内公开课的任务，如语言课《爱钟表的国王》、社会课《抱抱》等，在专家的指导下、在深入的研讨和反思中不断进步、不断成长。

如今的我，深刻体会到，幼教工作虽平凡但充满了幸福和甜蜜。孩子们刚到幼儿园，不适应幼儿园的集体生活，哭着喊着找妈妈，这时的我左手抱一个，右手拉一个，身后还跟着几个；吃饭的时候，为了让孩子能吃点东西，喂完这个哄那个；睡觉的时候，怀里抱着，旁边坐着，地上还站着几个；有时一个孩子哭了其他孩子也会跟着哭起来，课室里顿时哭声一片；甚至还有孩子尿在我的身上……可当孩子慢慢适应了幼儿园生活，能勇敢回答问题时，小脸上露出自信的笑容时，能高高兴兴叫一声"老师好！"时……我心中总是甜甜的。记得有一次，我班的梁栋小朋友下课走路时总是一瘸一瘸的，我问他："你腿痛吗？"他带着难受的表情回答："老师，我脚趾疼。"于是，我急忙脱下孩子的鞋子，检查他的脚趾，可什么也没发现。我想了想，拿起鞋子往里一看，原来，孩子的家长为了让鞋子保持形状往里面塞了纸团，可能是早上着急竟然没把纸团拿出来就给孩子穿上鞋了。孩子小，不会说，就这样走到幼儿园，顶到脚趾很痛。我拿出纸团，给梁栋穿上鞋子，可孩子走路还是不顺。问了孩子，还说脚疼，我再次检查他的鞋子和小脚丫，突然发现，在孩子的脚底扎着一个小小的玻璃屑，不仔细看，真看不到。我轻轻地拔掉小碎片，又仔细地检查了下小脚丫，确定没事了，才放心地给孩子穿上袜和鞋子。我正低头帮他系鞋带时，他趁我不注意，在我的脸颊亲了一下，然后趴在我耳边轻轻地叫了一声"老师妈妈！""老师妈妈"，这是如此美妙的语言、如此亲切的称呼！我的心里是甜甜的，这是幸福的滋味。

孩子一天天地长大，羽翼渐渐丰满，三年幼儿园时光在还没来得及细细品味就在"老师再见……"的歌声中结束了。《再见了，老师》是孩子们毕业典礼上要表演的一首歌，这也是孩子们在幼儿园学的最后一首歌。昨天还在老师怀里哭着，拉着老师的衣服要妈妈的小宝贝，今天就要毕业离开了，还是拉着老师的衣服，却不是哭着找妈妈，而是流着眼泪说："老师，等我戴上红领巾，就回来看您……"如今，每听我听到这首《再见了，老师》，就会立刻想起每一届毕业典礼的那一天。《再见了，老师》还没唱到一半，我和30多个孩子便哭作一团，这酸酸的心里，也是充满幸福的滋味啊！

是啊，就像爱碧水蓝天的澄澈，就像爱阳光雨露的灵动，我深深地爱着我的事业、爱着我身边的每一个孩子。因为孩子们那水晶般的童心、珍珠般的童稚、钻石样的童真，每时每刻都让我真真切切地体会到了只有幼儿教师才能体会到的幸福滋味！

骨干教师培养项目虽已结束，但我的职业成长之路才刚刚迈出新的一步。我把以往在教科研中的问题和困惑重新梳理一遍，把沉甸甸的收获重新带到工作中，激励自己坚持初衷，不断探索，以自己的方式做"走在孩子后面"的人，做儿童立场的坚守者。

📝 成长分析

王秀馨老师是一名有着20多年丰富经验的幼儿园教师，在省级骨干教师培养工程"三阶十环螺旋递进"模式的培养下，成长为了一名有追求有思考、素质高、业务强的教师，难能可贵。从王老师的自述中，我们看到了一位一线教师是如何克服自己的职业倦怠，收获工作中的幸福的。

职业倦怠在每位职业者的身上或多或少都会存在。教师在繁忙、琐碎的工作中也同样容易产生职业倦怠，对工作失去热情，对业务缺乏钻研。王老师通过参加省级骨干教师培养工程，很大程度上消除了职业倦怠，重新感受幼儿教育工作者的快乐，并收获了更多的教育幸福。在"反思和规划"阶段，她回顾自己职业生涯的起点，参加启聪聋哑学校跟岗学习的经历还历历在目，更坚定了自己的教育初衷，要"做一个孩子们热爱的好老师，做一个热爱孩子的好老师"。在"实践和提升"阶段，她又形成了两点重要的认识，一是从导师和同伴身上汲取榜样的力量，要正确看待职业中的挫折与困难，认识到"作为一名幼儿教师，我们不光是教会孩子知识、带给孩子快乐——更重要的是一种责任，对孩子的责任、对家长的责任！""不仅仅是如何避免工作中失误，更重要的是带着热情、激情来工作，在工作中创造快乐，体验幸福"，对职业使命有了更清晰的认识；二是接触和学习了有关"儿童立场"的理论和书籍，对幼儿教育有了更深入的理解，认识到"儿童立场"理论对指导一线工作的重要意义，认识到教育的最大智慧就是认识儿童、发现儿童、促进儿童发展，并通过课题研究突出对"儿童立场"理论的实践探索。有了更强烈的职业使命、更清晰的职业目标、更强烈的职业追求，王老师逐渐消除了职业倦怠，成为了一名具有示范引领作用的优秀教师。在"展示与示范"阶段，她主动参加各级公开课和送教下乡活动，真正发挥了骨干教师的影响力。从要做一名"好老师"到要做一名"儿童立场的坚守者"，王老师的职业生涯有了更高的理想和追求。

如何消除职业倦怠，从儿童立场出发，不断开展新的思考与探索，收获更多的教育幸福，是我们教师共同关注的问题。期待王老师成长的优秀案例给本书的读者带来更多的启迪。

（冯宇红）

廖容丽："五心"合一的心灵导师

廖容丽

湛江市省级骨干教师培养项目培养对象，湛江一中德育处副主任，中学生物高级教师。多年担任卓越班（实验班）班主任，为清华大学、北京大学、复旦大学等一流大学输送优秀学生若干，被评为湛江一中"十佳班主任"、广东省第三批中小学名班主任。湛江一中生物名师工作室主持人，柯海珠广东省劳模创新工作室成员，湛江市教书育人优秀教师，湛江市高考先进工作者，湛江市高考备考中心组成员，湛江市中学教师岗前培训专家组成员，岭南师范学院生命科学与技术学院外聘导师；湛江市家校教研组核心成员，赤坎区家庭教育指导师。获广东省高中生物新课程教学录像课比赛三等奖，湛江市高中生物课堂教学竞赛一等奖，湛江市"一师一优课、一课一名师"市级优秀课例；是广东省生物竞赛优秀辅导员，辅导学生参加省市和国家级竞赛获奖 100 余人次。先后主持或参与省市级课题 5 项，近 20 篇教学设计、教学论文、教学课例等获国家级、省市一等奖；先后多次应邀省内外开展专题讲座 10 多场。

💬 成长自述

我是湛江市广东省级骨干教师培养项目第三批培养对象。回首自己的成长轨迹，参加省级骨干教师培养工程，开拓了自己的教育视野，提升了科研能力、写作能力，在对外交流及工作汇报中，自己的沟通能力也得到了提高；还认识了一大批优秀的同行，看到了他们身上的闪光点，也找到了自己前行的动力。作为一名参加工作 20 多年的老教师，我始终坚持"五心"合一，不断成长，努力成为学生的心灵导师！

一、锲而不舍，以"恒心"坚守讲台

受伯父的影响，我从小就树立了做一名光荣的人民教师的理想。高考报志愿时，我毅然报考了华中师范大学。大学毕业后，怀揣着对海风、椰林的向往，我坐着火车一路南下到了湛江。刚毕业时，我还是一个羞涩的姑娘。二十多载光阴流去，如今，我已桃李满天下。省级骨干教师的培养，让我的境界变高，也让我实现了人生一次大的飞跃。

回望自己的教书生涯，觉得自己一直在本着初心，坚持着自己的梦想。每天早早到校，走进班级，看着学生心里才觉得踏实。早晚读有计划地趁空找个别学生谈谈心，给他们一些帮助和鼓励。课间抽空向科代表了解一下学生的听课和作业情况，或与科任教师聊聊学生，聊聊教学。抽些课余时间，解答学生的疑难问题，给少数基础薄弱的学生开开小灶。偶尔还要处理一些突发状况……日复一日，乐此不疲。这些很多人眼中微不足道的、平平淡淡的、不成体系的、繁琐的小事，我却从不厌烦，认真对待。我已经习惯了每天的忙忙碌碌。看着学生一个个考上理想的大学，听着家长们感激的话语，我享受着教师独特的幸福。节假日孩子们从四面八方发来的问候，让我成就感十足。我也警醒自己，要保持清醒的

头脑,因为,成长之路从来不是一帆风顺的。曾经,面对那些调皮捣乱的学生,面对那些不完成作业的学生,面对那些在课堂上不专心听讲的学生,面对那些考试焦虑的学生,面对那些与父母闹别扭离家出走的学生,面对那些沉迷网络游戏不可自拔的学生……我愤怒过,无奈过,心急如焚过,心酸流泪过,心疼不已过,绞尽脑汁过,甚至绝望过……然而,当我看到,在我解答疑问时,有学生悄悄放了一瓶水在讲台上;当我喉咙不舒服时,学生给我拿来了润喉糖;当我手指过敏时,学生帮我在粉笔上缠上创可贴……那一个个瞬间,一股股暖流从心底滑过,心,温暖了好久好久。那一刻,我明白,我的选择是正确的,我无悔!

年复一年,我做着驾轻就熟的工作,习惯享受着领导的表扬、同事的肯定、家长的感激、学生的感恩,每天凭着自己的良心和有限的经验管理班级,脑子里不愿有太多的想法。很庆幸,在我教育教学工作出现瓶颈时,我参加了湛江市省级骨干教师培养项目。学习期间,学院精心准备了一道道精神大餐,让我的心灵得到洗涤与升华,一些管理措施也得到了理论支撑!岭南师范学院张剑伟教授对《道德经》精彩而独到的解读,让我更深刻地体会到,作为一名班级管理者,有时也不妨以"柔"的心态来对待班上那些"刺头"。"天下莫柔弱于水,而攻坚强者莫之能胜,以其无以易之。弱之胜强,柔之克刚,天下莫不知,莫能行。""柔",既是一种对学生博大深厚的爱、和谐融洽的情,又是在班级管理中以柔克刚、以退求进的一种心态。"柔"往往能起到"刚"所起不到的作用。温文尔雅、和蔼谦逊的班主任往往会得到学生的信赖。对于问题学生,采用急躁、强硬的手段,往往事与愿违,会把学生推到班主任的对立面。冷静地思考,找到问题的根源所在,给予学生宽厚的爱,动之以情,感动其心,晓之以理,促其转变,这样才能从根本上解决问题。

帕克·帕尔默说:我们做好工作的能力源自对"我们自己是谁"的认识,当坚定地立足于一种真实的自我意识中时,我们就获得了虽然困难但有意义的工作所需要的所有资源。这么多年来,我一直保留着那份对教育的热爱,也从来没有后悔我对教师这个职业的选择,不管是教学工作还是德育管理工作,我都一如既往地认真对待。新课改下,我与时俱进,让学习成为一种内需。通过学习提升自己的师德修养,丰富知识结构,增强理论底蕴。我尝试以更高远的视野看教育,树立正确的育人理念,将教育理论灵活运用到实际工作中,理性解决班级出现的问题，科学管理班级的各项事务。凭着对教育的热爱，我坚守着自己的三尺讲台，在一间间教室里，演绎着一个普通教师平凡的故事。

二、孜孜不倦，用"真心"播种希望

"一块黑板，三尺讲台；袖卷清风，桃熟流丹；甘丝竭，织锦绣人间"，这是湛江共青团在《青年力量》第九期报道《湛江高考"学霸班"的教书匠》中对我的描绘。谈不上呕心沥血、鞠躬尽瘁，但"做好老师"的渴望和信念一直充盈着我的热情，驱使我一路踏实前行，教好书，做好学生健康成长的引路人。

教学是教师的中心工作。对待教学，我从不马虎，我愿意用自己的真爱和灵魂去创造充满生命活力的生物课堂。我至今记得骨干项目培养期间，岭南师范学院许占权教授给我们做讲座时对我们就教师核心素养的几个追问。他问道：敬业精神：职业情感——愿否？教育信念：教师灵魂——对否？教师人格：为人魅力——美否？专业知识：为师学识——可否？育人能力：育人才学——能否？实践智慧：教育机智——优否？教师核心素养从何而来？如何练成？这也是我一直在思考的问题。从教以来，我始终把成为学者型的教师作为自己的奋斗目标，孜孜追求。我深入钻研课标、教材、考纲，认真进行教学研究。教学中，我坚决贯彻因"生"施教的原则，积极落实新课标的理念，始终把学生的"学"放在教学的核心位置，突出落实激发学生的主体意识，激发学生的求知欲望，培养学生的核心素养。我在教学、管班的过程中善于发现问题，遵循"问题即课题"的理念，用微课题研究带动自己对问题的思考，并寻找解决的办法，提升自己的理论水平，解决学生成长的问题。例如：2015 年，在发现学生课堂听课做笔记存在较多问题的情况下，我进行了"如何指导学生高效做好课堂笔记"的微型课题研究，该课题荣获校微课研究二等奖，结合本次研究，我还反思并撰文写了一篇高中生物的学法指导论文，获校二等奖；2017 年，在针对新课标注重考查学生科学探究、理性思维的学科素养前提下，结合学校及周边资源，我开展了"中学生物实践活动资源的开发与利用研究"的微课研究，荣获校三等奖；在此基础上，我撰写的论文《浅谈生物教学中的探究性学习》在广东省优秀论文评比中荣获二等奖；另外，针对我校"四导学教"教学模式的生物课堂教学，我撰写的教学论文《优化课堂结构，凸显学生主体》，在湛江市十年课程改革教育教学论文评比中，荣获一等奖；该论文被收录在《湛江市十五年课改优秀论文集》中，由广东教育出版社出版；在多年卓越班（实验班）的管理过程中，我积累经验，认真思考，撰写的论文《尖子生培养的有效性研究》，获校论文评比一等奖，并以此为契机，整合多年班级管理的经验，撰写了《浅谈班级管理》的德育论文，获广东省一等奖。教学外，我注重与学生的沟通交流，了解他们的特点，掌握他们的需求，教学深受学生的欢迎，高考成绩突出。所教学生中，张泰源、杨海韬、陈声健等近 20 名同学被清华大学录取，吴超强、陈晓航、黄智鹏等近 10 名同学被北京大学录取，把很多学生送进了他们追求的复旦大学、上海交通大学、中国科学技术大学、中国人民大学、浙江大学等名校；这期间，培养过湛江市总分第一名，也培养过广东省理科总分第一名。

从教二十几年，我绝大多数的时间担任高三毕业班的教学和班主任工作。高三是人生的一场重要旅程，艰苦，但也是青春最美的回忆。校园林荫旁，我和学生促膝谈心，循循善诱的教诲，如春风扑面；课余饭后，与学生嬉戏，打球踢毽，无拘无束。学生们都亲切地叫我"丽姐""廖廖"。枯燥艰苦的高三时间，与学生一起享受破茧成蝶的过程，浪漫又激情！

我成长为省级骨干教师的过程，就是用一颗"真心"，靠着一股"韧劲"，永不停歇、向上攀登的过程。

三、春泥护花，用"爱心"温暖学生

陶行知先生说："没有爱就没有教育。"爱岗敬业，为人师表，是教师起码的职业素养。作为班主任，我认为更应有一种牺牲精神和奉献热情，对学生具爱心，富情感，才能赢得学生的信任，才能建立良好的班集体。怀揣着对教育的热爱，肩扛着对学生的责任，我把对学生的爱，融进了我的家庭和生活里。

高三的测试频繁，为了能达到良好的教学效果，不管多忙，我都要当天批改完试卷，晚上 12 点睡觉是常态，有时要熬到凌晨两点左右，只为试卷的讲评更有针对性。2007 届湛江市生物选科总分第一名钟德智同学回来看我，聊天的过程中就说到高中他印象最深的一件事就是我改卷神速，每次都是第一天考完，第二天批阅好的试卷就发下来了。我觉得只要心里装着学生，做什么都充满力量。

"爱"是班主任手中的魔方，产生的魔力不可估量。不管是前面 17 年的班主

任工作，还是近几年德育处的管理工作，我始终坚信"爱的力量"。所以，无论是课上还是课下，我充分尊重学生，关心爱护他们，把他们当弟妹当子女对待。班上有一个学生，家里特别困难，为了节省钱，自己舍不得买早餐，早餐经常不吃。了解到这种情况后，我就每天给她买一个鸡蛋，一个包子或是一个面包、一盒牛奶，爱心满满的早餐，放在学生的桌面。高三那年，天天如此。班上还有一个女生由于家庭经济困难，胃疼也不敢上医院，每次胃病一发作，就缩成一团，默默忍受。看着学生痛苦的表情，我心里不是滋味。我为她过早懂事而心疼，也为她不顾惜自己的身体而生气。我把她叫出来，告诉她身体是革命的本钱，身体垮了，什么都干不了。我说服她上医院，告诉她不用担心治疗费用问题。我开玩笑地说，这点钱老师还是出得起的。我不认为我这样的做法有多么的了不起，但我觉得，这是一个教师该尽的责任。

当然，要做学生心灵的导师，单单有"爱"的浇灌是不够的，还要具备专业的素养和高超的教育技能。参加省级骨干教师培养项目更加提升了我的专业素养，聆听岭南师范学院许占权教授的讲座"教师核心素养与骨干教师成长"令我深受启发。作为一名新时代的教师，我安贫乐教，不求闻达，愿做春泥，更好地呵护他们的成长。高三的学习艰苦，同学们面临的高考压力很大，有时会出现情绪波动的问题。学业成绩的不稳定或不平衡是影响他们情绪的主要因素，为此我将学科辅导和心理辅导相结合，思维训练和行为训练相结合。我通过适当的思维训练，让学生找回自信。为了学生的进步，我想尽办法鼓励学生，有时会自掏腰包，购买一些奖品，点燃他们奋斗的激情。学生说："做廖老师的学生很幸福。"这应该就是对我最高的评价了。

四、春风化雨，靠"耐心"感化学生

教师责任的重大就在于教师面对的是活生生的有思想、有个性的学生。学生层次参差不齐，个性千差万别，当教师面对成绩有差异、性格不同的学生时，最需要的就是我们的耐心。耐心是一份涵养，它要求我们不急不躁，逐步地提高。耐心是一份理解，它体现在对学生要做到"设身处地、换位思考、同理共情"。耐心是一份关爱，它要求我们满怀爱意，对学生进行指导、帮助、教育。耐心又是一份期盼，它要求我们就像撒下种子，等待开花结果一样。

在省级骨干教师的培养项目中，肇庆学院张旭东教授的讲座"压力应对与中小学教师心理健康"，使我更加坚信，要练就心灵导师的专业心态。有一天，一位要好的同事和我聊天，她说："你真厉害，多调皮的学生经你手都会变得服服帖帖。"我说："太夸张了吧，事实上我一样有解决不了的难题。"同事告诉我："你有耐心，能跟学生慢慢磨，磨到学生对你没半点脾气，最后不得不妥协，乖乖听你的话。"我仔细回味她的话，其实不急功近利，批评学生不疾不徐，和风细雨，这就是我一直要努力练就的本领。获取这个本领的法宝就是培养自己的耐心。

耐心是赢得成功的一种手段。班上有一个沉迷于小说世界的男生，学业几近荒废。我费尽心思转变他，不断地找这个男生做思想工作。学生很不理解地问："老师，学校到底给你多少工资，你这样一次又一次地来找我？""我凭良心找你，这不关钱的事情。我和你父母沟通过，他们很痛心，不想看到你荒废学业。"一次又一次，男生在我的"温柔"攻势下，终于感动了，高三后半段发奋学习，后来考取了本科。我们知道培养学生具有正确的人生观、世界观、价值观，具有创新能力和实践能力，是教育的重中之重。而我正是以此为己任，积极践行，通过感恩、自信、惜时教育，通过自我管理、自我约束、自我教育、自我锻炼，为学生营造一种自然、和谐、宽松、愉悦的成长氛围，引导学生自信、乐观、感恩品质的形成。有一个卫生习惯极差的男生，周围同学都讨厌他，不愿意和他坐同桌。我一个一个找学生帮助他，接纳他，同时每天坚持亲自监督他改掉坏习惯，给他提出具体的合理要求，不厌其烦。当他有点进步，就及时表扬。一次次重复着与他谈心，原谅他、引导他、鼓励他……正是这种"宽容"与"期待"，让他的行为习惯大为改观，连他妈妈都吃惊了。因为他不讲卫生的问题从幼儿时就开始显现了。"冰冻三尺非一日之寒"，后进生的不良行为是在不知不觉中形成的，他们的缺点是在经历了一段比较长的时间后日积月累逐渐多起来的。教育好后进生不是一朝一夕的事情，既不能操之过急，又要有足够的信心和耐心，反复抓、抓反复。每次当我看着我帮助的学生走上正轨，有所进步时，我的成就感就会油然而生，这便是教育的魅力所在！

五、以德为径，永葆教育"初心"

参加省骨干教师培养这几年来，我认真学习科学和系统的教育教学理论，努力听取专家宝贵的建议，虚心学习其他骨干教师先进的经验，综合素质与能力都有了提升。很荣幸，湛江市省级骨干培养项目结束后，由于学习认真，表现突出，我被评为"优秀学员"。这激励我要再接再厉，不断前行。作为一名一线教学研究者，我先后主持或参与省市级课题5项；与岭南师范学院魏伍川教授、陈蓉教授共同研究的课题成果《多层次交互培养优秀师范生研究与实践》获岭南师范学院2018年度优秀教学成果奖；2020年，与岭南师范学院陈蓉教授、魏伍川教授、岭师附中李文送老师等合著《中学生物学教学技能与艺术》一书，由西安交通大学出版社出版。作为湛江一中学科带头人和教学骨干，2017年带领科组老师和课题组老师编写了《高中生物基于课程标准的教学设计》作为学校校本教材，并连续承担培养年轻教师的任务，使师徒结对的年轻教师成长迅速，指导芦珊老师参加2015年广东省中学生物教学现场课例比赛，获一等奖，参加2017年中南六省生物学现场教学比赛，获一等奖；任湛江一中生物科组长期间，生物科组连年被评为优秀科组，2016年带领生物科组荣获"湛江市巾帼文明岗"荣誉称号。作为一名德育工作者，我积极撰写师德征文，多篇征文荣获学校一等奖；作为湛江市家校教研组核心成员，我积极参与编写《湛江市家长学校课程方案》，方案于2019年3月在湛江教育印发；在工作中，我认真思考家庭教育对学生成长的影响，2020年11月积极参加中国下一代教育基金会主办的"家校协同，立德树人"第二届家庭教育发展论坛；我还带领年轻班主任进行德育科研课题研究，2020年3月，"新形势下家庭教育指导创新研究"成功立项为湛江市德育课题。作为广东省中小学名班主任，我连续担任湛江市第五、六、七届中小学班主任能力大赛主题班会课的评委，指导我校年轻班主任林宗衡、潘金妮、姚春玲老师参加湛江市比赛，分别获得湛江市一等奖的好成绩，潘金妮老师还代表湛江市高中组参加了广东省第六届中小学班主任能力大赛，获三等奖。作为湛江一中分管班主任的德育主任，我创新性地开展并完善了对班级与年级的量化评比，加强了对班主任的校本培养和班主任的技能大赛。如2017年开展心理健康主题班会大赛；2018年开展活动体验型主题班会；2019年开展生涯规划主题班会；2020年开展家国情怀主题班会……活动的开展，极大地提升了我校班主任的专业素养与管理能力。作为一名区域学科引领者，我连续担任岭南师范学院生命科学与技术学院外聘导师，多年承担生物科学1班、2班《中学生物教材及试题分析》的教学任务；多次受邀到岭南师范学院生科院为即将实习的大三学生做班级管理与主题班会的讲座；我充分发挥辐射引领的作用，在省内外开展了 10 多场专题讲座……

人生，从幼到老，由无知到有识。历经岁月磨洗，方知师者仁心。靠"恒心"坚持教育的"初心"，用"真心"播种学生心中的希望，用"爱心"滋润干涸的心田，用"耐心"感化冥顽的心灵，以德为径，当学生的心灵导师，做有温度的教育领航人！

📝 成长分析

廖容丽老师怀揣教育梦想，从千里之外来到湛江，经过二十多年的历练，具有了较高的教师领导力。她的身上有着多种身份，名教师、学科带头人、名班主任、家校工作导师、德育处副主任……每一种身份的背后都是巨大的责任，而廖老师勇挑重担，做出了突出的成绩。廖老师对"师者仁心"有自己的独特理解，把自己的教育经验提炼为"五心合一"，努力成为学生的心灵导师。从廖老师精彩的自述中，我们在骨干教师成长发展方面得到丰富的启发。

一是重视自我心灵的培育。廖老师深谙教育之道归根结底是启迪心灵。要使学生成为一个心灵充盈的人，自己首先要拥有一颗真诚、热情、温暖、智慧的心灵。因而，教育学生的过程，也是自我心灵成长的过程。难能可贵的是，廖老师不仅具有教育的初心、浓郁的爱心和诚挚的真心，还锻炼出了恒心和耐心，正是后者使她超越了对"师者仁心"的一般理解，成为了真正的心灵导师。

二是始终保持虚心学习的心态。如廖老师所言，"要做学生心灵的导师，单单有爱的浇灌是不够的，还要具备专业的素养和高超的教育技能"。她已经是一名非常优秀的名教师，但她始终保持旺盛的学习欲望，汲取各种教育思想，尤其是在湛江市省级骨干项目培养中，她善于学习，将专题讲座与自身工作结合起来，以理论指导实践，使自身的教育理论素养得到了较大的提升。

三是潜心钻研，用研究优化教育、引领教育。她在工作中始终保持问题意识，遵循"问题即课题"的理念，用微课题研究带动问题思考，并积极寻找方法解决学生成长的问题，形成自身教育特色。她勤于教育写作，教育教研同时抓，德育论文和教学论文质量都非常高，课题研究硕果累累。

廖老师以德为径，润泽心灵，使她成为了学生心目中可亲可敬的"廖廖""丽姐"，同行心目中优秀的教育领航人，充分发挥示范引领作用，成为了骨干教师培养项目中的佼佼者。

（冯宇红）

袁毅：以史为根铸师魂

袁毅

　　湛江第一中学培才学校教师，初中历史教研组长，中学历史高级教师。湛江市省级骨干教师培养对象，湛江市历史骨干教师，湛江市名教师培养对象，湛江市教育局教研室历史科兼职教研员，湛江市初中历史科名师工作室主持人，岭南师范学院基础教育学院兼职教师。曾多年担任湛江市中考历史科评卷组长，先后主持和参与省市级课题2项，获广东省教育教学成果三等奖、广东省中小学特色教材评选三等奖。

成长自述

　　我是湛江市省级骨干教师培养项目的首批培养对象。培养期间，我主持市级课题1项，在《中学历史教学参考》等刊物发表文章多篇，个人获市级以上奖励17项，获得广东省教育教学成果三等奖，担任湛江市初中历史科名师工作室主持人；是岭南师范学院基础教育学院兼职教师、湛江市教育局教研室历史兼职教研员。对我而言，参加省级骨干教师培养项目，是我个人专业成长过程中的一次磨炼，一场修行。培养让我的视野更加开阔，让我心境走向平和，变得谦虚谨慎，变得更加勤勉。

一、仰望星空，脚踏实地

　　2000年7月，我从华南师范大学历史系毕业，来到闻名遐迩的湛江第一中学，走上讲台，成为人民教师队伍中的一员。湛江第一中学是粤西名校，教学成绩在广东省名列前茅。毫无疑问，这是一所名师荟萃的学校，我来到这里，仰望这些灿烂星空中的璀璨明星，心中一片仰慕！尤其是每周的教职工政治学习会议，当主任们念出一长串的教师获奖名单，当校长为这些优秀教师们一一颁发奖状时，这种仰慕之心就会上升到一个难以言喻的高度。那时候，我常默默地想，不知自己何时才拥有这些闪耀的荣誉，好希望自己的未来也有这样的辉煌！

当我开始融入这一个温暖的大家庭，站到讲台上面对性格迥异的学生，历经众多"磨难"后，我才意识到，像我这种初上教坛的年轻人，学识不精，积累不够，经验不足，在教育的道路上短期内要取得明显成绩是很难的，遇到的挫折也肯定比"老"教师多很多。既然暂时无法赶超"老"教师们是既定事实，那就让自己仰望星空，脚踏实地，默默积累吧。

于是，我开始了自己人生的各种"修炼"。我努力进修，积极参加各种教学教研活动，在教书育人的道路上砥砺前行。2015年，我已完成西南师范大学研究生课程学习；获得学校、市级多项荣誉；在省级刊物上发表过论文；获得省市级颁发的教学类多项奖励。这些荣誉和成绩的获得，为我获得省骨干教师培养的机会奠定了基础。2016年，当我接到参加湛江市省级骨干教师培养项目通知时，我非常兴奋！我的教龄已有16年，担任学校历史教研组长工作也近10年，但我深知，尽管教学教研上小有成绩，在高手如云的湛江第一中学，能够有机会获得省级骨干教师培养的机会，依然是太难太难！因此，我珍惜来之不易的机会，在培养期间继续脚踏实地，向来自不同专业的同行学习，向众多专家学者学习，继续积累知识，积极进取，为自己开拓更加广阔的未来。

参加骨干教师培养期间，我积极参加岭南师范学院组织的各类培训和研讨活动，把自己了解的最新历史教学研究成果带回工作室和学校，与教研组老师们分享；2017年，我撰写的论文《乡土文化资源进初中历史课堂的实践研究——以湛江为例》，获得湛江市十年课改教育教学论文评比二等奖；我参加2018年湛江市中小学校优秀教师"特色示范课堂"比赛，获得三等奖；我参与省级骨干教师送课下乡，示范课"法国大革命和拿破仑帝国"课例，深获师生好评；2019年，我作为湛江市-柳州市"携手奔小康"扶贫协作送教活动成员，在柳州融水镇中学、三江民族初中、融安县初级中学等多所学校做了"如何备课上课"的专题讲座，得到与会教师的一致好评。2020 年疫情期间，我制作的 4 节微课被市教育局选用为线上教育课程资源，在全市推广使用。这些成绩的获得，离不开省级骨干教师培养期间，周仕德导师、梁哲导师和张妙龄导师的指导，也离不开我自身的努力，与其仰望星空，不如脚踏实地。不断积累，终将有所成。

二、感恩师长，向上而行

人们常说教师是园丁，培育了祖国的花朵，打造了国家的栋梁。我却认为，教师就是学生前行道路上的引路人，指引学生前行的方向。非常幸运，我在参加省级骨干教师培养项目期间，有缘拜在梁哲老师门下，梁哲老师是全国优秀教师、首批教育部百千万培养对象、广东省首批正高级教师、广东省特级教师、广东省首批名教师工作室主持人，他是湛江市历史教学界我的偶像。2016 年，当我知道我的实践导师是梁哲时，心里特别的激动和兴奋。说起来，我和梁老师的结缘颇深，当年我参加湛江市骨干教师培训时，在梁哲老师的指导下，学会了写论文，之后有幸成为他省级名教师工作室的成员，继续在他的指导下成长，顺利通过副高级职称评选。现在，我继续前行，参加省级骨干教师培养，依然有他做我的引路人，真是太幸福了。犹记得年轻时，有幸得到梁哲老师的零星指导，他教育我，作为教师，其实我们最缺乏的是能拥有一颗平常心，能够在日复一日的教学中耐得住"寂寞"，静等花开。对这番话，我深以为然，我的经历也验证了这句话的正确性。在通过副高级职称评选后，我曾一度满足现状裹足不前，对未来发展迷茫不知所措。我又想起梁老师的这番话。当努力换来的结果达到一定高度，曾经奢望的荣誉已经唾手可得后，我们是否依然拥有一颗平常心，能够静下心来寻找新的目标，并一如既往地继续努力？那一天，我苦苦思索，第一次失眠了。幸运的是，我终于摆脱迷茫，寻找到新的目标：教育教研两不误！从此开启了我课题研究的道路。

在参加省级骨干教师培养期间，在梁哲老师的指导下，在周仕德教授和张妙龄老师等一批专家导师的指引下，我不仅顺利完成省级骨干教师跟岗的学习任务，还学会了做课题，并且第一次自己担任课题主持人。申报并顺利通过了湛江市中小学教育科学"十三五"规划课题"初中学生搜集和叙写身边历史的行动研究"并成功结题。

参加省级骨干教师培养期间，我遇到了梁哲老师、周仕德老师和张妙龄老师，他们都对我产生了巨大的影响，综合起来主要有以下四个方面：

1. 要有平和的心态，耐得住寂寞

作为基础教育的工作者，我们面对的是长年累月单调繁复的工作，但所收获的成果却往往未必如人意。尤其是初上教坛的年轻人，学识不精，积累不够，经验不足，在教育的道路上短期内要取得明显成绩是很难的。因此，有很多年轻人激情澎湃地干上几年，就往往因为觉得教育工作太劳心劳力耗费心神而开始自我放松，有的老师会以为经过一个循环教学后，自己已经基本掌握常规教学的方法，从而放弃继续进修学习，开始逐渐得过且过。还有的老师觉得自己这么努力，却总是难以超越，付出与收获不成正比，从此选择不思进取。凡此种种，说到底，都是个人心态造成的。梁哲老师认为，作为教师，其实我们最缺乏的是能拥有一颗平常心，能够在日复一日的教学中耐得住"寂寞"，静等花开。当成绩、名誉还有奖金等不如意时，当我们百般付出，结果与收获却不成正比时，往往会影响到我们教师的心态。这个时候，我们能否依然静下心来继续努力？如果可以，那么我们就能在前行的道路上更进一步。

2. 要有一颗善于思考的大脑

作为教师，在言传身教的过程中，不仅要具有一双善于发现的眼睛、一对善于聆听的耳朵，更应训练出一颗善于思考的大脑。三位导师都是这样的人。他们都是在自己的工作中不断思考，不断创新，改变自己。周教授原是中学历史教师，后来读研、考博，不到 40 岁就评上教授。张妙龄老师原是湛江中学历史教学界的佼佼者，我刚参加工作的时候经常听张老师的历史公开课。张老师经过自己的努力，现在成为大学里专门负责培训的指导教师。

面对导师，我心中五味杂陈。从教多年，我不是没有发现现有教学模式的许多弊端，也不是没有想过要改革，然而能够有勇气去对现状进行改变，把心中想法付诸实施，并且意志坚定地一直坚持做下去，我最终还是做不到。我甚至能想起每当我放弃做一件自己很想改变的事情时，给自己找的种种借口，这也就是我们这些普通教师和名师之间的差距所在吧。

3. 要有与时俱进的眼光

当今世界，经济的全球化和科学技术迅猛发展，知识经济已成趋势。这标志着未来世界，知识和人才、民族素质和创新能力将成为推动或制约社会发展和经济增长的重要因素。综合国力的竞争追根到底是教育的竞争，人才的竞争。百年大计，教育为本。人才的培养靠教育，党和国家早已把教育摆在优先发展的战略地位。在全面推进素质教育、进行教育创新的今天，教师作为教书育人的形象代表，也应不断探索，勇于创新，与时俱进。而与时俱进，除了行动上要积极顺应潮流发展外，眼光也要放长远，看到未来教育的发展前景，才能走在时代的前列，成为教师的楷模。

4. 要有刻苦钻研的精神

导师们取得了令人瞩目的成绩，但我们都知道，在所有成功的背后，必然留下他们无数挥洒的汗水。我们除了满满的羡慕，更多的是钦佩与敬仰。在这些漫长而孤寂的日子里，如果没有明确的目标，没有刻苦钻研的精神，是绝对得不到这么多荣誉的。以我自身为例，遥想几年前我第一次学写论文，在前人已经给出论文写作的格式要求下，我拼尽全力，夜以继日地奋斗了几个月，看了一大堆文章，买了好几本书，反复认真研究别人写作的方式和技巧，好不容易写出一篇自认为很不错的"文章"，结果导师还是认为，错漏百出，语言和格式、套路通通有问题。后来几经努力修改，终于得以过关。经过那一次，我才真正了解，原来看着别人已经取得的成果总是容易的，轮到自己去做却是难于上青天的。也是从那次开始，每逢我写文章，总不敢再像当初那样掉以轻心，一定是反复修改后才敢向各类杂志投稿。

作为骨干教师培养对象，我是在导师的带领下逐渐成长起来的，我非常感恩。在感恩和自己成长的同时，我暗下决心，我带领身边的年轻教师成长，发挥骨干教师的示范引领作用，不辜负导师对我的培养。所以我在自己成长的同时，除了不断学习让自己进步，还引领培养更多的青年骨干教师队伍，为湛江基础教育发展做出自己应有的贡献。2017 年和 2019 年，湛江市举办了两届青年教师技能大赛，我指导的王德军老师和肖倩老师，分别获得一等奖和二等奖。2017 年，我带领教研组初三团队 10 位老师参加湛江市中小学校、中职学校优秀教师"特色示范课堂"比赛，10 人全部获奖，囊括一、二、三等奖的全部奖项。2019 年，我指导肖倩老师到广西进行"携手奔小康"扶贫协作送教活动，在柳州融水镇中学、三江民族初中、融安县初级中学等多所学校进行了"抗日战争的胜利"送课交流活动，受到广西各校师生广泛好评。网课期间，我指导凌宇飞、张锦老师制作了6节微课被市选用为线上教育课程资源，在全市推广使用。所有这些成绩的获得，得益于恩师们的教导，他们就像我前行道路上的一盏明灯，指引着我不断向上而行。

三、以史为根，铸造师魂

古人云：欲知大道，必先为史。今天，也有学者认为，如果把物理学看作一切自然科学的基础，告诉我们未来到哪里去，是"科学之父"的话；那么历史学就是一切社会科学的基础，告诉我们过去从哪里来，是"人文之母"。历史学家钱穆曾说过："再有知识的人，如果不了解本国的历史，那最多也只能是一个有知识的人，不能算作一个有知识的中国人。"当今中国正崛起于世界民族之林，中华民族伟大复兴的中国梦正在实现。了解历史，胸怀祖国，放眼世界，对中国人尤显重要。由此可见，历史学科能够承担的育人作用是不容忽视的。

作为基础教育的一线教师，我深知历史学科对学生未来发展的重要性，身为历史人，我身上肩负的育人责任是不可推卸的，因此，我努力探寻提高学生学习历史能力的方法。教书育人，第一步当然离不开培养学生的学习兴趣。我告诉学科组老师，当孩子们踏入中学的第一步，我们就应该努力培养孩子学习历史的兴趣，进而培养他们学习历史的能力。发掘丰富的历史文化资源，让学生理解当下，从历史中把握未来。这既是现实需要，更是使命担当。在这一过程中，渗透对他们的爱国爱家思想情操的培养，训练他们学史思辨、勇于探究的能力。为此，在骨干教师培养期间，我让每一届的初一备课组开展历史第二课堂，给学生上一些课堂上没机会接触的趣味历史；组织学生进行乡土历史资源的收集和身边历史的叙写活动；开展学生历史文物模型制作比赛；组织学生在一些国家重大纪念日进行祭奠先烈的演讲、宣誓、默哀活动，等等。把爱国主义教育渗透到日常教学中，把爱家与爱国思想和行动结合起来，让学生明白，有国才有家，培养他们的家国情怀。这些活动的开展，为我后来的课题研究积累了众多素材，也让我成功通过了市级课题的研究。我还在《中学历史教学参考》下半月刊发表了论文《叙写历史：寻找身边的家园记忆》。

除了组织各种学生活动，我还深耕在课堂，用自身的幽默、认真和严谨，带领一届又一届学生取得中考佳绩。2016—2020 年，我年年扎根毕业班，带出了何苗、黄瀚辉、王凯平、杨子佳、张致远、王柠允、梁芷宁等湛江市中考历史单科第一名，2017 届，我所教 7 班优秀率为 82.5%，20 班优秀率为 68.39%；2018 届，我所教的 12 班优秀率达 50.8%；2019 届，中考题目难度大增，我所教的 27 班优秀率也有 25.8%；到 2020 届，题目难度与上一年相当，我所教的 29 班优秀率达 39.1%，而 43 班则高达 96.4%，远超各级各类学校的班级，在全市名列前茅。我的教学工作和成绩获得了市级教育领导的肯定，从 2015 年开始，我连年被聘为湛江市中考历史科评卷组长，指导监督中考评卷工作，助力每年中考评卷工作的顺利进行。

学史以明智，鉴往而知来。历史学科只有充分发挥知古鉴今、资政育人的作用，才能获得永恒的生命价值。在前行的道路上，我将锲而不舍，孜孜以求。我用自己的行动，追寻自己的目标，遇挫折不气馁，再努力再奋起。衷心感谢这次湛江市省级骨干教师培养项目，让我重新认识了自己、历练了自己，以史为根，铸造师魂。

☑ 成长分析

美国著名学者波斯纳认为教师成长的规律是：经验+反思＝成长。教育反思不仅是一种高尚的精神活动，也是教师专业成长的必经之路。反思后则奋进，存在问题就整改，找到突破就升华。教育反思的真谛在于教师要善于向别人学习，敢于怀疑自己，敢于和善于突破、超越自我，不断地向高层次迈进。教育反思是教师自身自觉地把自己的教育教学实践作为认识对象进行自省的行为，是教师成长的必由之路。袁毅老师扎根基础教育，仰望星空，脚踏实地，努力进修，积极参加各种教学教研活动，在育人与历史教学的道路上砥砺前行，进步很快。在袁老师进步的过程中，除了她自己的不断努力和默默积累外，也得益于导师的指导和引领，得益于袁老师的反思规划和实践提升。

袁老师是一个特别擅长学习和反思的老师，能够很好地向名师学习，并且不断总结反思，用于自己的实践提升。参加省级骨干教师培养期间，袁老师从导师身上学到的主要经验有：（1）要有平和的心态，耐得住寂寞。作为基础教育工作者，面对长年累月繁复的工作，要拥有一颗平常心，能够在日复一日的教学中耐得住"寂寞"，静等花开。（2）要有一颗善于思考的大脑。作为教师，要具有一双善于发现的眼睛，一对善于聆听的耳朵和善于思考的大脑。不断地思考自己的工作，不断创新。（3）要有与时俱进的眼光。在教育创新、日新月异的今天，教师作为教书育人的主力军，应不断探索，与时俱进。为未来进行教育，走在时代的前列。（4）要有刻苦钻研的精神，锲而不舍。

　　袁老师在自己成长的同时，也带领身边的年轻教师成长，发挥骨干教师的示范引领作用，不辜负导师的培养。参加骨干教师培养期间，袁老师一方面积极参加岭南师范学院组织的各类培训和研讨活动，另一方面把自己了解的最新历史教学研究成果带回工作室和学校，与教研组老师们分享。在自己成长的同时，带领身边年轻教师一起成长，充分发挥了骨干教师的示范引领作用。

（张妙龄）

黄锦荣：做登峰者的引路人

🧑 黄锦荣

　　湛江第一中学语文高级教师，广东省张妙龄名班主任工作室成员，湛江市第一届、第二届名班主任工作室主持人，湛江市省级骨干教师培养工程培养对象，湛江市专家库入库专家，广东省中小学教师资格考试面试官，湛江市中小学教师信息技术提升工程骨干教师和培训指导教师，湛江市高中骨干班主任。

💬 成长自述

　　身为湛江市省重点中学——湛江第一中学的语文教师，我非常清楚自己教育的对象不是普通学生，而是来自全市各县（市）区的学习骄子，他们都是学习之高山的登峰者。在高考这座重要的珠峰上，这许许多多的登峰者，日复一日，年复一年，舍下诱惑，放弃安逸，他们历经艰难，奋勇拼搏，克服重重困难，只为有朝一日，如愿登上峰顶，傲视天下。

孟子曰："得天下英才而教育之，三乐也。"因此，我以能教育这样的学生为荣、为乐，我愿用自己的学识、阅历、经历点燃他们对真、善、美的向往，以渊博的知识教育他们，以美好的德行引导他们，鼓励他们攻克一重重难关，扫清一道道障碍，并在艰难险阻中帮助他们不断增强价值判断能力、价值选择能力和价值塑造能力，引领他们稳步向前，健康向上。我不仅是他们的朋友、导师，更是他们登峰路上的引领人。

一、书山引径育鲲鹏

知识是高考登峰者的能量，是引导他们实现理想、成就未来的源泉。在知识更新周期大大缩短的当今时代，唯有加强学习和提升学习力才不会和时代脱节。古人曰："水之积也不厚，则其负大舟也无力。"做登峰者引路人的我们，不仅要有胜任教学的专业知识，还要有广博的通用知识。我们只有严谨笃学，锲而不舍地研究，并坚持终身学习，不断拓展自己，在教育培养学生时才不会捉襟见肘，才能游刃有余，从而为学生提供鲜活的知识清泉。

根据省级骨干教师培养项目的要求，学员要读名著、读名师，还要写读书体会和名师分析，为完成好这些"作业"，我选择让自己静下心来，专心研读，广博涉猎，并在反思和实践中不断磨炼自己。于是，我重温《古诗文吟诵入门》《普通话吟诵教程》《经典即人生》，自学了"吟诵"这门中华传统读书法，学会了各种诗文的吟诵和吟咏，知道了"依字行腔，依义行调"，学会了为各类诗文度曲。我重读《红楼梦》，听《蒋勋说红楼》《马瑞芳讲红楼》，研读刘心武、周汝昌、胡适对红楼梦的解读，看詹丹的《重读〈红楼梦〉》、蔡江的《红楼梦诗词曲赋鉴赏》，只为在将来指导学生整本书阅读时能得心应手，妙计横出。我细心钻研了张剑伟的《〈道德经〉精讲》、沈从文的《古人的文化》、冯友兰的《中国哲学简史》、李泽厚《美的历程》、蒋勋《美的沉思》、曾仕强《易经的奥秘》、曲黎敏《〈黄帝内经〉精讲》等，以丰盈内在的"储备"。

我不仅自己阅读，还带领学生阅读。三年寒暑，九百朝暮，每月读一书、写一文，且采用灵活多样的方式，或默读、或讲读、或诵读，或写记叙文、或写议论文、或写散文。比如小组合作讲读《先秦诸子散文》，吟唱《诗经》《三字经》。我们做诗论词，品评诵背《大学》《论语》《道德经》，与先贤神交博通今古，和大师漫游学贯中西。我们做题、校正，思考点、想对策；我们分门别类，总结技巧，铭记于心，熟练运用。

星光不问赶路人，时光也终不负有心人。庚子高考，我所任教的两个班共104人，130分以上有5人，包揽了年级文理科语文第一，囊括了年级语文成绩前三名，120分以上有45人，还有8人119分，所有同学语文分数均超过100分。6班作为普通文科班，高考语文平均分达到了121分。

高考结束后，学生纷纷发微信给我，谢谢我高中三年的教导，说从我身上学到了很多，说我的课堂让他们慢慢学会了怎么去学语文，说是我激发了他们对汉语和中华传统文化的兴趣，让他们学会了客观地看待不同文化，说语文学习虽已暂结幕，大语文的学习仍在路上。

二、心灵种爱育善光

教师不仅要引领学生攀上知识之峰，更要登上道德之高峰。唯有如此，才能培育德才兼备的人。在育德路上，我愿用自己的微薄之力，在登峰者的心灵种上爱的善光。我经常会问自己：要把学生培养成什么样的人？自己有没有对所有的学生一视同仁？处理事情时是否从学生的角度去着想？今天对学生微笑了吗？

"教育是人心灵上的最微妙的相互接触，如果我们希望自己的学生成长为有义务感和责任心的、善良而坚定的、温和而严厉的、热爱美好的事物而仇恨丑恶行为的真正的公民，我们就应该真诚地对待他们。"所以，我要求自己不但要关心学生，而且要关爱他们，即尊重、信任他们，理解、宽容他们，赏识、激励他们。

在从教生涯中，我不以分数论英雄，因为我相信并发现每一个学生都有其独特之处，如遇到调皮捣蛋或成绩不理想的学生，我也从没有放弃他们，而是尽可能地在他们的心中播种爱的阳光。当有了阳光，如果有了适当的雨水和平台，其实他们也可以美美地绽放。比如我们班原来有一位学生，上网吧、迟到、早退、作业不交，教了他三年，跟我"大干"了两次。有一次，吵完后，他把桌子一摔，戴着墨镜，听着歌，潇洒地在我眼皮底下离开教室。这样的学生够让人生气吧？不过他很有艺术天分，舞跳得好，歌唱得棒，我在班里毫不掩饰对他这方面才能的欣赏。班里的歌咏比赛、校运会开幕式等活动，我都放心把任务交给他。这样既让他感受到我的关爱，又让他在展示才华的过程中增强自信心。不可否认，全靠他，我们班才在历次比赛中均拿到了一等奖的好名次。现在他为了他的电影学院梦而奋斗，每天晚上 11 点睡觉，早上 4 点起床学习。他在给生物老师的留言本上说，虽然我经常跟他辩，但他知道是为他好，称我为"荣妈妈"。

有人说："老师的爱是滴滴甘露，即使枯萎的心灵也能苏醒；老师的爱是暖暖春风，即使冰冻的感情也会消融。"当一些学生犯错时，只要想想，他们还只是孩子，孩子怎能不忘事，孩子怎能不贪睡？作为从孩子走过来的大人，教师不能对孩子的错误听而不闻，视而不见，也不必为学生的过错大动肝火，小题大做。教师不妨来个"拐弯抹角"，小心翼翼地去启发、教育他们。这样，学生即便做错了事，也不必提心吊胆地等着挨批，或者就算挨了批，感受到的却仍然是教师深切的爱。

爱是打开心灵和耕织人生的钥匙，是立德树人的底色。教师唯有怀揣博大的仁爱之心，才能塑造学生的心灵。"教育本身就意味着，一棵树摇动另一棵树，一朵云推动另一朵云，一个灵魂唤醒另一个灵魂。教育是心灵的艺术，教育是人本教育，抓住学生的心灵，教育就成功了一半。"做好学生心灵的引路人，用爱培育爱、激发爱、传播爱，通过真情、真心、真诚拉近师生之间的距离，滋润学生的心田，用信任树立学生的自信，这样每一个学生才能健康成长，每一个学生才能享受到成功的喜悦。

三、班级立文育律行

每接手一个班，我都会先问自己：你希望你的学生将来成为一个什么样的人，自私、自利、低俗、自控能力差、打小报告、能力差的人，还是善解人意、宽容、懂事、自律，有一定修养、品味的人？毫无疑问，我选择了后者。

我深知，每个学生起点不一样，即使是省重点中学的教师，也不可能要求学生个个上清华、北大，他们绝大多数或许和我们教师一样普普通通，是普通大众中的一员。所以，我首先要将他们培养成一名合格的中国公民，不偷、不抢、不骗，有爱心，肯帮助他人，能给别人带来一些幸福感的、有一定品位的谦谦君子或大家闺秀。

在新的班级上，我的第一节班会通常是"让大家因为我的存在而感到幸福"。这句话也成为每一届学生的口号和做人的标准。我希望学生能在生活中去践行这一理念，能给同学、老师、亲人、甚至陌生人带来幸福。

教室是师生共同的"家"。每一年我都会非常用心组织学生布置好这个"家"，不为学校的评比，而是想营造一种"家"的氛围，让学生身处其间感受到来自各方的爱和温暖。接着，我们制订有效、民主、平等的班级管理制度，为形成独特的班级文化立"规矩"，以育就学生之律行。

开始时，我会去教学生怎么做，因为他们不是什么都懂，教师爱他们就要教他们，用宽容的心等着他们成长。我们会开展各式活动，传递爱心，我们举办"十人解围""合力吹气球""链接加速"等团体活动，借此拉近同学们的距离。我们会在元旦举行"特产大食会"，秋季开展"水果大食会"。

我们每两个月会为这段时间过生日的学生办一个庆生会，不落下任何一位，在这个活动中，我先和家长联系，让每位家长给孩子写一封信，借此向孩子们传达父母对他们的爱，我会在这个特别的日子里，为每位学生精选一本为他们定身度选的书，写上我的赠言，表达我对他们真挚的爱、关心和期望。班里其他同学也会为此准备节目，做游戏、赠礼物。我们还会用班会费定制一个大蛋糕，买一些零食，让学生感受家的温暖，感受来自各方的浓浓的爱。

正月十五时，我会买汤圆和大家一起煮来吃，享受一种其乐融融的家庭氛围；中秋节时，我拿来大月饼给住宿的学生一起分享，我希望通过这些传递给他们：做人要大方，要懂得互帮、互助、互爱。

此外，我还充分利用班上的图书角、张贴栏、黑板报、荣誉牌匾等来展示一个集体、一个青年应有的价值取向和道德风尚，共同形成温馨和谐、团结协作、积极进取的"软"环境，让学生在无形中受到感染，以达到简单说教无法达到的教育效果。

营造良好的班级氛围自然也离不开班主任的个性品质。一个积极向上、平和大度、开朗健康的班主任，无疑会经常给所带的班级洒下一缕缕阳光。相反，一个消极低沉、心胸狭隘、刚愎自用的班主任，则每每让班级阴云密布。

多年的带班实践证明，良好的班级文化氛围可以潜移默化影响人的行为，能使学生的心态得到改善，潜能得到释放，热情得到激发，产生"桃李不言""无为而治"的效果。当科任老师生病时，学生会主动打电话问候，为老师买药；每当有老师代课，代完课后，课代表会代表全班感谢老师的辛劳；而老师辅导学生时，学生会悄悄地把水杯装满水并递给老师；每当中秋节，外宿的学生会拿着水果、月饼、电脑和住宿生一起欢度佳节；为了建设班级，大家齐心协力利用周末买漆刷墙，买装饰品来装点教室。

在随笔本里，学生由衷地写下："19班，我学会了一个道理：这个社会还是充满了爱，即使你还未成功，别人也会帮助你，加速你成功的步伐。""在19班，我感觉很幸福，在一个幸福指数高的班级里，合作分享已是寻常，同学们又怎么好意思不拼命奋斗！"

我不知道我的学生将来会不会成为高官、大师、名家，但我知道我的学生将来一定会成为一个有爱心、能给别人带来幸福的人。

作为登峰者的引路人，我爱教学，因为它让我有了追求与梦想！我爱登峰者，因为他们给我带来了酸甜苦辣与最纯真的爱！作为一名语文教师，一名班主任，我愿用我的知识滋润每一位登峰者的心田，增添他们的高度和厚度，引领他们攀上知识之高峰，成为展翅高飞、自由翱翔的傲人鲲鹏；我愿用我的爱洒满登峰者的心灵，似阳光驱散他们的每一片阴霾，照亮每一个角落，融化每一块寒冰，为每位登峰者种上"爱"之善光，引领他们用律行做导向，登上高考及高考以外的一座座高峰。为他们，这群勇敢的登峰者，即使消得人憔悴，衣带渐宽也终不悔。

✍ 成长分析

习近平总书记在2016年教师节讲话中指出："广大教师要做学生锤炼品格的引路人，做学生学习知识的引路人，做学生创新思维的引路人，做学生奉献祖国的引路人。"身为省重点中学语文教师，如何做好学生的"引路人"呢？湛江市省级骨干教师培养项目培养对象黄锦荣老师的成长故事"做登峰者的引路人"做出了"回答"。

从黄老师的"回答"中，我找到了她成长的窍门：阅读，并带领学生阅读。

她说，参加省级骨干教师培养工程，让她静下心来专心研读，广博涉猎，如沈从文的《古人的文化》、冯友兰的《中国哲学简史》、李泽厚《美的历程》、蒋勋《美的沉思》、曾仕强《易经的奥秘》、曲黎敏《〈黄帝内经〉精讲》等，并在反思和实践中不断磨炼自己，从而丰盈自己内在的"储备"，进而育就德才兼备、能给别人带去幸福的人。

中国教育学会副会长朱永新教授说："勤于学习，充实自我，这是成为一名优秀教师的基础。一个理想的教师，一个要成为大家的教师，一个想成为教育家的教师，他必须从最基础的做起，扎扎实实多读一些书。"我也曾在《新时代呼唤有教育思想的教师》一文中指出："阅读可以增长人的知识和才智，开阔人的眼界和心胸，滋养人的精神和气质，孕育人的思想和智慧，促进人的成长和发展，拓宽人的阅历和生命。"

在专业成长上，教师不仅要读书，还要读人。这就是我们撰写本书的原因之一。而语文教师不仅要自己阅读，还应如黄老师一样带领学生阅读，从而写好人生的成长乐章。

（李文送）

周翠娇：让每一朵花都芬芳

周翠娇

湛江市特殊教育学校教师，湛江市省级骨干教师培养工程培养对象，初中数学高级教师。曾荣获"广东省特殊教育优秀班主任""湛江市优秀少先队辅导员""湛江市初中数学学科骨干教师""广东省心理健康教育 A 证教师"等荣誉称号。从事特殊教育工作 23 年，秉承"让每朵花都芬芳"的教育理念，用心耕耘，培养出一批优秀学生。任教的中队分别荣获"湛江市先进中队""广东省先进中队""全国优秀少先队集体"称号；培养的学生有 8 人荣获"湛江市优秀学生干部""广东省优秀少先队员""湛江市优秀团员""湛江市优秀少先队员"称号。课例获湛江市中小学课堂教学课例比赛一等奖。公开发表论文 3 篇，先后主持或参与省市级课题 3 项，参与的课题成果《听障儿童听力语言康复途径与方法研究》获广东省教育厅颁发的广东省第七届普通教育教学成果二等奖。

💬 成长自述

我是湛江市广东省级骨干教师培养项目首批培养对象。23 年来，我无怨无悔地坚守在特教岗位上，孜孜不倦地探索，真切地体会到了一名特教人的艰辛，也更多享受到了一名特教人成长的幸福。我秉承"让每朵花都芬芳"的教育理念，用最深情的爱浇灌着这群折翼天使，用心耕耘，努力成为听障孩子成长路上的优秀引路人。

我参加省级骨干教师培养工程 4 年的研修期间，通过理论学习与实践学习相结合，专业学习与文化学习相结合，培训与反思构建相结合，从感性体验到理念建构，从理念实践到实践探索，大大促进了专业上的提升，重新审视个人的教学方式和教学特色，拓宽了发展思路。骨干培养项目引领我一路前行，使我变得更有力量。期间我先后主持或参与省级课题 2 项，在《新课程》杂志发表论文 1 篇。

一、用心钻研，探索课堂

1997 年，我师范毕业分配到湛江市特殊教育学校工作，我的学生是一群听力损失严重的少年儿童，入学时基本不会说话，大多数来自偏远贫困的农村，长期寄宿在学校。在工作的前 10 年里，我没有到外地参加特殊教育培训的学习机会，便自己沉心探索、学习、实践与反思。我珍惜每一次成长的机会，每获知市区有公开课或课例比赛，我都想办法到现场听课学习，主动地参加各种比赛、培训学习和教研活动等，并积极开展教育教学理论与实践的学习与探索。

从教 23 年来，我一直扎根于聋校数学教学第一线，听障儿童听觉语言康复是抢救性工作，为让听障儿童"聋而不哑"，每接手一个新班级，我都运用"缺陷与补偿"原理等多种康复技术，在聋校数学课堂教学中融入全面康复理念，积极探索聋童康复的途径与方法。

　　听障学生数学学习的困难，可以归因为对数学语言的理解和使用的困难，主要表现在表达能力和阅读能力上的障碍。培养学生的数学语言表达能力和阅读能力，是解决数学问题的前提，有利于拓宽学生的思维能力，有助于学生非智力因素的培养。2001年8月，我承担了学校首个听障儿童口语强化实验班的数学教学工作。在语训设备短缺、师资缺乏的前提下，我迎难而上，全身投入，争分夺秒地利用一切机会训练听障儿童学习发音说话。有时，为了给孩子们纠正一个错误的发音，不厌其烦地示范读上几十遍，甚至几百遍。我不屈服于困难，不断总结教学经验，从"学"的角度去探索更有效的"教"法，促使数学课堂语言训练效果日益显著。在2006年的全省特殊教育年会上，我上了"平行线的性质"一课，省特殊教育专家何静贤老师这样点评："整节课里，我们都在分享周老师和同学们使用数学语言时的快乐。"在数学教学中，我坚持以口语为主教学，以培养和发展听障儿童的运用数学语言的口语能力。由于听障儿童有听力障碍，与正常儿童相比，他们的思维以形象思维为主，更多地使用手语来思维，而目前我国手语的词汇量还不够丰富，手语本身也存在着一些与汉语普通话不同的语法特点。有的听障儿童会讲一些口语，但除了语音模糊不清，还有以词代句、词序颠倒、不用虚词等现象，口语表达能力并不准确。而特别是在数学语言中，差一字意思就会完全不同，这样就进一步影响听障儿童学习数学知识，严重束缚听障儿童语言能力的发展。因而，我把数学教学中的口语训练主要落实到对听障儿童进行数学语言口语训练。

　　"功夫不负有心人"，辛勤的劳动换来了喜人的教学效果。仅用两年的时间，听障儿童由拼读音节、说数字，学会数学词语、简单句子进行互动教学，由开始进校时的有耳不能听、有口不会说，到逐渐学会了辨听语言，学会了发音说话，学会用语言思考、猜想。我不辜负学校领导设立听障儿童口语强化实验班的初心，不辜负家长们的殷殷期望，促使这个班级逐步实现了口语化教学，开创了我市聋校数学课堂语言沟通无障碍的新局面。在湛江市课堂教学课例比赛中，我上"图形的认识"一课得到了市教研室沈慧珍老师的高度肯定："原来聋校的数学课也可以上得和普校的数学课一样精彩，学生用语言参与互动真是太棒了！"我的这一节课例获得了湛江市课堂教学课例比赛的一等奖。

二、潜心育人，静待花开

面对一群远离亲人、寄宿在校的听障儿童，我既是他们的老师，也是他们的父母。在低年级阶段，我要手把手教他们洗衣叠被，带领他们按时洗漱作息。天冷时，提醒他们添衣穿袜，培养他们良好的生活习惯；当孩子们生病时，我就忙着带他们看病抓药，为他们熬汤加菜。2012年的一个傍晚，我班张同学打扫包干区被蛇咬伤，我带着他连续跑几间医院，终于在中心医院找到血清，为其垫付检查化验费，使病情及时得到控制和治疗，我一直照顾学生到第二天中午。直到其家长从200公里外的农村赶来时，医护人员与病友才发现我原来不是孩子的家长。"家长"一直是我作为特教人的另一角色。

在孩子们成长的路上，我本着面向全体、一个都不能少的原则。班级教育阵地建设是我育人工作的一大亮点。每学期初，我都组织孩子们进行阵地建设，设立光荣栏、班务栏、图书角、生物角和展示台等。光荣栏里面有孩子们创优争星的骄傲，记录着他们进步的足迹；班务栏里有他们自己制定的奋斗目标、争星方案和班务日记等；图书角是孩子们遨游知识海洋的小天地；生物角里有孩子们喜欢的花草鱼虫，在这里他们可以发现一颗种子是如何生根发芽、开花结果的，这些素材常常成了孩子们日记里体会最深的内容；展示台上有他们最得意的作品，展现着他们满满的自信。教育阵地既是优秀生的舞台，也是后进生的天地。

由于有耳不能听，眼睛所看有限，孩子们内心更趋敏感。随着年龄的增长，敏感强度越来越明显，有的学生性格会越来越孤僻，后进生更为明显。他们的进步是我最大的心愿。班上一名何同学，他不爱学习，性格自卑、孤僻、极易冲动，常有一些过激的行为表现，明显影响他的健康成长。为了帮助教育他，我实地家访，了解到他家因五兄妹都是听障人士，在村里被轻视，有的孩子还会取笑他、欺负他。不幸的成长经历伤害了他幼小的心灵，导致他讨厌自己，憎恨别人。知道情况后，我非常心疼，一方面，多次与他妈妈沟通，以周婷婷等听障人士成材的故事鼓励她勇敢面对现实，帮助她树立培育孩子的信心；另一方面，我用爱心融化他冰冻的"心理防线"，使他愿意、乐意与我交流，鼓励他积极参与班级活动，创造机会让他展示自我，教育同学共同帮助他。通过两年的耐心帮助教育，他慢慢变得自信、活泼和上进，学习成绩突飞猛进。经过几年的努力，他现在是大学校园里的一员。

从教 23 年，我在工作中倾注了全部的爱心与智慧，我充分整合学校、家庭和社会力量，构建了良好的育人氛围，收到显著的育人效果。我重视班主任队伍的建设，以老带新、一助一的形式帮助年轻班主任成长。同时以主题班会课为载体，组织开展丰富多彩的教育活动。2010 年主题班队会"感恩·成长"，我请来了全班学生家长和学生一起上课，孩子们叙述的一件件往事感动了在场的家长和老师们。这节课也让家长和学生得到了很好的沟通，收到了预期的效果，让孩子、家长得到了共同的成长。课余时间，我常常跟孩子们聊学习、聊生活、聊新闻、聊趣事，带他们到我家里包饺子，为他们过生日，引导他们用眼睛去发现身边的美，让他们拥有向往美的心灵和创造美的双手。我熟悉孩子们的心理特点，善于走进他们的内心，小心呵护他们幼小的心灵，深受他们的信赖，赢得了他们的尊敬和爱戴，每当发生棘手的教育问题时，哪怕我在校外，也常常被学校紧急召回帮助解决，每次都取得好的教育效果。

我指导学生开展自我教育、自我管理、自我服务，效果显著：其中有 8 人被评为"市优秀少先队员""市优秀学生干部""省、市优秀团员与少先队员"，32 人考上大学；2012 年、2008 年、2011 年，我任教的中队分别荣获"湛江市先进中队""广东省先进中队""全国优秀少先队集体"称号。

三、教研引领，助推成长

在我的成长过程中，勇于承担公开教学起到了非常重要的促进作用。我基本上每个学期都要承担 1~2 节的对外公开课，我毫无怨言，正是一节一节的公开课让我迅速成长起来。普通学校有多个班级可以在课前进行多次磨课，而我们使用教材相同的班级只有一个，我们的教案只能是一次一次的猜想、假设，不断地研究学生，多次揣摩更改教学环节，精挑细选教学内容、教学资源及方法，到了课堂，还要以学生为主，随学生而及时做出调整。经历了公开课备课、上课和反思的全过程，我领悟到好的教育就是顺应学生，发展学生。这是教学理念的提升，也是收获和成长。每一次的上课展示，于我，是挑战，是超越，也是享受。我喜欢那种经过细细研究探索之后在讲台上与学生共同进入学习的情境与氛围，那是真正的教学相长，学生和我都得到提升。

教学之余，我积极总结教育教学经验，积极推广教研成果。听障儿童语言强化实验班工作的成功极大地鼓舞了我，为了更好地发展学生的语言，我创先在聋校使用普通中小学教材进行教学，重视数学教学的实践性，树立数学生活化观，让学生在各种各样的情景中学习体会数学语言、培养语感和陶冶情操。我注重培养学生的学习兴趣和学习习惯，注重通过数学日记写作训练提高学生的语言和运用能力。实验班从小学一直带到初中，从二年级开始，我就指导学生写数学日记，每人一个学期能写几十篇数学日记。我坚持认真批改他们的每一篇日记，促使学生的数学运用和语言能力得到极大的发展。我先后参与"特殊教育学校设立强化语言教学班的实验研究""聋校数学生活化教学的研究"等多个课题研究，承担了"聋校使用普通中小学的数学教材"课题研究，这些研究成果得到广东省特教专家和同行的一致好评，其中我参与的课题"听障儿童听力语言康复途径与方法研究"，2010 年获广东省第七届普通教育教学成果二等奖。骨干教师培养期间，我主持和参与了岭南师范学院广东省中小学教师发展中心 2017 年课题"关注学生个体差异和不同学习需要的教学策略研究""教师专业成长的激励机制研究"，顺利结题并取得一定的研究成果；2019 年，我的论文《浅论新时代我省特殊教育学校教师专业化发展现状及对策》发表在《新课程》杂志上。

23 年特教生涯，弹指一挥间。我始终抱着"倾注全力为残童，让每一朵花都芬芳"的情怀，在教育教学第一线无私奉献自己的汗水和心血，为特教事业的发展和传承贡献自己一份微薄的力量，我感到甘之如饴、踏实无比。

✍ 成长分析

周翠娇老师是一位从事特殊教育的教师，在她 20 多年的教育生涯中，抱着"倾注全力为残童，让每一朵花都芬芳"的情怀，德智并举、以生为本、以发展为本，有着许多感人的教育事迹。细读她的成长自述，我们深深感受到了她"在工作中倾注了全部的爱心与智慧"，也感受到了一位老师渴望成长、敢于追求成长的巨大力量。

如周老师所言，她"珍惜每一次成长的机会"，"没有到外地参加特殊教育培训学习机会，便自己沉心探索、学习、实践与反思"，"每获知市区有公开课或课例比赛，我都想办法到现场听课学习"。在课堂上，她潜心探索，勇挑重担，敢于尝试，承担了学校首个听障儿童口语强化实验班的数学教学工作并取得了成功。经过 20 多年的实践探索，聋校使用普通中小学的数学教材和聋校课堂上强化听障儿童语言发展的经验被省内兄弟学校推广，可喜可贺。

尤为值得一提的是，周老师所说的"每一次的上课展示，于我，是挑战，是超越，也是享受。我喜欢那种经过细细研究探索之后在讲台上与学生共同进入学习的情境与氛围，那是真正的教学相长，学生和我都得到提升"给我留下了深刻印象。周老师认识到了公开课教学对专业成长的巨大作用，在较为特殊的备课环境下，她克服诸多困难，主动承担公开教学，精心备课，以课堂为研究阵地，追求更好的教学效果。的确，现实告诉我们，敢于开放课堂，主动承担公开教学的教师，在专业发展之路上将成长得更迅速、更扎实，他们更善于汲取经验、反思教学，及时调整和优化教学，也更乐于与人分享，追求师师之间、师生之间的共同成长。

孜孜以求，不断进步的周老师笔耕不辍，通过论文写作、课题研究进一步取得了突出的成果。在省级骨干教师培养期间，先后主持或参与省级课题"关注学生个体差异和不同学习需要的教学策略研究""教师专业成长的激励机制研究"，公开发表论文《浅论新时代我省特殊教育学校教师专业化发展现状及对策》，从中可以看出，周老师不仅关注学生的发展，也在深入研究教师、尤其是特殊学校教师的专业化发展，为特教事业的发展和传承贡献着宝贵的力量，真正发挥了示范引领作用，令人钦佩！

（冯宇红）

谢宏卫：唱响教师未来生命之歌

8 谢宏卫

湛江市省级骨干教师培养项目培养对象，幼儿园一级教师，现任湛江市第二幼儿园园长，曾任湛江市第二十四中学党支委员、团委书记、办公室副主任。湛江市首批、第二批名教师工作室主持人，任湛江市初中音乐兼职教研员、霞山区小学音乐兼职教研员、湛江市中小学音乐教师职务培训专业指导教师、湛江市小学音乐骨干教师跟岗学习指导教师。曾荣获"广东省南粤优秀教师"称号，多次荣获区级以上教师教学比赛奖项，指导学生多次荣获区级以上比赛奖项。在各级报刊发表论文 12 篇，完成各级课题研究 4 项，出版著作 2 部，主编和参与编写校本教材 10 多套，2018 年、2019 年两年开展的课程特色建设成果均获得省级三等奖。

🗨 成长自述

我出生在农村，经历过懵懂的童年时期，面对艰苦的生活，我逐渐认识到，只有读书才有出路，才有可能拥有美好的未来。为这一目标我努力奋斗，奋力奔跑，以优异的成绩从湛江幼儿师范学校毕业后，我成为了一名光荣的小学音乐教师。我追求专业上的进步，继续进修，又经过了六年艰苦的函授学习，顺利结业。这段生活弥补了我大学生活的空白，也让我在专业上得到了更茁壮的成长。

在 2016 年，我参加了省级骨干教师培养项目，经历了全面蜕变的过程。从之前一位毫无起色的一线教师，变为一名有着一定影响力的基础教育名教师，从单打独斗的思维到团队建设的践行者，从没有任何积累习惯的教育工作者到喜欢积累、反思、总结、分享的艺术工作者，从一名没有教育主张的普通艺术教育者到有着自己个性魅力的基础艺术工作者，从不懂课题研究如何开展到能指导他人成长的工作室主持人，这一切足以证明参加省级骨干培养项目给我带来的巨大影响，助力我唱响教师未来生命之歌。回顾教师职业来时路，感慨良多，倍加珍惜。

一、以日积月累的学习振飞理想

研修是教师进步的阶梯，学习是教师永葆青春魅力的主要途径之一。习近平总书记也曾说："依靠学习，走向未来。"学习是教师生涯永恒的主题。对于学习，我提倡以下三种方式：（1）向书本学习，因为一本书就能打开一扇窗，腹有诗书气自华；（2）向朋友学习，因为选择一位朋友就是选择一种生活方式，物以类聚，人以群分；（3）向生活学习，因为生活是我们的根，一切经验来源于生活实践，又服务于生活实践。学习无处不在，成长不可停息，只有唱响"学习"之歌的旋律，方能在人生教途中领略属于自己的鲜花和掌声。

入职后，我除了参加学历提升的学习外，还经常主动参加其他的专业培训，如参加省级强师工程、市级学科带头人、市级骨干教师、省级骨干教师、市级名教师培养对象、市级名师工作室主持人等一系列培训。通过长时间的强化培训，我的专业成长突飞猛进，崭露头角，获得了一定的成效，现如今已成长为湛江市骨干教师，湛江市名教师培养对象，广东省骨干教师培养对象，湛江市首批、第二批名师工作室主持人，在省级、国家级报刊杂志发表教学论文 12 篇，出版著作 2 部。

在这么多的后续学习中，有三次经历对我的影响深远。第一次是在深圳参加奥尔夫教学法国家培训，第二次是以导师的身份引领同行们进行跟岗学习，第三次是作为培养对象参加广东省骨干教师培养项目，其中对我影响最大的是第三次学习。那是 2017 年 4 月 13 日，是我参加省级骨干教师阶段性培养的最后一天。会议主要安排培训的阶段性总结，一共有四个环节：一是岭南师范学院教师教育学院许占权书记讲话，二是指导教师分享指导心得，三是学员代表进行收获分享，四是市教育局教师继续教育中心段亚东科长做指导性讲话。认真聆听活动内容，激起我对自己职业现状深入思索，难道说我在教坛上工作了 16 年，就算得上经验丰富？难道已经发表几篇文章就能在教育改革大潮中站得住脚？这又有什么能证明呢？真是难啊！况且我现在还是湛江市名师工作室主持人，需带领和培养我们的接班人，责任之大不言而喻。直至回霞山的途中，才灵机一动，看来我得重新寻觅自己长期发展之路啦！这时，我想起了叶澜教授曾经说过的话："一个教师写一辈子教案不一定成为名师，如果一个教师写三年的反思，有可能成为名师。"是的，我要成为这个小圈子的名师、骨干教师，就得坚持写自己的教学反思，写自己的生活日记。从此开启了我的撰写生涯，直至今天，已积累教学反思、生活日记将近 150 万字，读书笔记 50 多万字。

这一习惯的养成，让我成为关注课堂教学、敢于求索创新的教育工作者，让我成为有教研目标的工作室主持人，让我成为善于总结反思的学校主要领导。还有一个意外收获是，我一直是一个不善言辞的人，由于每天坚持反思和提炼，我在各种公开的教育教学场合逐渐能自信从容地发表见解，发言更具条理性、概括性，言语铿锵有力，偶尔还适当引用前人的名言警句、妙词佳句，对生活的视角也颇具广度和深度。

这一习惯的养成，对我影响特别深远的一点，就是对日常生活与工作中的失败和成功有了更加成熟的认识：无论得失，都是生命的一个过程，都是给自己积累经验的平台，都是历练意志、提升自身修养的机会。从此，我不再会因为一时的失败而沮丧、停滞不前，也不会因为一时的成功而骄傲、沾沾自喜。

"不积跬步无以至千里，不积细流无以成江河"，这是提醒我们，要想做出成果，必须重视日积月累，必须做一名坚如磐石的坚持者。我们教育工作者工作总是紧张的，忙碌了一天，经历了那么多大大小小的教育事件，有成功的，也有失败的；有即将进行的，也有正在进行但还需要继续改善的。如果每天都能安排一定的时间静一静，捋一捋，对这些事件和现象进行深度反思和提炼，就会渐渐感受到自己思想在潜移默化地进步，自己的教育思想正在一步一步地向着理想的高度前行。由于长期的坚持和积累，2019 年我正式出版个人第一本专著《做一名用心的教师》，全书 28.2 万字；2020 年出版个人和韩宁、林春辉校长合作的专著《爱满校园——"我的教育小故事"评析与拓展》，全书 20.4 万字。

一路走来一路艰辛，一路奋斗一路欢歌，一路学习一路反思，用坚定的意志和辛勤的汗水浇灌心中希望，用刻苦的学习和持续的积累迈向新的职业生涯。

二、以持之以恒的研究唱响未来之歌

苏霍姆林斯基曾说过："如果你想让教师的劳动能够给教师带来乐趣，使天天上课不至于变成一种单调乏味的义务，那你就应该引导每一位教师走上从事研究这条幸福的道路上来。"可见，引领教师进行研究才能给予教师深度的幸福感。回到教师个人本身，只有学会在教育教学道路上缔造幸福的老师，才能尽情享受我们这份职业的乐趣，不会出现职业倦怠。基于以上的认识，我从入职以来就树立"教学即研究"的思想。早期我的理论积累不够，就经常阅读专业书籍，并做好读书笔记。这一做法我一直坚持到现在，共积累下 3 本共 50 多万字的先进教育理论笔记，提升了我教育教学的理论高度。从 2013 年起，我相继发表教育教学论文 12 篇，相当于每年发表 1~2 篇。由于研究的需要，我从 2015 年开始自己尝试做小课题，其中《利用体态律动调动中高年级学生学习积极性的实践研究》荣获广东省教育学会小课题研究成果评比一等奖。2017 年我开始尝试做霞山区中小学教育科学"十三五"规划课题"中小学音乐欣赏课活动创新设计研究"，由于研究成果丰硕，受邀面向全区 97 位课题组主持人进行研究经验分享。2019年和韩宁校长等人完成岭南师范学院广东中小学教师发展中心项目"深入研究校史，建设铁路特色文化校园"研究工作，同年作为主要课题组成员参加湛江市中小学教育科学"十三五"规划 2019 年度课题"有效提升霞山区义务教育阶段学生音乐素质测评质量的策略研究"。

三、以"工作就是修行"的理念快乐工作

我基于"工作就是修行"的理念，在市二十四中学工作期间，创建学校首个学生社团"墨苑文学社"，截至目前已向全校和社会分享 50 期月刊，4 本《墨苑文学集》，并于 2018 年荣获广东省特色读物三等奖。近两年主持开展了 13 个学生社团活动，编创相应的校本课程，经过汇集与提炼，"'尚美'特色课程方案"荣获广东省 2019 年特色方案建设三等奖，由此二十四中成为了霞山区唯一一所连续两年荣获特色建设方面省级奖项的学校。自 2020 年 7 月调任湛江市第二幼儿园任园长工作以来，主持省级项目 2 项，践行"小乐园大世界"主题文化建设，分别以蓝色湛江、特色广东、红色中国、彩色世界四个领域拓展，并开展系列研究和实践活动，编制园本特色绘本 13 套，由于方向明确，成果明显，2020年成功被市教育局推荐为广东省中小学教师校本研修示范学校，同时作为广东省校本研修基地成员园，将在更高的平台继续夯实园本特色建设。日常推行"常规工作主题化，主题性工作成果化"的工作理念，让发生在幼儿园中的每一件事都尽可能留下痕迹，成功推出《幸福二幼》月刊 5 期。根据近期的工作实际和职业规划，我将在未来 5 年完成以下 6 本成果书籍的编写和组稿工作，分别是《特色园所文化建设的探索与实践——以湛江市第二幼儿园"小乐园大世界"为例》《用温度管理提升工作效率的策略研究》《园长工作随笔》《幼儿园 STEAM 课程的实践与探索》《成果化管理的实践与探索》《幼儿园游戏活动精品案例评析与反思》。截至目前，以上 6 本成果书籍都制定了详细的实施方案，个别成果也已初见雏形，正静待花开。

　　我对教育教学研究情有独钟，从不感觉疲倦，还不断开辟新的领域，以优秀教育教学成果回馈社会，相继开展专题讲座 7 场，送课到农村、乡镇、落后山区共 9 次，赢得较高认可。在 2018 年，由于事迹和成果突出，我被评为"广东省南粤优秀教师"。可以说，是持之以恒的研究助力我唱响教师未来生命之歌。

　　古语有云："不经一番寒彻骨，怎得梅花扑鼻香。"习近平总书记强调："幸福是奋斗出来的！"是的，每个人的成长之路绝对不会一帆风顺，遇到荆棘与坎坷是路上必经的考验，但如果我们做好迎战的准备，做一名奋斗者、学习者、研究者、坚持者，以饱满的热情拥抱我们的事业，用嘹亮的歌声唱响我们的未来，相信必将达到"会当凌绝顶，一览众山小"！

✎ 成长分析

　　从谢宏卫老师的成长自述，我们看到了一份属于奋斗者的自信和幸福。谢老师从一个农村的懵懂小孩，成长为优秀的师范毕业生，成长为南粤优秀教师、市名师工作室主持人、幼儿园园长，正是不甘现状、积极进取、艰苦奋斗的品质为他打下了亮丽的人生底色。

　　除了艰苦奋斗这点特质给我们留下深刻印象外，谢老师孜孜以求，坚持研修和学习的态度也令人非常钦佩。从湛江幼儿师范学校毕业后，为提升学历，他经过了六年艰苦的函授生活，大大提升了专业水平。他还积极参加各种研修和培训，力求学有所成、学有所获。热爱学习、善于学习，永葆学习的热情，让他一次又一次实现职业的新突破，从一名普通的教师成长为研究型教师，并向专家型教师进发。参加省级骨干教师培养项目，他进一步思考专业发展方向，树立"教学即研究""工作就是修行""常规工作主题化，主题性工作成果化"的理念，在课题研究、课程建设、学校特色建设方面取得丰硕成果。

　　谢老师的成长历程中，有一点特别值得我们学习，那就是在学习和工作中笔耕不辍，以写作强化学习，以写作优化工作。从跨入教师行业开始，他就经常阅读专业书籍，并做好读书笔记，一直坚持到现在，共积累下 3 本共 50 多万字。参加省级骨干培养项目后，他进一步认识到反思的重要作用，坚持写教学反思和生活日记，现已积累将近 150 万字。在日积月累的写作中，他的教育教学的思想和理论不断提高，从 2013 年起，相继发表教育教学论文 12 篇，并于 2019 年正式出版第一本专著《做一名用心的教师》（全书 28.2 万字），又于 2020 年与他人合编出版《爱满校园——"我的教育小故事"评析与拓展》（全书 20.4 万字）。

"艰难方显勇毅，磨砺始得玉成。"祝福我们一线教师，在奋斗中收获事业幸福，在学习中丰盈人生智慧，在写作中凸显教育成果！

（冯宇红）

刘美：让生命爱上歌唱

刘美

廉江市第二中学体卫艺处副主任，艺术学科负责人；廉江市中小学音乐学科带头人，湛江市省级骨干教师培养对象，高中音乐高级教师；廉江市教育局特约教研员，湛江市教育局兼职音乐教研员、湛江市艺术教研攻坚组成员；中国合唱协会会员、广东教育学会音乐教育委员会会员、湛江市合唱协会副会长、湛江市音乐家协会合唱学会常务理事、廉江市音乐家协会理事、廉江市文艺志愿者协会艺术顾问。多年来致力于艺术教育、艺术创作与表演工作，在教育教学上善于摸索、专于教研，所任教的音乐班级课形式丰富，独具一格，形成一套行之有效的推进素质教育的课堂模式；在艺术创作上取得了一定的成就，获得市级以上的多项奖项；带领师生们历年来获得了一些中小学艺术展演等各种比赛的省、市大奖项。

成长自述

我是湛江市省级骨干教师培养项目第二批培养对象。在培养期间，我先后主持或参与省级课题 2 项；论文《论微课在高中合唱教学应用中的重要性》《中学学生艺术社团建设与管理对策探析》发表在《新教育时代》上，创作歌曲 5 首，个人获市级以上奖励 13 项。参加省级骨干教师培养项目，我感到无比荣幸，并心怀感恩。不管是在教师的核心素养方面，还是自我专业成长方面，我都有了一个质的全新的提升，幸福感油然而生！更加坚定地在教学一线为生命之澎湃而歌唱。

一、音乐让我找到爱的阳光

"起来，不愿做奴隶的人们，把我们的血肉筑成我们新的长城……我们万众一心，冒着敌人的炮火，前进、前进、前进进——"从小学一年级入学仪式上第一次听到的这条雄壮有力的旋律，就深深印进我的脑海，庄严、肃穆！以至于一直到大学毕业乃至到工作，每周一的升旗礼，还有在不同场合伴随着五星红旗冉冉升起的时候，我依然保持着第一次听到的庄严感，脑海中依然浮现革命先辈为国英勇斗争的画面。这种情感随着不断成长而更加深刻。这就是我们中华民族催人奋进、满怀爱国情怀的《国歌》。这首歌教会了我们从小爱国、爱家、爱党！让我们沐浴在党的灿烂阳光下，幸福茁壮成长。也正是词曲家田汉和聂耳这首豪迈的旋律让我爱上了音乐，整天曲不离口，上学放学的路上背起书包就哼唱起来，不知不觉与音乐结上了不解之缘。

真正让我走进音乐是读师范开始。印度大诗人泰戈尔说："不要试图填满生命的空白，因为音乐就在那空白的深处。"音乐，是一种充满生命色彩的旋律，它既能带来悲伤与忧愁，也能带来快乐、希望、幸福与爱。

有一次，学校举行英语故事演讲比赛，我作为英语科代表被推选参加。因为这不仅是自己喜爱的科目的比赛，还是承载着班集体荣誉的比赛，所以前两晚我既有点儿紧张又有点儿兴奋，导致失眠了。英语老师知道后，揽着我的肩膀说："老师有妙方！"随后，给了我一个随身听。听着一首首柔和的音乐，仿佛听见一阵阵轻轻的海浪声，和着温润的"海风"，不知不觉中，我甜甜地进入梦乡。这让我不禁感叹：哦，原来音乐有如此"神奇魔力"。

第二天的英语故事演讲比赛很顺利，我一举夺冠！然而，紧接着的音乐考试，由于备赛，所以没有复习好，结果只考了 68 分。那段时间，失落、沮丧和难过弥漫在我的脑海，挥之不去，甚至认为自己不适合走音乐的路……但是，英语老师没有放弃我，经常鼓励我去多听音乐，还特别让我找贝多芬的《命运交响曲》，要求我先查阅创作背景后再去听。在查找的过程中，贝多芬的执着和不放弃的精神，深深地感染了我，脑子忽然开窍了！贝多芬不就是因为不放弃，才创作出不朽的作品《命运交响曲》吗？我怎么能因一次小小的失败，就这么难过，这么轻易地放弃呢？

从那以后，我慢慢发现，原来音乐的内涵不仅仅是给人们一种娱乐，还是一段熔铸了感情的旋律，它能治疗心理紧张，还能治疗心里的忧伤，当然也可以鼓舞斗志，令人心情愉悦……同时，我也渐渐读懂了英语老师的用心良苦和对我这名学生的爱。慢慢地，我也越来越喜欢音乐，因为音乐让我找到了爱的阳光。

二、爱的阳光照耀学生成长

每当我走进音乐世界，都有一种入情入境的感觉。每听一首歌，就有不同的感受。当我听到周杰伦唱的《稻香》时，我会勾起童年的回忆；当我听到《歌唱祖国》时，我会心潮澎湃；当我听到一些经典红色歌曲时，我会热血沸腾；当我听到《北京欢迎你》时，我会为中国申办奥运会而感到自豪；当听到《茉莉花》在维也纳金色大厅响起时，我感觉世界都在聆听中国，会为自己是一个中国人而感到骄傲……总之，我听每一首歌曲，都有别样的感受，很容易产生情感的共鸣。我想，音乐懂我！而我，心属音乐！我要效仿当初的老师引领我一样，以音乐为桥，用爱的阳光照耀学生成长。

在任教的每一个班级里，我都会致力于把爱的种子默默地播种在学生的心田。为了让音乐之种子更好地在学生心里萌发和生长，我坚持与时俱进，更新教学观念，勤于摸索，善于学习，坚持理论和实践相结合，努力以最高效的课堂教学设计和美妙的音乐，予以学生学习音乐的热情，引导他们用心感受音乐，"读"懂音乐。

我不仅带领学生走进音乐、学习音乐，而且引导他们欣赏音乐、感悟音乐。经过不懈的耕耘和探索，我听见了他们成长的声音。比如，有的学生说："音乐是眼睛所看不到的，但是，眼睛所看不到的东西，心灵却可以感受得到，合上双眼，一片蔚蓝的大海仿佛就在眼前，微风袭过，浪花便轻轻击在海边的贝壳上，发出清脆的声音，我想，这便是最纯净的音乐了吧。"也有的学生说："音乐在我心目中就如同正值豆蔻年华的少女，她谦虚而善良，穿着雪白的荷叶裙，纯真地笑着，迈着优雅的步伐向我们走来，就像是九天仙女下凡一般，全世界的美丽都集中在了她身上……"

又比如，有的学生说："老师，我听信您的话，当我因考试成绩不理想而垂头丧气时，我就会放一曲激情高昂的乐曲，听着那饱满热情的旋律，时而汹涌澎湃，时而又轻缓有力，一股暖意涌上心头，这时，我又会重拾信心，勇往直前。"也有的学生说："在我受到批评的时候，《挥着翅膀的女孩》这首歌是我最喜欢的，在优美的音乐旋律中，体会其中的寓意——无论遇到多大的难题，我们都要坚强，勇敢面对问题、解决难题，始终拥有心中的翅膀。"也有的学生说："老师，在这学期的合唱课中，我们不但学到了好多关于合唱的知识，感受到和声的美，而且偷偷告诉您一个秘密：我们班同学在这次合唱排练比赛合作中关系更和谐了！"

从这些充满着七色光的温暖的一字一句中，我既感动又欣慰，同时更加感受到音乐的育人魅力。

为了更好地读懂音乐和为孩子提供更高雅的音乐教育，我紧跟时代发展的脉搏，不断地参加各级音乐教学教研活动，以及主动地参加全国和省市级的培训学习，特别是在省骨干培养期间，让我有机会面对面地向李镇西、程红兵、刘长铭等全国各地的名师学习。这开拓了我的视野，提高了我的综合素质，提升了我的教育教学水平。此外，我还主持开展了"高中合唱微课教学设计与研究应用"等课题的研究，带领青年教师先在高一年级推行了班级合唱教学，然后逐渐向所有非毕业班推行，举行了全校的班级合唱比赛，并为学生艺术社团提供多彩的展示舞台，取得了阶段性的成果，活跃了校园文化气氛，形成了"教师以爱的阳光照耀学生们成长，学生们给予教师更多爱的力量"的良性循环。

三、唱响师生生命的大合唱

合唱是音乐教育的重要课程，当全身心投入其中，我发现合唱原来这么美，这么内涵丰富。诚然，合唱是有着多声部的艺术，孩子们的水平参差不齐，所以在课堂的实践中学会了自主学习、互相帮助、互相包容，气氛和谐，大大改善了班级的学习气氛，增强了集体凝聚力，很有利于班级的管理。这让我拓宽了教学和管理的思维及格局，同时更热衷合唱教育。

出乎意料之外的是，我们开展的班级合唱教育居然对学校艺术素质教育工作起到了推波助澜的作用，像雨后的春笋在校园里扎根、发芽、生长，学校艺术教育教学开展如火如荼。师生们热情高涨、欢欣鼓舞，积极参加学校开展的第二课堂、艺术社团、校本研究等一系列系活动，如参与学校一年一度的体育艺术文化节、"12·9"学生爱国运动文艺晚会、班级文化展演、成人礼等大型活动，以及省市的中小学生艺术展演比赛、合唱节大赛。

近几届的百歌颂中华歌咏活动之合唱类大赛，都获得了好成绩，捧回了多个一等奖和金银奖牌匾，让师生们得到了成长，获得了成功的体验，更促进了班级的团结，同时也为学校争得了荣誉。学校不但书写了"全面发展、体艺见长"的教育篇章，而且为师生的校园生活增添了更丰富的色彩和力量。

随着这些活动的不断开展，师生们越来越热爱歌唱，热爱艺术，同时还有利于促进音乐特长生的专业学习，在历届的艺术高考中取得辉煌的成绩，从数量到质量都一年比一年进步，今年的艺考升本率就达到了71.4%，为高等艺术院校输送了不少好苗子，为学校的高考工作贡献了应有的力量，学校被评为"广东省首批艺术教育特色学校"。

学生们通过在系列的学习中不断成长，获得的不仅仅是快乐学习的气氛，班风良好的集体，更具体地表现在对艺术的理解也更深刻，技能、技巧方面也提高了，就像那次，我们接到市委宣传部的任务要组织师生参加省的第十二届"百歌颂中华"歌咏活动合唱比赛，在排练进入第二阶段，更细化和提升的阶段，大家都在考虑如何能把作品表现得更成功的时候，同学们在老师的引导下大胆创新，他们根据对歌曲的理解，发挥想象和创造力，给作品赋予了不一样的表现力，最终获得优异成绩。这方面也表现在我的其他作品创作和歌曲写作上，常常在和他们的交流中，让我得到启示和找到灵感，从而得以顺利完成作品的写作。

都说教学相长，的确，在和孩子们的交流和思想碰撞中，我也受到了启发，给予了我工作最高的热情，保持着十年如一日的工作状态，耕耘在三尺讲台。让生命爱上歌唱，共同唱响生命的大合唱。这已不知不觉成为了我音乐教育教学的追求！

蓦然回首，我已经从教22年。22年，有付出，有汗水，有快乐，有满足，有遗憾，有惭愧，但我始终都能保持着向上向善的工作热情和生命姿态。看着书柜里整齐摆放着的一个个红本本，标注着每一个获奖的年份，这是奋斗的青春、成长的足迹和收获的果实。

在思考和耕耘生命的大合唱的过程中，我常常想起《吾心可鉴：澎湃的福流》的那种如痴如醉、物我两忘，感觉自己与行动融为一体，对时间的流逝浑然不觉的状态。参加省级骨干教师培养工程，历经了4年多的学习，对我的专业发展来说，是一次重要的转折提升，是一种实现认识自我、成长自我和超越自我的历练。很感恩培训团队科学、合理和精细的安排，以及每一位导师的引领和引导，让我继续保持着十二分的热情和冲劲奔跑在铺满鲜花的音乐教育教研的路上，写一首"让生命爱上歌唱"的诗篇。

此时此刻，一曲柴可夫斯基的《天鹅湖》响了起来，优美的旋律伴随着阵阵茶香在屋子里环绕着，我闭上双眼，用心去感受这美妙的音乐。午后和煦的阳光透过窗户柔柔地照进来，调皮的音符欢快地围绕着阳光跳跃着、旋转着，像是一个个美丽的芭蕾舞演员……

悦耳的音乐声，洒遍了我身上的每一个角落，让我深深地感觉到前进的步伐是那么清晰可见，并且坚定而坚决。生命之歌，让我们一起共同唱响。

📝 成长分析

每一个生命都应为自己之生命而歌唱，甚至为他人之生命而澎湃，乃至为众生之生命而砥砺前行。歌唱，对音乐教师而言，是职责，是使命，也是生命；歌唱，是音乐教师理解教育、践行教学和履行教书育人的主方式；歌唱是唤醒心灵的纽带，是联结情感的河流，是打开智慧的按钮。

这是我走进刘美老师"让生命爱上歌唱"的成长故事所想到和领悟到的。从中也不难发现音乐对人的生命成长的独特力量。音乐不但可以塑造人的品格，而且可以焕发人的精神；不但能陶冶人的情操，而且能润泽人的心灵；不但能帮助人排忧解愁，而且能让人找到欢乐和愉悦。

音乐让刘美老师找到爱的阳光，所以她选择和坚守用音乐之光照亮学生的生命成长；同时在教学过程中，实现了教学相长，从而师生共同唱响了生命的合唱。而这，不正是美好教育的欢歌？

当然，就合唱而言，不仅需要有歌词，有歌谱，有和弦，而且也需要有指挥。在学科教育这首大合唱中，学科教师就是"指挥"。这就意味着，教师不仅是组织者和协调者，也是指导者和领导者，还是感染者和带动者。所以，在专业成长上，学科教师除了扎实的专业知识、娴熟的教学技能等外，还要有在课堂教学中的激情，对本学科的热情，以及脸上的表情和神情，乃至身上的动作和衣着。这些都会影响着学科教育这首合唱的演唱。

总之，教育之大合唱，需要每一位教师共同唱响。骨干教师要成为卓越教师或名教师，就要成长为教育的领唱者。

（李文送）

邹岳松：美术教育的筑梦人

邹岳松

湛江市省级骨干教师培养项目培养对象，湛江第一中学美术高级教师、艺术科组长，湛江市名师工作室主持人，湛江市中小学美术教研会副会长，湛江市教育局中学美术兼职教研员，湛江市教师培训专家团队成员，华南师范大学本科师范生兼职导师，岭南师范学院美术学院兼职教师、实习生导师，广东省学校美育工作专家，广东省教育专业委员会美术书法分会会员，湛江市美术家协会水彩分会会员，湛江市青年美术家协会会员，湛江市赤坎区美术家协会监事、会员，10篇论文获省、市级奖项或发表，主持和参与3项省、市级课题，为重点艺术专业院校输送了大批优秀学子。

成长自述

我是湛江市广东省级骨干教师培养项目第二批培养对象，这次的学习是一次专业成长提升的难得机会，我十分荣幸，备感珍惜。作为一名美术教师，具有高专业水准是非常重要的。美术教师应该在自己专业上有所作为，要有优秀的思想品格、先进的教学理念以及高水平的专业能力。在成为一名骨干教师的道路上，我一直追求进步，追求卓越，追求做美术教育的筑梦人。

一、结缘美术三十载，构筑美术教育梦

受班主任启蒙，我初一就参加了学校的美术兴趣班，加入了学校的美术第二课堂，自此开始迷上美术，并与美术结下了不解之缘。到了高中一年级，身边同学对规划生涯发展方向还比较懵懂时，我就毅然决然地抉择了自己的人生方向，从此开启了我这辈子的追美之路。凭着对美术的热忱和不懈努力，我如愿拿到了进入美术世界的入门券，有幸接受了广州美术学院王肇民、张彤云、孙黎等导师的教育、熏陶，获得广州美术学院学士学位，从此走上美术教育工作者的道路。

1997年，我如愿当上了一名中学美术教师。蔡元培曾说："教育者，非为已往，非为现在，而专为将来。"我深知成为一名教师，对过去的成绩不能沾沾自喜，要不断地展望未来，持之以恒地学习。我珍惜每一次成长的机会，主动地参加各种比赛历练自己，参加各种培训学习、教研活动，积极开展教育教学理论与实践的研究。

作为一名美术教师，我清晰地认识到，教学是首要阵地，既要自身专业知识发展，更重要的是教学业务水平的提升。蔡元培曾说过："美育者，应用美学之理论于教育，以陶养感情为目的者也。"在教学中，我注重审美情感的培养，把美术作为学生个性展示舞台。美术教学是我构筑自己美术梦想的又一平台。23年来的兢兢业业，换取桃李满天下。

作为艺术科组长，2020—2021学年度开始，我结合新课程标准将美术学科核心素养落实到教育教学中。在教学中，我更倾向因材施教，重视对学生个性的挖掘和培养。我认为，美术教学对学生应该要做到"尊重个性、力求冒尖"。美术教育应该是学生个性展示的一个舞台。有的学生在平时的学习中找不到自信，我就引导他们在美术学习中寻找到学习乐趣，获得学习信心。正是基于我这样的立场，我的美术课堂成为了学生们寻找个性的平台，同时也改变了不少学子的命运。

令我印象最深的，是一名曾经沉迷游戏而成绩一落千丈的学生。在和他多次接触后，我发现他完全丧失了学习的信心，但他对美术创作却有着浓厚的兴趣。

于是，我主动和这名学生及其家长进行沟通，最终说服其参加美术专业高考。在我的努力帮助下，这名学生最终顺利考上了本科院校的动漫专业，毕业后还从事动漫设计的工作。

除了注重挖掘学生兴趣，我一直在积极为学生展示自己的个性创造机会。除了通过画展、比赛、艺术展等搭建展示平台外，我还注重结合社会资源，让学生有更多的创作机会，为学生提供更多培养兴趣、展现个性的媒介。如陶艺课程，我会带领学生到工作室、陶瓷厂进行现场学习。在第二课堂中，我们还开设了扎染、装饰画等课程。正是这样的做法，让我的课堂成为了学生欢快、自由的乐园，我也成了深得学生喜爱的"园丁"。

二、省骨培养促成长，梦想开启新航程

这次参加省骨干培养项目学习，我受益良多，是又一次专业素养的大提升。在学习中，我严格按照骨干教师的标准要求自己，进一步提高专业知识水平，努力提高教学水平，积极参与教科研工作，把有益的教学经验进行总结提升。在省骨干的培训中，我制定了自己三年的学习成长计划，指引自己在教学实践中，不断创新，不断进步，为构筑美术教育梦开启新的航程。

在省级骨干教师培养项目期间，2018 年，经过市教育局遴选，我获得批准成立了湛江市邹岳松名师工作室，并担任了工作室主持人。这对自己是一项新的挑战，也是追求教学、教研进步的一个良好平台。打铁还需自身硬，为了做好对工作室成员的指导工作，我时刻对自己高标准、高要求，同时参加省级骨干培养项目和工作室主持人培训学习，不断学习专业知识，不断开阔专业视野，不断提升理论水平。

三年的省级培养过程中，专家们一直倡导我们读书并给我们布置读书任务，促使我们养成阅读习惯。要获得丰富的知识，就必须多读书；要跟上时代发展的步伐，就必须不断读书，不断充实自己。"胸藏文墨怀若谷，腹有诗书气自华"，多读书，读好书，用先进的教育思想、教育理念武装自己的头脑。作为一名美术教师，读书的习惯一直是短板，读书是实现教师自我"充电"的最佳途径。读书不仅为创造提供原材料，而且能够启发美术教师创造的灵感。我利用业余时间大量阅读教育教学理论书籍，并做好读书笔记，使自己的知识不断积累，让自己的

思想与时俱进，使自己的素养不断提高。为了进一步打造学习型教师团队，激发教师读书热情，强化育人理念，邹岳松工作室将读书研修作为提升团队学习能力的重要途径，开展了多次读书研修活动，工作室成员们也通过撰写读书笔记、交流学习体会等方式分享了阅读的成果。在疫情期间，我要求工作室成员研读2本以上的专著，而我自己则研读了6本书。

学习的途径是多样的，除了阅读，善于挖掘学习资源，多向同行借鉴也非常重要。所谓"他山之石，可以攻玉"。在推进课程改革的过程中，学校为教师创造了良好的学习环境与优质的培训资源。我积极参加各种教研活动，努力向名师、优秀教师学习，不断吸收别人的经验，结合自己的教学实践，反思自己的不足，不断地丰富自己，改进自己的教学方式、方法以及手段。

2019年11月，邹岳松名师工作室与广州江丽娟名师工作室举办联动教研交流活动，全市80多位老师到场参加研习活动。此次活动，我分别邀请工作室主持人何仁老师、岭南师范学院刘宝光老师给工作室成员们做讲座，邀请国画家叶植盛给工作室成员上课。我还带领工作室成员到岭南师范学院吴爱珍陶艺工作室研修，到湛江茂名地区陶艺工作室进行研修，到雷州小明陶艺工作室开展联动活动。我带领工作室成员到湛江二中聆听孙黎教授的讲座，到湛江二中听课交流，到遂溪三中送课交流，参加遂溪高考主题交流等各类教研活动。这些形式丰富的教研活动，促进我们整个团队开拓视野，学习并借鉴别人的经验、理念、教学方法，做到知行合一、学教合一，大大提升整体教育教学能力。

三、以研促教收获丰，学有所成辐射广

在这次省骨干培养项目中，我学习了大量理论知识，并积极运用到了自己教学、教研的实践中，同时教学反思也成为我的教研常态，逐渐成为了自己的习惯，一步一个脚印，踏踏实实地去实现目标。没有反思就不会有成长，只有不断反思，才能不断取得进步。反思陪伴着我的每一天。每一天的课后，我都坚持写教学后记反思，及时记下自己教学实践的心得体会。我经常上网查找相关优秀美术教学录像课例，学习他人的长处，反思自己的教学活动，发现问题。通过对优秀教师的教学行为模仿学习，我积极汲取他们的教学长处和优秀品质，结合自己的教学实际与个性，逐步形成自己的教学风格和教学特色。

为了进一步提升自身的教研能力，让研究推动教学跨上新台阶，我还开展了相关的课题研究。2018 年，我主持承担了课题"湛江本土民间美术资源的开发与利用"的研究并顺利获得结题。在课题研究的过程中，我认真研究学习了湛江爱周中学校长、正高级教师梁哲的讲座与课题研究的资料，查阅了大量关于课题的资料，走访与课题相关的民间艺人，收集第一手资料。还请教课题指导专家梁哲校长，广东海洋大学、岭南师范学院的相关教授，得到他们的悉心指导，并结合具体教学实践工作不断细化完善研究。由此我对研究课题有了更深的认识和实践，积累了宝贵的实践经验。这样的研究过程，也直接影响到自己的教学，让自己更善于去思考与积累。

要成为名副其实的骨干教师，就是要敢于担当示范引领的重任，促进年轻教师专业成长。除了完成自己主持的课题研究，我还指导了年轻教师进行课题研究和撰写论文，以此来继续促进自己教研能力的成长。如指导湛江一中陈海有老师的微课题"十分钟绘画让学生减压的有效性探究"顺利结题，"湛江一中美术特长生三年备考有效性的研究"的课题顺利结题；指导湛江第八小学林明丽老师参加广东省教育科研"十二五"规划"中小学美术乐趣课堂教学研究"课题顺利结题，论文《论小学美术中如何培养学生的动手能力》发表在《东方教育》杂志中获论文一等奖；指导遂溪大成中学徐茂盛老师参加了遂溪县"十三五"规划课题"剪纸艺术在中小学教学中的应用"，课题进展顺利。

我深深认识到，构筑美术教育梦，不能单靠我个人的力量，年轻的教师和美术专业学子们将是我国新时代美术基础教育的未来与希望。我有幸被聘为岭南师范学院客座教授，我很重视这样的荣誉和锻炼机会，精心准备每一次的讲课，根据不同的对象设计和选取有针对性的讲座内容。对于华南师范大学、岭南师范学院到我校实习的学生，我也不厌其烦地精心指导，希望通过自己的努力给未来的美术教育工作者带去积极的影响。在指导这些年轻教师和学子的过程中，我也倒逼自己追求进步，虚心接受新事物与新理念，真正实现教学相长。

教师是个非常平凡的职业，每位教师的课堂空间都不大，他只有三尺讲台；每位教师的课堂空间又很大，它承载着学生和民族的未来。做教师你可以平常而平静地在这个空间里每天重复着昨天的故事；你也可以乐此不疲地让自己的生活与职业变得有意义；你还可以把职业当成事业，让自己崇高地有所创新地去成就自己和自己的学生的未来。我总是这样认为，当一个教师能用他自己的知识、文化、修养以及品格去影响学生，那么他的生命价值就得到了体现和延续。

在这二十多年的教学生涯中，我一直怀着自己的教育理想，不停地追寻着理想教育，力求以平实的心态，把职业当作事业，把责任当作己任，努力地让自己成为一个优秀的美术教师。通过不断地学习，不断地思考与实践，我希望自己能成为一名具备一些教育思想、教育理想，有点学术水平的美术教师。用创新教育的理念，有责任感地去工作，尽力让自己的教学鲜活而充满个性，做美术教育的筑梦人，让美术教育在"五育并举"的时代充满更大的魅力，凸显更大的地位，发挥更强的作用。

☑ 成长分析

邹岳松老师，从普通教师成长为骨干教师、科组长，再成长为一名优秀的市级名师工作室主持人，不断引领区域高中美术教师成长，"希望通过自己的努力能给未来的美术教育工作者带去积极的影响"，成为了湛江地区富有影响力的美术教师。

2020年10月15日，中共中央办公厅、国务院办公厅印发《关于全面加强和改进新时代学校美育工作的意见》，明确指出"美育是审美教育、情操教育、心灵教育，也是丰富想象力和培养创新意识的教育，能提升审美素养、陶冶情操、温润心灵、激发创新创造活力"。从事美术教育的邹岳松老师，他年少时就确定了以美术作为专业方向，在大学时更确立了以美术教育作为自己的终身事业。在成为一名光荣的高中美术教师之后，他更是不断探索，要做美术教育的筑梦人，引导学生在美术学习中找到学习乐趣，获得学习信心，培养审美个性和创造力，取得了突出的教育成果。

读邹老师的成长自述，我们感到他身上有一股"劲"，一股敢于追梦的冲劲，一股孜孜以求的干劲。凭着这股劲，他乐于学习，善于学习，依托省级骨干培养项目，以身作则，大量阅读教育教学理论书籍，坚持撰写读书笔记；经常上网查找相关优秀美术教学录像课例，积极参加各种教研活动，主动汲取名师的教学长处和优秀品质；将学习、教学和反思有机结合起来，坚持写作教学后记反思，记录学习心得体会。在邹老师的眼里，课题研究更是一种重要的学习方式。为顺利开展课题研究，他认真聆听讲座，查阅和研读了大量有关资料，走访与课题相关的民间艺人，收集第一手资料，在研究中学习，在研究中成长。令人感动的是，他不耻下问，"在指导这些年轻教师和学子的过程中，我也倒逼自己追求进步，虚心接受新事物与新理念"，这正如韩愈在《师说》中所讲的："是故无贵无贱，无长无少，道之所存，师之所存也。"在他的引领下，湛江市邹岳松名师工作室将读书研修与专业研修作为提升团队学习能力的重要途径，广开学习渠道，以内容丰富、形式多样的专题研修打造学习型教师团队。

清代文学家彭端淑《为学》中说："人之为学有难易乎？学之，则难者亦易矣；不学，则易者亦难矣。"从邹岳松老师的身上，我们看到了学习的力量，看到了学习型教师的优秀特质和强烈的感召力。

（冯宇红）

尹晓峰："书文一体"追梦人

尹晓峰

湛江市第二中学教研室副主任，湛江市省级骨干教师培养项目第二批培养对象、高中语文高级教师；先后获得"湛江市优秀教师""湛江市优秀共产党员""湛江市高考先进个人""翰墨薪传""全国中小学书法教师""湛江市书法骨干教师""湛江市文明家庭"等荣誉称号；主持省级课题2项，参与市级课题研究4项，教学成绩突出，主编并出版教学辅导书8部。

成长自述

我有幸参加省级骨干教师培养项目，在导师和同学的指导和帮助下，开拓了视野，开始形成自觉的研究意识，完成了专业成长的一次跨越。总结梳理近些年来的学习和工作历程，在理解教师成长的观念和内涵上，基本沿着"专业教师—

好老师—好人"的轨迹前行。反思我的从教经验，"书"与"文"成为我寻找和实现境界提升的抓手和桥梁，帮助我基本实现了学科教学与个人专业成长相结合、兴趣爱好与工作相结合、个人成长与学校事业相结合，成为一个有获得感和幸福感的老师。"书文合一"也形成了我鲜明的特色。

一、书文让我选择讲台

回首来路，舞"文"弄"书"（墨）的小爱好是促使我选择当一名教师的重要原因。

我在成为语文教师的道路上其实是走过一点弯路的，曾经面对职业选择，我犹豫过，迷惘过。在工作前，我在汉语言文学本专业的学习上少有获得感，反而有些不务正业，更热衷于参加社团活动，在宿舍练书法，对新闻传媒也怀有极大的兴趣，几乎未想过要当一名语文老师。大二时，我凭借几篇发表的"豆腐块"成功应聘为《湖南工人报》的特约通讯员，曾全程参与凤滩水电站创建全国"职工之家"、怀铁总公司成立30周年"怀铁脊梁"英模系列等大型报道，发表署名文章40多篇，自己也有毕业后留在报社继续工作的想法。可没想到，不经意的"书""文"小爱好，让我选择了讲台。

2004年五一期间，我来湛江探亲游玩，正好在网络上看到湛江二中发布的教师招聘启事。应聘很顺利，一个星期后便接到签约录用的通知。报到后，方才得知，学校创建国家级示范性普通高中，需要一个能写的年轻人，要等到2005年开学办学规模扩大，才能安排教学岗位。语文科组长刘军认为我基本功扎实，尤其板书美观，可作为"种子"培养，并一步步指引走上讲台，亲自帮带编写教辅资料和研究课题，成为了我工作和生活上的重要引路人。

回头再看，彼时的我并没有清晰的职业规划，但无心插柳的"书""文"小爱好却意外帮助我获得了一点自信和表现的机会，获得了选择工作的机会，也成了我日后站上讲台，获得自信和事业成就感的重要支撑。

二、书文助我找到支点

我的教师生涯不像大部分同行，一开始就直接从事教书育人的工作。我接到的第一项工作是在校办行政岗位，负责文件送传、文案草拟等繁杂的行政工作，直到半年后，一位来自甘肃的高级教师突然辞职前往深圳发展，我才临时顶岗上课，同时兼职校办的行政工作。工作虽然繁重，但我深知自己起步晚，又是科组最年轻最缺少经验的，语文科组名师众多，要立足并不容易。于是我给自己立下了三个逐步追求的目标：专业教师、优秀教师、有特色和有趣味的人。

既然已经选择讲台了，就得有个教师样。我以教学为重点，向有经验的老师虚心请教，时常去他们所在班级听课学习，提高自己；从自己出发修炼教学基本功；从学生出发，理解学科素养。在2006年学校组织的青年教师教学技能大赛中，取得了五项比赛三项第一，总分第一的成绩。2008届担任高三毕业班教学，所教2个班高考成绩均超额完成任务，其中2班考核评价居物理班第一名。因高考成绩突出，又连续担任2009届、2010届的高三语文教学。

2010届，我任教3个高三班，一周正课达到24节，还兼任校办行政工作，工作量可想而知。经常累得声音嘶哑，把工作当成一种挑战。由于任教的班级多、课程多，肩负的行政工作繁杂，为了工作落实，开始研究学生的学习方式，实践自主合作探究式学习法，创造性地运用合作小组档案袋即时开展周测和读写一体综合训练，操作简便快捷，作业能有效落实和评价，取得了很好的效果，所教3个班均超额完成学校定下的指标任务，尤其是所教23班的考核评价居文科班第一。这种合作小组档案袋也在2019年本人主持的广东省教育科研"十三五"规划课题"高中语文'书文合一'的教学策略研究"中得到了运用。

连续经历三届高三，总有疲惫的时候，从紧张备考和题海中缓过神来，望着学生毕业离校不断远去的背影，我意识到教师需要抬头望向远方，不断吸收鲜活的东西，才会保持长久的渴望，保持事业的激情——我需要寻找一个新的支点。

一次，我带过的第一届学生方正光同学回学校看望我，聊到当年学习的时光，还聊到现在工作后才发现在学校里学到的哪些东西是有用的，哪些东西是没用的，在与我的交谈中，"写作""书写""人生态度"成为了提及较多的词。"老师当年讲过的课文、知识点基本不记得了，但语文课上曾经在黑板划过的飘逸矫健的书写时的场景却记忆犹新，记忆里活跃着您给我们班用毛笔写过的对联，您曾在每周摘抄的本子上用粗粗的美工笔书写的'无论红尘纷扰，我们清醒明智'。"这一番谈话，让我的视野突然被打开，所寻找的新支点原来一直就在我身上啊！书写在教师看来，不过是教学的基本功之一，但如果能将书写融入学科教学中，融入学生的日常的学习生活中，那将是新的生长点，新的提升支架。

三、书文合一提高素养

王国维在《人间词话》中说："诗人对宇宙人生，须入乎其内，又须出乎其外。入乎其内，故能写之。出乎其外，故能观之。入乎其内，固有生气。出乎其外，故有高致。""出乎其外"多了一份能观照和突破自身狭隘的眼光。我相信，将教师擅长的融入教学中，应该能获得新的突破。

我将语文分成四大板块，与国家教材同步开展，大胆构建日常的学习活动。第一板块：思维能力和方法训练；第二板块：知识和技巧梳理和运用；第三板块：自主积累和实践；第四板块：书写训练。其中，第一板块主要是通过经典文章（课文）的阅读鉴赏及作文达成，第二板块主要通过知识专题梳理和复习达成，高三是主要阶段。然而，对第三板块、第四板块，很多教师却办法不多，很难持续坚持下去，而这两项却可成为提升学生素养和成绩的重要突破口，我的思路一下子就豁然开朗了。

我以"高中语文'书文合一'的教学策略研究"为项目名称开始了积累，苦练内功。预设的内容主要是：（1）提升高中生书写能力的教学策略；（2）以书写提升为突破口，研究高中语文阶段书写、阅读、写作三位一体共同发展的教学策略；（3）强化高中生书写意识、作品意识，开发并形成便于"书写、阅读、写作"三位一体的持续深入开展的校本教材；（4）发挥三位一体在文化传承、习惯养成、学习效果等方面的作用。

"书文合一"，是以第四板块——书写为突破口的，这也是我作为一个语文教师要形成特色的基础和标签。于是我开始坚持硬笔、毛笔同步走，实用书写与艺术表达兼顾，系统临帖习字，寻名师参加书法培训，努力将基本功提升至美的境界。为提高自身的水平，我先后参加了湛江市书法骨干教师培训、北京大学"中国优秀传统文化与核心价值观建设"高级研修班、第五届"翰墨薪传"全国中小学书法骨干教师培训（教育部主办，中书协协办）等。努力终有回报，自身书法技艺不断增强，逐渐发挥了一些作用，筹备成立了"二中墨韵"教工书法协会；指导成立学生社团"翰墨飘香"书画社，并任指导老师；开设学校首批校级书法选修课；经湛江市文联等同意，筹备并成立了湛江市硬笔书法协会，并被选为副主席；接受岭南师范学院书法系聘任，担任书法省级骨干培训班的指导教师，等等。

经过几年的探索和完善，"书文合一"操作模式已经在班级常规教学中成型，我将其概括为：以"1 份档案，4 项作品"为抓手，开展大语文实践。"1 份档案"，即以合作学习小组为单位开展完整的学习、考勤、记录、评价活动。按照优势互补原则，4~6 人组成一个小组，每个小组分发一个大牛皮纸档案袋，封面预先张贴了《书文合一作品记录表》，将学生作业视为作品进行评价和展示，每次作业均以小组为单位进行记录，量化评分。"4 项作品"，即 4 种常规作业（书写专项提升、读书摘抄、大作文写作和读写一体作品交流）。

此外，还依托学校的"艺术节""社团节""规范汉字书写比赛"等平台，开展"书文一体"相关活动，先后开展了书法名家进校园，"我爱读书"手抄报比赛，承办了湛江市中小学书法大赛等活动，组织现场挥毫送春联活动，开设书法类选修课，选送作品参加广东省教育厅主办的广东省规范汉字字书写大赛，营造浓厚的氛围。

关于第三板块"自主积累和实践"，除了"读书摘抄"每周打卡推进落实外，还强化了课程资源开发意识。2012—2016 年，在全国优秀教师刘军老师的带领下，我积极参与省级课题"高中作文资源开发与高效作文能力培"和市级重点课题"高中作文课程资源开发与创建语文学科组特色研究"的研究，将教学和教研并行发展，在教学中发现真实问题，以研促教。

"书文合一"以书写为突破口，注重读写一体的训练及作品呈现、交流，成为了学生开展语文综合实践活动的支架，在分组合作学习和竞赛中，开展时评分享、时代采风、整书阅读、群文阅读、互评作文、书法比赛等丰富的语文实践活动，开拓了学生的语文视野，提高了创新能力、写作能力、文化品位和审美能力，师生都动起来了。"书文合一"实现与四个板块的对应联结。2019 年我主持的课题"高中语文'书文合一'的教学策略研究"被立项为省级课题。

四、书文合一荣获佳绩

经过实践，以"书文合一"为抓手，我在教学和培养学生特长方面，也取得了一些成绩。

在高考成绩方面，2011 届的高考，我所任教的高三（31）班语文均分为 122.3 分，语文 130 分以上有 10 人，其中孙雨萱语文 139 分，并夺得湛江市文科总分第一名。2012 年 7 月，获得中共湛江市直属机关工委表彰，被评为"湛江市优秀共产党员"。2013 届高考，我所教的高三（12）班语文均分为 116.3 分，语文 120 分以上有 20 人，2 人居市总分前五名。2017 届高考，使用全国卷，所教班高考语文 120 分以上有 8 人，人数全校第一，其中何梓慧语文 131 分，为全校第一，2017 年 11 月，我被湛江市教育局评为"湛江市高中教学质量管理工作积极分子"。

在写作方面，我指导学生在《广东教育》等刊物上发表作文多篇，一批学生在"叶圣陶杯""语文报杯""冰心少年文学""全国中小学生文化作文大赛"等全国中学生作文大赛中获奖。指导学生完成"乡土文化研究"系列研究性学习，形成了校本课程成果乡土作文选辑《怀想南天》；主编的《高考作文素材精粹与多向运用（2018 年版）》和参编的《高考作文风向标》分别由广东教育出版社、新世纪出版社出版。主持省级课题"基于提升学生社会认知和分析能力的新闻写作教学实践与研究"，以新闻写作教学为切入点，开展"多向立意"和"最佳角度"的训练，突出学生思维的发散性、思辨性、深刻性的训练提升，指导学生于《湛江日报》、湛江新闻网等媒体公开发表新闻报道 63 篇。

在演讲方面，2018 年，辅导学生赵恩霆、李雨芯分别参加湛江市"健康人生，绿色无毒"主题禁毒演讲比赛、广东省第六届"南粤长城杯"演讲比赛市选拔赛，均获得一等奖第一名，我被评为"优秀指导老师"。

在书法方面，2018—2020 年，我指导学生参加市级以上行政部门主办的书法比赛，莫凡欣同学获省一等奖，3 人获省二等奖，10 人获省三等奖，14 人获市一等奖，100 余人次获市级以上奖励。我也多次获得"优秀指导老师"称号，学校获得"优秀组织奖"。我参加广东省教育厅主办的规范汉字书写大赛，获得教师组硬笔二等奖，软笔组三等奖。参加湛江市教育局主办的"翰墨薪传"教师书法大赛，在硬笔和毛笔项目中，均获得一等奖。

"书文合一"，借助合作小组档案袋开展硬笔练字、读写一体综合训练活动，将作业转化为作品进行交流评价，让全体学生开始有了更多的获得感，语文学习兴趣得到了激发。一位名叫小云的同学在毕业册中写道："以前，从来没有发现诗歌的美的所在，从来没有体会过文字美的所在，也没有感受到语文的韵味所在，更别说写诗作词了。然而，晓峰哥，是您，如路标，似导游，让我深深地爱上了语文，爱上了文字。"

每每翻阅，带给我许多的感动和激励。我的一点点努力，一点点进步，总能在学生那里获得巨大的回报和激励，语文老师的劳动充满了特别的创造和意义。

"书文合一"的实践，实现了语文课堂与生活的结合，沿着课程资源开发整合之路前行，克服了"碎片化"的弊病，实现了课程序列化、系统化，使我获得了站在讲台上的底气，语文实现了扩张。

五、书文合一明悟境界

诗家常言："功夫在诗外。"专业成长是教师安身立命的基础，非专业成长基于专业成长提升，并能帮助教师形成特色、风格，形成一定的教育教学思想。一个好老师的下一站，是成为一个好人，由"经师"走向"人师"，由教知识逐渐转向教人生。

长期对书法名帖的习练和对文化经典的誊抄、创作，也使我性格更加沉静、更加有耐心，对文字、典籍更加热爱，对哲学、美学、艺术等涉猎更加广泛。"书文合一"不只是一个教学策略，而是具有了更丰富的内涵，"书"与"文"不仅成为语文教学的要素和媒介，帮助我在语文教学上的专业成长，也培养了我对文化的敏感，提高了审美和生活情趣。2019年6月，我的家庭被湛江市总工会、湛江市文明办推荐为"第三届湛江市文明家庭"，相关事迹材料在湛江文明网和湛江新闻网上有公示，我教过的学生纷纷打来电话或发短信问候，令我非常感动，获得激励。

吴巧曼同学给我写了贺卡，她这样写道："您是在我所接触过的语文老师中，第一个能够这么好地把语文生活化的老师。很喜欢您的一些为人处世的原则，喜欢你在课堂上给我们讲那些'废话'，喜欢你散发出的魅力。高中三年转眼即逝，但在语文课上你所交给我们的将会刻骨铭心。我们可以轻易地忘掉时间，但是您给我们所传授的人生大道理、大智慧却不容忘却，高中生涯，谢谢您在我们身边，默默地一直陪伴着我们，静静地守护着我们。"

2017届仅教过一个学期的陈鸿飞同学这样留言："第一次上您的课，我就被您那清新飘逸、苍劲有力的字体和英俊的面容所吸引。有一段时间，我的语文兴趣几乎消失殆尽，庆幸的是，我碰到了您，上课幽默风趣，引人深思，瞬间就点燃了我对语文的兴趣。才发现，原来语文课可以这样，让我找回了学习语文的乐趣。"

还有2017届的郭宗曼（曾任语文科代表）这样说："第一眼见到你，你那飞扬的板书让我一见倾心，让我下定好好练字的决心；上了你的作文课，让我学会如何更好地表达自我；与您相处，会被潜移默化地影响，竟有'一切成空'的感觉；与您共事，能感到平等、自由，甚至是无拘无束，偶尔还有幸福感爆棚的feel；感谢您让我想要成为一个更好的人……"

类似这样的问候还有不少，我既惭愧又感动。我从专业发展出发，将"一个好人"预设为教师成长的第三个境界，也是最高境界。我自知，自己远远没有学生们评价得那么好，但可以当作那是特别的鼓励和尊重，也是今后前行的动力。我甚至觉得"教师的非专业成长"比"专业成长"更加重要。万玮老师所著的《教师的五重境界》将老师划分为"教知识、教方法、教状态、教人生、教自己"五个境界，其中后三重更高的境界不就属于"教师的非专业成长"吗？反思近几年，偶能获得作为教师的尊严，有一些幸福感，"书""文"给了我"教状态、教人生、教自己"的可能，成了助我顺利联结"课堂-学校-个人-家庭-社会"的重要媒介。

有人说，语文的外延是生活，成为语文老师，便要多一双在生活中发现美的眼睛。在未来，希望自己能做一个幸福的"书文一体"追梦人，能成为一个传播美的好教师，成为一个有趣味的好人，培育天下桃李，实现师生共同成长，让每一个人都沿着幸福的方向前进。

📝 成长分析

谚语说："条条大路通罗马。"这句谚语告诉我们，通达"罗马"是有不同的"大路"的。当然，这里最关键的是首先要知道"罗马"在哪里。就拿骨干教师的成长来说，教师要实现专业发展，也需要知道自己要前往何处，然后才是思考和践行如何抵达那里。

从湛江市第二中学教研室副主任尹晓峰老师的成长故事中，我们可以清晰地看到，他是非常清楚自己要做什么的人，那就是做一个"书文一体"的追梦人。在这条预设的专业成长道路上，他以"书"与"文"为抓手和桥梁，注重学科教学与个人专业成长结合、兴趣爱好与工作相结合、个人成长与学校事业相结合，引领学生和自己在"书""文"中实现教学相长，并以此构造自己的育人方式和塑造自己的教学特色，从而形成了自己的教学风格。

因此，骨干教师在专业成长上，如果能结合自己的特长，并融合到日常的教育教学活动中去，那么不仅能提升教育教学水平，而且能形成自己的教学风格和特色。这样的教师，这样的教学，于学生是幸福的，于教师自身也是幸福的。追求幸福的生活，我想这既是教学的根本宗旨，又是师生生命成长的宗旨。

（李文送）

陈铸：校本课程的探索者

🧑 陈铸

湛江市第六中学教导处主任，湛江市霞山区生物工作室主持人、湛江市霞山区劳动模范；湛江市省级骨干教师培养工程培养对象，中学生物高级教师、广东省生物学联赛优秀辅导老师，广东省科普先进工作者，湛江市高考备考中心组成员，湛江市优秀教师，湛江市初、高中高效课堂及教师技能大赛评委，主持完成两项省级课题"中医药文化校本课程开发与实践的研究""湛江市城中村民办学校教师的专业成长研究"。

📝 成长分析

在岭南师范学院广东省中小学教师发展中心的精心安排下，作为首批湛江市省级骨干教师培养对象的我，和190多位中小学及幼儿园教师参加了历经五年的省骨干教师培训。这次培训分为"反思和规划""实践和提升""展示和示范"

三个阶段，内容包括集中理论学习、现场专题研讨、教育专著研读、工作室跟岗、网络研修、名校交流、校本行动研究、示范辐射、结业答辩和后续跟踪等10个环节，注重"理论研修与行动研究相结合、专家引领和同伴学习相结合、实地学习与网络研修相结合、自我成长与示范辐射相结合"。这种新颖而实用的培训模式，使一直埋头耕耘在高考教学一线的我禁不住停下了脚步，反思自己的教学理念、教学风格、教学效果。随着培训的不断深入，尤其是专家对《中国学生发展核心素养》的解读，我越来越深刻地意识到，作为新时代的中国教师，要走出过去单纯以学科成绩发展为目标的教学模式，落实"立德树人"的教育使命，培育学生的发展核心素养，特别是要利用好中华传统文化基因，以铸强学生之筋骨和增强文化自信，使他们成为具有家国情怀、国际视野和社会担当的新时代接班人。

中国传统文化源远流长，博大精深，如中医药文化便是其中一枚绚丽的瑰宝，它植根于中国传统文化，其"以人为本、医乃仁术、天人合一、调和致中、大医精诚"的价值理念，影响着一代又一代的中华医者，护佑着华夏民族千年的繁衍和传承。然而，由于历史和现实的种种原因，造成一些人对中医药文化的误解和怨念，令人心痛，我希望通过自己的努力，在力所能及的范围内影响我的学生、我的同事、我周围的人，因为我与中医药曾结下深厚的情缘。

一、结缘中医和中医药文化

我从小身体就弱，隔三差五生病，直到有位中医生帮我调理才逐渐好转起来。我和他成为了忘年交，时时去看他如何帮人诊病、治病，并向他学习如何辨别中药材。

当我走上工作岗位后，那位中医生也老了。他常常感叹中医药文化的日渐式微，常常问我，你们当老师的，看到自己国家这么优秀的传统文化在衰落，难道不感到痛惜、痛心吗?! 当时，我无言以对。我又能怎样呢? 我只是一位老师。

后来，那位老中医生病了，再也不能给人看病了。有一天，他把我叫去，指着一书柜的中医书说，要把它们都送给我，让我有时间就抽空看看。这些可是他一直珍爱的书! 现在却都给了我! 我的手轻抚过每一本书，不少书是老旧的线装书，它们见证了老中医的一生与不悔，也寄托着他的希望与追求。我的心里沉甸甸的，虽然他只是一个普普通通的中医生，在旧社会来说就是个"郎中"，可是即使病了，他念念不忘的还是祖国中医药文化的传承啊！我顿时产生了一种使命感，虽然自己只是一个普普通通的老师，对中医药学没有多少研究，但是我有许许多多的学生，我可能无法传授专业的医学知识给他们，但我可以帮助他们了解中医药文化，或许他们中有人可以完成老中医的夙愿！

翻阅了一部分老中医的赠书，我惊奇地发现，中医学的一些理论对我的教育教学有非常重要的借鉴意义。比如中医临床的基本原则——辨证论治，在临床时经常会出现"同病不同症，同症不同病"的现象，如感冒就有风寒感冒、风热感冒、暑湿感冒、气虚感冒等多种症状，医生需通过"望、闻、问、切"，反复辨证，才能拟出合适的治疗方案，往往会有"同病异治，异病同治"的情况出现，这是外行人所不能理解的。而教师在教学中，面对几十甚至上百个学生，性格、品行、习惯、爱好各有不同，也需要尊重学生的个性，因材施教，"对症下药"，才能取得真正的教育成效。

又比如中医里的"治未病"，包括三层含义：一是未病先防，防病于未然，强调预防疾病的发生；二是既病防变，已病之后防其传变，强调早诊断、早治疗，及时控制疾病的发展演变；三是愈后防复，强调防止疾病的复发及治愈后遗症。这一理念也被我应用于学生心理健康教育，如通过主题班会、实践活动、交流互动、个别谈话等多种方式为学生普及心理健康知识，进行珍爱生命的教育，促进学生对自身心理健康状况的关注，防患于未然；对于已出现心理问题的学生则及时给予干预，合理疏导，从而做到有效调适；对于"愈后"的学生，依然关爱，防止复发。

如此看来，治病与育人是相通的，医生要讲医德，教师要遵师德，都要以人为本、因人而异制定不同的方案，最终的目的都是使人能够健康生活，快乐成长。所以在教书育人中我希望能够为中医药文化的传承做点力所能及的事，也希望挖掘中医药文化的教育价值，为学生的全面发展服务。

二、开发中医药文化校本课程

在课堂上，我常常有意识地渗透一些有关中医药文化的小故事和养生保健的中医药知识，每当此时，学生们都听得津津有味，甚至课后与我探讨相关内容。

这让我更加坚定了自己的选择和老中医的嘱托。

随着中医药文化不断在教学实践中渗透，我申报的"中医药文化校本课程开发与实践的研究"被立项为省级课题。课题组成员来自不同的学校，他们都热衷于传播中医药文化，且干劲十足。

原以为有一群志同道合的老师，我就可以顺顺利利完成课题研究了。然而，由于是第一次担任省级课题主持人，经验不足，我常有迷茫不知所措之感。恰好，这次骨干培训就像及时雨一样，不仅为我们配备了理论导师和实践导师，还聘请专家讲授课题研究方面的讲座，使我在迷雾中看到曙光，从而化解了在课题研究路上的迷茫和不知所措，思路渐渐清晰。

（一）设计《中医药文化知多少》调查问卷

校本课程应适应学生的能力、经验和现实生活的需要，应根据学生的整体情况设计课程方案。于是，我和课题组成员精心设计调查问卷，了解学生对中医药文化的认知、兴趣、希望了解的内容等。问卷调查显示，学生对代表着传统的中医药文化认知度并不高，他们对中药的认识大多局限于感冒发烧喉咙痛时喝的苦苦的凉茶，根本分不清中医、西医；分不清中草药、中成药、西药的差别；高中阶段的学生对于新知识的渴求大多比较功利，对与高考无关的知识兴趣不大；不喜欢太过抽象的知识讲解，对于有益身体健康的知识有兴趣去了解，喜欢听与中医药相关的典故，喜欢实践性的活动，等等。

（二）编写《中医药文化》校本教材

了解了学生的需求，也就大致确定了中医药文化校本课程的研究方向，校本课程应以实践、体验、探究活动为主，又要有一定的理论基础支持，这就需要我们编写一本适合于学生学习了解中医药文化知识，可以指导学生实践，不会过多增加学生学习负担的中医药文化校本教材。我们反复研究生物学课程和中医药文化知识，寻找两者的契合点，经过不断调整，最后确立了五个方面的内容：药用植物的生活应用、常见中草药的种植、八段锦健身操、源远流长的针灸历史、现代中医药成就。我们课题组成员分工合作，边搜集资料，边开展实践活动。

（三）开展《中医药文化进校园》系列实践活动

1. 参观中医学校，感受中医药文化

我们带领学生参观湛江中医学校，"百草园"里百草繁茂、绿意盎然、药香四溢，令人心旷神怡；中医药博物馆内八大中医药文化展区，两千多种内中药标本，还有古药铺、古法炮制煎煮等用品用具及生产的古貌复原场景，令学生们产生浓厚的兴趣，沉醉不知归路。

2. 端午动手做，体验中医药文化

端午节，一个全民采草药、挂艾叶、洗药浴、避瘟驱毒、祈求健康长寿的民俗节日，围绕这个节日，我们在学生当中组织了多个兴趣小组，开展各项与端午节中医药文化习俗有关的活动，使更多的学生浸润在中医药文化的氛围中。

种植小组在老师的带领下，走访草药店、花圃等地，查询与端午节有关的中草药名称、功效，发现还真不少。如人们喜欢用来悬挂在门边的艾叶，用来洗浴的艾叶、香茅、蒲草、桃叶，添加在粽子里的蛤蝼等，并且搜寻这些中草药进行种植，学校的楼顶，家里的阳台，不久一棵棵草药长势喜人，充满药香。

香囊小组在老师的指导下，查询香囊的制作视频，学会辨认适合制作香囊的药物，缝制了漂亮精致的香囊包。她们将精心挑选的药物放进香囊里，赠送给老师和高三的学长，淡淡的怡人香味舒缓了师生们紧张学习的大脑。

健身小组则在老师的带领下，学习八段锦，学习一些常见的穴位辨认、点按手法及其作用，如足三里、三阴交等穴位。也认识了足浴和药浴常用的一些药材，懂得用温热的草药水泡脚有促进血液循环、解除疲劳、促使入睡等作用。在老师的启发下，他们亲手端一盆温热的药液，洗慰父母疲惫的双脚，表达自己对父母的感恩之情。

凉茶小组则在老师的带领下拆开广东凉茶，慢慢学习辨认里面的中药材，了解他们的功效，同时还学会了煮凉茶的方法。他们根据端午节人们喜欢吃粽子，容易出现饱胀食滞的现象，通过查询，找到了一个端午消食茶配方，并亲自熬煮凉茶送给师生们品尝，苦中带甘的凉茶，使大家食欲顿开，全身舒泰。

3. 寻找家乡的药用植物，深化中医药文化

利用学校组织学生外出参观南亚热带植物园的机会，开展"寻找家乡的药

用植物"实践活动，预先指导学生在手机里下载"形色"软件。在南亚植物园里，他们时而认真地听讲，时而通过"形色"软件拍照、辨认植物的名称，寻找家乡的药用植物。活动结束，按照活动要求，初中年级学生亲手绘制了药用植物的形态，介绍植物的功效，高中年级学生则用200～300字的篇幅介绍自己对中医药的认识、与中医药的故事或情缘等。学生们的优秀作品获得了师生们的追捧。

4. 开展社会调查，产生中医药文化危机感

学生以小组为单位走访调查霞山区的中药店和生草药店的分布及数量，制作分布图和数据统计表；制作调查问卷，了解周围的亲戚、朋友、同学使用中医药的习惯，最后形成调查报告。通过课外调查实践活动，使学生较为清晰地认识到中医药的发展现状，产生对中医药文化发展的危机感，增强他们传承中医药文化的责任意识。

三、反思中医药文化校本课程

中医药文化校本课程开始实施后，我发现学生的学习兴趣增强了，不但会主动学习了解中医药的知识，而且形成了积极的生活态度、健康的生活方式和行为习惯，还提高了自身的身体素质。如爱玩手机的同学开始自觉屏蔽手机，颈椎感到不适的同学懂得按摩后溪穴进行缓解，疲惫难以入睡的学生学会用醋和姜汁泡脚助眠，等等，自身的受益又进一步增强了他们对中医药文化的兴趣，提升了他们对祖国传统医学的文化自信和民族自信。

教师方面，课题研究之初，教师自身的中医药知识明显不足，但是大家知难而进，收集资料，请教有经验的老中医，观看中央电视台的《健康之路》、广东卫视的《本草中国》等健康养生节目，恶补中医药知识；同时利用自己的生物学学科素养，寻求生物学与中医学知识的契合点，在这个过程中他们逐渐积累了较为丰富的中医学知识，尤其是有关养生保健方面的知识，自己也成为了此项活动的受益者，而教师们编写的《中医药文化》校本教材也在2017年广东省中小学特色教材评选中获得三等奖。

通过开展中医药文化校本课程，在潜移默化中让学生了解中医药文化，普及中医药知识，助力学生们的健康人生，慢慢地让中医药文化在学生心中生根发

芽，在学生的人生路上开花结果。我们相信，通过不懈努力，中医药文化会在学生中发扬光大，增强文化自信，成为我们走向世界的一张名片。

回顾这次省级骨干教师培养项目的学习，从内容安排到作业布置，都非常贴心、暖心，非常接地气，很受用，对我的专业成长帮助很大，我收获满满。不仅开阔了我们的教学视野，而且提升了我们的专业能力。如果说我在学生的心中播撒了中医药文化的种子，那么省级骨干教师培训的各位专家、导师们则为我开启了专业发展的另一扇窗户。

成长分析

教师的专业成长，往往离不开关键事件的历练与成长、关键人物的点拨与相助、关键读物的启迪和润泽。从陈铸老师的成长事迹中，我清晰地找到了影响她专业成长的关键人物、关键事件和关键读物。

作家柳青说："人生的道路虽然漫长，但紧要处常常只有几步，特别是当人年轻的时候。"这个"几步"，对优秀教师的成长来说，就是《教师博览》杂志社方心田社长认为的关键事件。

在我看来，参加省级骨干教师培养项目无疑是陈铸老师专业成长的关键事件之一。因为这个事件，让她在反思中深刻意识到自己作为一名中学教师的使命与担当，再一次重燃了和中医药文化的情缘，从而坚定地选择做中医药文化校本课程的探索者。同时，也正是因为这个事件，给予在做课题过程中迷茫的她及团队送去了光亮，让她们看到了出路，找到了思路，那就是开发中医药文化校本课程。

而那位老中医和所赠送的中医药书籍则分别是影响陈铸老师专业成长的关键人物、关键读物。这"两物"的思想和精神不仅强健了陈铸老师的身体，而且深深震撼了她的心灵，还让她读懂了教育的深意及教育与中医药文化的联系，从而焕发了师者前行的力量、传承的担当和成长的远航。

无论是关键事件，还是关键人物或读物，依我来看，对骨干教师的专业成长而言，都蕴含着同一种力量，那就是——感恩力。因此，教师在专业成长上，应以一颗"感恩的心"反哺教育，从而自觉、自律地成长为最好的自己。

（李文送）

叶泗凯：用信息技术打开世界的大门

叶泗凯

　　湛江市省级骨干教师培养项目培养对象，湛江市第二十八中学信息技术教师，湛江市中小学信息技术兼职教研员。在 2017 年首届广东省中小学青年教师教学能力大赛中荣获信息技术小学组二等奖，2019 年指导学生参加广东省中小学劳动教育成果展示活动获得优秀奖。主持湛江市赤坎区"十三五"规划 2017 年度重点课题"基于移动终端的课堂反馈系统在小学数学教学中应用的研究"、广东省中小学教师发展中心 2017 年度一般课题"运用智能手机及支架实现生物实验显微成像互动教学的实践研究"、广东省"双融双创"创新实践共同体项目"原本原创创新实践共同体的实践与研究"。

成长自述

　　我是湛江市广东省级骨干教师培养项目第二批培养对象。在省骨干培养初期，我并没有比较明确的职业发展规划，很多时候都是走一步算一步，后来在指导老师的帮助下才慢慢地认识到职业规划对于个人发展的重要性。

　　我教的学科是信息技术。这门课程因时代的飞速发展与社会大环境的热门需求，地位越来越重要。如何改变学生对电脑、手机和平板这些电子设备的用途和认知，激发他们主动学习的兴趣，让学生们通过我的课堂发现技术的奥秘和妙用；如何让自己不落伍，更新教育理念，创新教学方式，紧跟时代变革的潮流……这些都是我一直在课堂教学中思考和探索的问题。2016 年，我获得了广东省骨干教师培养对象的资格，进入了岭南师范学院开始为期四年多的学习。课程专门设置了信息技术教育教学板块，有广州大学副教授孔维宏的"信息技术环境下的探究性学习"、岭南师范学院副教授郭春才的"数字化教学资源的检索与下载"、岭南师范学院博士雷励华的"学科教师 TPACK 知识框架发展"、云南师范大学教授刘敏昆的"基于翻转课堂的混合教学实践"等，这些精彩的讲座帮助我解决了在实践探索中的诸多疑惑，也让我对自己的教育教学有了更深入的思考。在此基础上，大胆探索学科教学与信息技术深度融合，在营造信息化教学环境、实现新型教与学方式、变革传统的课堂教学结构等方面做出自己的答卷，成为了我更高的职业追求。由此，我明确了近五年的成长目标，就是在教学中探索信息化对培养高素质人才的支撑引领作用，和学生一起用技术打开世界的大门。

时光易逝，转眼我已耕耘在教育一线20年有余，犹记得刚踏入教育之路的青涩岁月，光阴转瞬即逝，却倾注了我对教学的热爱，蕴藏着我对学生成才的希望，汇聚了我用智慧和时间萃取而出的教学精华。这些宝贵的教学经历和经验来自每一天和学生们在课堂上的相聚，来自每一次学习和培训上的思想碰撞。奉献在这方教书育人的沃土上，用心教育、用心学习，让时光变得厚重，让我的人生变得更有意义。

一、精讲多练巧管理，将学生置于课堂的主体地位

在教学过程中，学生永远是学习的主体，老师只是学生学习过程中的合作伙伴，是教学的组织者和引领者，如果忽略了这个前提，则丧失了教学的灵魂，表面的繁盛和热闹难以掩盖其教学本质的空洞与脆弱。对于信息技术课而言，技术的运用是掌握知识的重要途径，老师的口头传授，或者是让学生们观看老师的操作演示，都比不上让学生实实在在地操作一把来得有效，只有让学生们在实践中多多练习、反复运用才能获得真知，巩固记忆。

记得有次上课，我把课堂内容、学习重难点、实操步骤讲解完毕，剩下的时间留给学生们自己练习。结果话音刚落，有个学生认为学习时间结束了，不需要再练习了，遮遮掩掩地玩起了电脑游戏。我当时一眼就看到了他的小动作，不过我就一直静静地看着他，没有出声阻止，想等着他自己回归练习。可能是我的眼神比较"犀利"吧，这个学生立马发现了我的目光，赶紧装模作样地"练习"起来。我走到他旁边问道："都学会了吗?"他支支吾吾，有点不好意思。"根本不会嘛"，我心想，于是我又重新为他讲了一遍，他很快掌握了操作要领。这件事也让我有所反思，将学生置于课堂的主体地位，不但要求教师精讲多练，还要求教师密切关注学生的学习成效，通过各种有效的手段促进学生落实学习任务，

监督学习效果，改进学习态度与学习方法。这是我不能放松的责任。因此，以后的课堂练习中，我又改进了管理方式，把学生分成流动小组进行练习，每个小组成员之间互相监督练习。在学生实际操作时，我则巡回辅导，及时解决他们出现的问题。这样一来，学生们之间多了合作交流，同时在练习中也有了约束，精力自然而然集中到学习内容上去了。将学生作为课堂的主体，不断优化自身的教学方式，从课堂实际出发加入自己的管理技巧，教学成效显著提高。

二、激趣善导项目化，培养学生主动学习的动机

兴趣是最好的老师，但对相当一部分的孩子来说，他们爱上信息技术课，但这种爱好往往表现在爱玩游戏，或者上网聊天、看动画漫画等方面。而对一些基本的知识、技能的学习，却很难沉入其中。针对这种现状，我把在培养项目中学到的一些方法运用到了实际教学中来。我开始深挖教材，改变教学策略，利用项目式学习的方式让我的教学内容变得更有吸引力。例如，课堂开始之初，用一段视频或者一个"神奇"的操作演示来激发学生的兴趣，同时明确提出本课的最终项目作品要求。在讲解知识运用的过程中，我抽丝剥茧提炼出需要学习的内容，让学生在制作作品的过程中亲身体会到技术的奇妙之处，潜移默化地培养学生主动学习的动机。学生们有了很大的改变，他们不再急着想玩游戏，而是带着一份探求的心理认真听讲，在练习中也肯多问多练。当大家合力做出了优秀的作品时，更是充满了成功感和自豪感。

参加骨干培养项目，为我提供了理论学习的平台。我认真研读和学习有关基础教育阶段信息技术教育的国家政策，教育部《教育信息化"十三五"规划（教技〔2016〕2号）》明确指出："有条件的地区要积极探索信息技术在"众创空间"、跨学科学习、创客教育等新的教育模式中的应用，着力提升学生的信息素养、创新意识和创新能力，养成数字化学习习惯，促进学生的全面发展，发挥信息化面向未来培养高素质人才的支撑引领作用。"2017年6月20日，由中国教育科学研究院和STEM研究中心联合起草的关于探索和推进中国STEM教育的指导手册——《中国STEM教育白皮书》正式发布，这标志着中国STEM教育开始走向更加全面、专业、成熟的发展道路。作为一名小学信息技术教师，我意识到，在新的时代肩负着新的使命，要从头学起，重新出发，努力探索STEM教

育、创客教育。由此，我在学校领导的支持下，开始尝试以项目化的学习方式开展 STEM 教育、创客教育。我参加了省教育技术中心"双融双创"项目，在 2020 年主持该项目的"原本原创创新实践共同体的实践与研究"，在初期和中期检查中均被专家评定为优秀，目前项目还在进行中。

三、尊重关爱树自信，赋予学生美好的心灵

我一直坚持德艺相生、德智并举。师德是指引教师为师之道的指路明灯，是教育的重要前提。身为人师，首先应做到的就是将师德恪守于心，实践于行。作为知识的传播者，只有在施教过程中善于反思总结经验成果，将知识与教学技艺巧妙融合，自觉探寻一条独具风格的教学之路，才能让学生们在有效引导下，快乐享受知识的盛宴。

当然，传播知识只是老师的职责之一，让学生在关爱中健康成长才是老师的使命。我听过不少信息技术公开课，发现有的信息技术老师在课堂上更多关注技术层面的东西，往往忽略了孩子们的课堂感受。而在教学中适当采取教学手段，让关爱与呵护促进学生身心均衡发展，是我尤为注重的地方。在课堂上我严格要求，同时也从不吝啬自己的赞美声，及时发现每个学生的优秀之处，用发展性的评价鼓励他们进步，让学生得到尊重，变得更加自信。

上课期间，我会尽心保护孩子们参与课堂的积极性，尽量给每个学生发言的机会，鼓励学生互相评价彼此的实操作品，促进共同的进步。记得一次作品展示中，有个学生的作品纰漏较多，同学们一一指出了一堆"毛病"，这个时候，我话锋一转："那大家看看，这个作品有没有值得我们借鉴的地方？"果然，学生们纷纷发言，听到"构思比较独特""想法很新颖"等称赞声，这个学生僵硬的小脸也在温暖的气氛中展开了笑容。在以后的课堂中这个学生更加积极主动了，对自己的作品精益求精，学习成绩也直线上升。他还悄悄告诉我说以后一定要研发自己的软件。看着他认真的模样，我很是替他高兴，相信他一定可以做得到！

四、爱岗敬业求卓越，用信息技术为学生打开世界大门

要实现信息技术与学科教学的深度融合，提升师生的信息素养和信息技术能力，是我更高的职业追求。这些年的坚持不懈，正是"爱岗敬业、潜心钻研、力

求卓越"这12字发挥着强大的作用。

我初任信息技术教师的时期，学校开展信息技术教学的就寥寥数人，无论社会、学校、家长还是学生，对信息技术都没有重视起来。在缺乏专家引领和同伴互助的时候，我亦教亦学，自主学习、潜心钻研教学方法成了我的习惯。随着信息技术的飞速发展，大家对这门学科日渐重视，为不负重托完成教学任务，我必须紧跟时代的步伐，不断扩充自己的专业知识，提高自身专业素养来满足现下的教学需要。正是对教育的热爱，支撑着我一路向上，自我学习，自我完善。就在我的教学之路越来越好的时候，2013年，我不幸发生了车祸，痊愈后那只曾经拿粉笔、批改作业的右手却落下了残疾。很多人都劝我："要不要休息，别干了!""还是停下来吧。"可是一想到学校需要我，学生需要我的时候，我毅然选择坚持下来。

教育如同一场修行，在摸索探寻教学之道中，我等待涅槃新生。我不断通过学习提升自己的理论素养，逐步摸索出自己的教学风格。这20年的无悔付出，换得了如今的开花结果。经过省级骨干培养项目的系统学习，我的教学理念、教学方式有了质的飞跃。在2017年，我代表湛江市参加第一届广东省小学信息技术青年教师教学能力大赛，荣获二等奖。2019年指导我校李文香老师代表湛江市参加第二届广东省小学信息技术青年教师教学能力大赛，荣获三等奖。期间，我带领小学信息技术年青教师组成教研团队开展课题研究，主持赤坎区"十三五"规划2017年度重点课题"基于移动终端的课堂反馈系统在小学数学教学中应用的研究"，主持广东省教师发展中心2017年度一般课题"运用智能手机及支架实现生物实验显微成像互动教学的实践研究"，课题成果得到多方肯定，具有一定的推广价值。

人生没有最高峰，风景永远在路上；教育没有终点，只在坚持不懈的追寻中。在今后的工作中，我会做学生展翅飞翔的助力东风，做他们茁壮成长的雨露阳光，心系教育，追求卓越，为学生手握信息技术的钥匙来打开世界大门保驾护航。

成长分析

叶泗凯老师代表湛江市参加第一届广东省青年教师教学技能大赛（小学信息

技术科）并荣获二等奖，在高手如云的决赛中从容应对、赛出水平、赛出风格，这充分说明了他是一位具有较高的教学能力和专业素养的优秀教师。"十年磨一剑"，叶老师取得的好成绩是与他 20 多年的努力分不开的，如他自己所言，是"'爱岗敬业、潜心钻研、力求卓越'这十二字发挥着强大的作用"。

在叶老师的身上，我看到了一位小学信息技术教师对自身职业的强烈使命感和自豪感。即使在执教之初，自己的职业没有受到应有的重视，他也毫不气馁，立志要用技术引领学生打开世界的大门，边教边学，潜心钻研；随着时代发展，当发现自身的知识已不足以满足当下教学的需要，他更加勤奋努力，兢兢业业，紧跟时代的步伐，为提升教师与学生的信息素养、创新意识和创新能力，在创客教育、STEM 教育、信息技术与学科教学深度融合方面，做出了自己的探索与贡献。

在教研方面，叶老师最大的特点是具有较强的"问题意识"和主动解决问题的能力。例如，当发现课堂上学生的知识学习与实践操作没有很好结合起来，他就想方设法，精心设计导入环节激发学生学习兴趣，精要讲解引导学生理解知识，通过小组合作等有效的组织和管理促进学生动手动脑、实践操作，掌握技能；当发现学生对信息技术课的兴趣只停留在玩游戏上，他通过项目化学习来引导学生把兴趣转移到对技术的掌握和作品的创作上，培养学生主动学习的动机，推动学生以作品的精益求精来获得持久、深入的成功感；当发现有的信息技术老师在课堂上重视知识技能学习而忽略了学生的课堂感受，他勇做表率，以尊重、关怀和鼓励营造良好的师生关系和和谐的教学氛围，让理性的信息技术的课堂充满了人情美，让学生在信息技术学习的同时也得到了爱的滋养……学贵有疑，教也贵有疑。从以上例子我们可以看到，具有强烈的问题意识，具有解决问题的行动力，是一个教师走向专业成长重要一步。一个又一个真实、重要的教学问题得到有效而及时的解决，在此过程中"以学生为主体"的理念得以真正显现，教师教学技能得以切实提升。在参加省级骨干培养项目的学习，叶老师同样怀着贵疑好问的精神，在聆听专题讲座的过程中与自身的教学疑问结合起来，通过理论指导与课题研究，使问题的解决更得法、更有效，大大提升了专业素养和团队教研的领导力。

叶老师基于校本问题解决的课题研究、课例研究，在一定程度上体现了教育信息化背景下教师领导力的不断提升。这是一个非常值得我们深入探讨的命题。如何在专家的引领和指导下形成教师信息化领导力的实践提升策略，构建教师信息化领导力的评价体系，期待叶老师和他的教研团队开展进一步的思考与探索，收获更丰硕的成果。

（冯宇红）

陈恒海：追求卓越，永不停步

🧑 陈恒海

　　中学数学高级教师，岭南师范学院附属中学教导处副主任。教育部"国培计划（2017）"中学数学骨干教师，湛江市省级骨干教师培养对象；广东省首批中小学教师研训专家库成员，广东省优课评审专家；湛江市教育局数学兼职教研员，湛江市普通高考备考中心组成员。致力于具有本校特色的课堂教学研究，主要研究的"问题导学，高效课堂"及"基于数学学科核心素养的数学解题教学"，获湛江市教育教学成果奖一等奖；曾获得湛江市高中数学高效课堂教学比赛第一名。参与或主持省市课题5项，其中参研的省课题"提高高中数学课堂教学实效性的策略研究"以良好等级结题，成果被推广；主持的省小课题"基于'问题导学'的高三数学一轮复习课课例研究"获省教育学会教育科研成果一等奖。

💬 成长自述

一、在不断反思中完善课堂教学

　　2002年6月毕业后，我来到岭南师范学院附属中学任教，成为一名数学教师。前4年任教初中，经历了一个完整的初中循环教学，教学效果还挺好。2006年9月开学后，学校将我调到高中部任高一年级2个班的数学课。尽管已有4年教龄，但由于是第一次教高中，我深感责任重大。在教学上一点都不敢马虎，对备课、上课、改作业、评讲试卷、阶段性小结等各个环节做到更加细致。任教高中2个星期后却出了状况：一是我备课时所准备的40分钟的教学内容经常当堂完不成；二是学生反馈，老师上课讲得很清楚，对内容也理解，就是作业或测试时题目稍有变化就无从下手。何以如此？

我开始思考，在初中的数学课堂教学时如鱼得水的我在哪个环节出了问题？我主动去听备课组其他老师的课，希望从中找出差距。我发现，主要问题出在我将教初中生的那一套照搬过来。初中数学课堂一节课的教学内容较少，难度相对小，我在40分钟里有充裕的时间将知识的来龙去脉讲授得清清楚楚，还有时间指导学生模仿我对例题的解答过程，将习题加以多轮的巩固训练。但对高中生来说，一方面课堂知识量增加了，难度也加大了；另一方面内容综合性、系统性更强了。课堂上老师无法将内容面面俱到详细讲解，学生仅仅是听完后再模仿解题，在思维的训练上更是不够。于是我对传统的处理数学例题的方式进行了一些改变：首先，在对数学概念、公式、法则的理解基础上，对课本上直接运用基础知识解答的例题，由学生自己审题，自己演算，自己对照，自己评判，找得失原因，以提高动脑动手能力；其次，对难度较大综合性较强的题，也首先让学生思考，小范围进行讨论，各抒己见，尝试演算，我再点拨，归纳总结。经过差不多两个月的实践，我在高中数学课堂上也得心应手了，学生学习数学的主动性增强了，成绩自然也有了不小提升。

初中四年教学和高中一年的教学经验告诉我，是经常的反思成就了我。每次教学后的反思不经意间已成了我的一种自觉习惯。一直到现在，我课前会想一想，准备教给学生哪些知识？哪些学生需要特别关注？课堂上准备组织些什么活动？设计的这些活动要达到什么目的？教学中想一想，怎样对待课堂上学生的提问？教学后还要想一想，我今天的课堂改变了什么？为什么要这样改变？有何得失？哪个教学环节不够理想？需要怎样改进？就如在湛江市广东省骨干教师培养跟岗学习时，导师鼓励我们说的那样：教科研并不只有大学老师或专家才能做，中学老师在平时的教学中做有心人，反思存在的问题，寻求解决问题的办法，也能实实在在地搞教研。

坚持在教学实践中反思，不断完善我的数学课堂教学，是我专业能力提升快速而有效的方法。

二、在广泛学习中丰富知识结构

我十分珍惜各级学术会议、培训研修活动、名师工作室学习等教研活动及学科集中培训的机会。在各类活动中，不仅可以与同行交流与切磋，更是近距离接触名师的好机会。这些机会有利于接触到新的理论，在"百家争鸣"中听到不一样的"数学教育的'鸣声'"。比如我在省级骨干教师培养对象第一次集中培训后，以"争做一名有才华的智慧教师"为题作了总结，谈了三点：（1）多思考，做一名充满精神气的教师；（2）勤读书，做一名有才华的教师；（3）研课题，做一名智慧型教师。近5年来，这三点一直鞭策着我在专业上努力与追求。

又如2017年10月，我参加了由国家教育部组织的"国培计划（2017）"中小学一线优秀教师和教研员研修项目学习。培训期间，我聆听相关教育专家的前沿讲座，得到著名特级教师的悉心指导，向名师请教在高中数学教学中遇到的问题与困惑。特级教师沈志斌的"学情诊断的变革——大数据让教学与管理从模糊走向精准"，沙国祥教授的"数学文化与教育的深度结合"，田良臣教授的"基于自主发展的教师核心素养"，李善良教授的"数学课程标准实施中值得注意的几个问题"等一系列的讲座，对我而言是一场场头脑风暴的洗礼。专家们严谨的治学精神、前沿的教育教学理念，基于真实教学情境的问题而进行的实践，一次次地刺激我，让我认识到，不能满足于自己过去在教育教学工作中所取得的那一丁点成绩，更不能固步自封。"国培"期间，依托课例的参与式研讨，名师工作坊的指导，小组成员间的真诚交流、共长智慧等形式的学习，我有了很多新的领悟。同时，我观摩了6节精彩的全国高中数学名师"基于核心素养培养的数学展示课"，聆听专家对课例的点评以及对数学核心素养的解读，使我对新课改的理念进行了及时的更新，初步体会了落实数学核心素养的教学尝试。培训结束后，我结合自身教学经历，对数学核心素养做了深度学习，并就如何在教学中渗透数学核心素养进行了思考，形成了《数学核心素养理念下基本不等式的教学》一文。

参加湛江市省级骨干教师培养项目学习的4年多时间，是我大学毕业后读书最多的一个时间段。我先后阅读了《数学解题学引论》《在书房与教室间穿行的教研人生》《数学之美》《学习哪有那么难》《新教育之梦》等教育教学专著 30 多本。随着教学经历、教育阅历的丰富，我越发现自己的数学理论有待加强，写作水平有待提升。为此，我有针对性地买了罗增儒教授、李毓佩教授、张景中院士的著作。罗增儒教授是数学解题教学的大师，坚持教学、科研平行发展，享誉数学教育界；李毓佩教授擅长以讲故事的形式介绍数学知识，让读者在愉悦中学习数学；张景中院士数学功底深厚，很多问题有独到见解，擅长将数学化难为易，做到深入浅出。最近 2 年，我在课堂中加入了这些元素，丰富了自身的教学风格，学生越来越喜欢我的课堂。

"我读过很多书，但后来大部分都被我忘记了，那阅读的意义是什么？"

"你的气质里藏着你曾经读过的书！"

时常想起张妙龄老师在省级骨干教师培养集中研修的讲课中分享的这两句话，我越来越深刻地体会到。

三、在深入研究中追寻教育本质

2013 年暑假，由《中学数学教学参考》编辑部举办的第八期"数学解题教学高级研修班"为我打开了一扇教研之门。研讨班的学习结束后，我反思 2006 年 9 月—2012 年 7 月所经历的两次高中循环教学：为什么高一、高二时我带的班较同层次班数学成绩有明显优势，但经过高三一年的备考复习后，却与其他班高考成绩相差无几了呢？结论是解题教学的效果不够好，特别是高三第一轮复习的方式方法应该有很大的提升空间。刚好，这年 9 月所带的学生从高二升高三，我对全级学生做了一项问卷调查，也面向全组数学老师做了一项有关解题教学的调查。发现，无论学生还是老师，关注解题结果多，关注审题和解后反思相对少；关注解题过程的表达及方法应用多，关注解题步骤间的内在逻辑及解题思路的获得过程不够。对于我个人而言，不够重视审题时的问题引领和驱动，以及解题本质的剖析，导致很多同学的数学思维被禁锢在各种题型、模式中。题目稍有变化就表现出不适，无法在题目的诸多变化中寻找数学的本质。为更好地解决以上问题，我立足于培养学生的数学问题意识及提高高三数学一轮复习课的效果，申报了课题"基于'问题导学'的高三数学一轮复习课课例研究"。我与课题组老师一起，遵照课题研究的目标，围绕课题的核心问题，定期将"问题引领，高效课堂"作为高三一轮复习研讨课的研讨主题开展活动，课后及时总结和反思，通过在整个高三数学备课组的实验研讨，探索并初步形成了关于运用"问题导学"进行高三数学一轮复习的一些思考和做法。如我设计的课件在评比中获一等奖，撰写的论文《问题驱动，让数学复习课更高效》获广东省初等数学学会首届论文评比一等奖，《指数函数教学设计与反思》在市数学学会学术论文评比中获一等奖。2014 年高考中我所任教的高三（1）、（2）两班数学平均分为 99.3 分、98.7 分，分列年级 6 个理科普通班的第一、二名，上 A、B 分数段的人数比例也分列年级第一、二名。

2010 年以来，我参与或主持省市课题 5 项，其中参与的省课题"提高高中数学课堂教学实效性的策略研究"在市内外得以推广，主持的省小课题成果《基于"问题导学"的高三数学一轮复习课课例研究》获省教育科研研究成果一等奖。

在 18 年的中学数学教学中，有时我会想，我为什么要进行教学研究？是因为提升教学效果的需要，即是学生的需要。我开始进行课题研究时，并未想要建构新的教学模式，更未想要创设新的教学理论，我是源自对教育实践的拷问，想找寻教育教学困惑背后的原因，更多是想对那些可以意会、难以言传的教学经验所蕴含的教育本质的揭示。

四、在实践展示中追求卓越

公开课、研讨课是教师之间相互促进，共同提高的重要平台。从教以来，我每学期都主动承担校内、校外公开课，通过公开课前的充分准备、力求精致的课堂教学、深入的课后反思总结，使自己对相关的课题进行深度学习，很好地促进专业提升和自我完善。

如 2013 年 4 月参加由深圳市坪山高级中学主办的，主题为"教学目标设计与达成"的研讨交流活动，我所执教的"数学归纳法证明不等式"一课，得到与会的全省专家、老师很高的评价。2015 年 5 月在学校开放日活动中执教的"函数 $y = A\sin(\omega x + \varphi)$ 的图象"获评"一师一优课，一课一名师"活动"优课"。2015 年下半年，湛江市教育局举办首届高中教师高效课堂教学比赛，我从参加学校的初赛到市直学校的复赛，再到 2016 年 1 月 7 日代表市直学校数学教师参加湛江市的决赛，其间 2 个多月的时间里，我阅读各种学科杂志，如《中学数学教学参考》《数学通讯》《数学教学》中相关的论文、教学设计比之前两年的总和都要多。为了磨好一节课，我先后 8 次邀请校内外数学、语文老师给我指导，教学设计修改到第 10 次才定稿。最终所执教的"基本不等式（第一课时）"获湛江市第一名。正是这种深度学习、深度备课所上的展示课、比赛课使我的专业能力得到大大的提升。2016 年 10 月 27 日是我在湛江一中为期 1 周跟岗学习的最后一天，也是 1 周里压力最大的一天。我在高一（2）班、高一（8）班接连上了 2 节汇报课，课题是"用二分法求方程的近似解"。对我来说，每年大小场合的公开课上过不少，但这次是以湛江市广东省骨干教师培养对象的身份上汇报课，至少也得代表骨干班学员的整体水平。在备课上我花了不少心思。"用二分法求方程的近似解"这课内容是深刻理解及应用零点存在性定理的载体，我决定在设计上不走寻常路，不是快速完成原理的学习并加以大量习题训练巩固，而是让学生通过借助计算器，对具体实例进行探究，从初步了解到逼近思想，强化函数与方程思想、数形结合思想，培养学生严谨的科学态度，提高探究问题的能力。本节课被专家们认定为非常"高级"的一堂数学课。我无法说出"高级"所在，但知道在执教这些课例的过程，以提高学生数学成绩为出发点，以自我改变和突破为路径，"百般打磨"，"精益求精"，一直力求"卓越"。

于我个人而言，课例展示还是展现教师个人教学风采和教学艺术的重要平台。近五年，我所获得的一些层次较高的培训机会及荣誉，如教育部"国培计划（2017）"中学数学骨干教师，广东省首批中小学教师研训专家库成员，广东省优课评审专家，都得益于公开课、比赛课的展示让更多人认识了我，了解了我，认同了我。

过去 10 年，是我专业成长最重要的阶段。特别是在湛江市省级骨干教师培养项目学习的 4 年里，我更是刷新了知识，拓宽了视野。在这里，我提升理念，收获信心，逐渐成长……

未来，我将继续在不断反思中探究，在广泛学习中智慧，在深入研究中求真，在实践展示中追求……

不负时光，不负使命！专业成长路上，我将永不停步！

📝 **成长分析**

陈恒海老师于 2002 年参加工作，18 年间成长为教育部"国培计划（2017）"中学数学骨干教师，湛江市省级骨干教师培养对象；广东省首批中小学教师研训专家库成员，广东省优课评审专家；湛江市教育局数学兼职教研员，湛江市普通高考备考中心组成员……在这么短时间内，成长为堪称卓越的教师，探寻其成长路径，给人启迪。

1. 不断反思

追求卓越的老师，不会间断反思。《论语》有言"学而不思则罔，思而不学则殆"，换言之"教而不思则罔，思而不教则殆"。陈老师在"任教初中转换到任教高中""任教高一高二年级成绩的优势到高考后不如所愿"等节点总是在关注"问题""为什么""如何解决"的思辨中找到解决问题的办法，总是获得独有的教学思想。我想，这应该是他获得那么多成就的主要原因。

2. 广泛学习

追求卓越的老师，一定是追求终身学习的。向书籍学自悟，向身边同侪学借鉴，向学者、专家学提升；借"'国培'之石攻'形'"，借"'骨干之石'琢'心'"，借"'课例之石'塑'魂'"。博采众家之长，成我专家之路。

3. 深入研究

追求卓越的老师，努力成为"教研型教师"；没有追求的教书匠，只能成为教参的"搬运工"，教材的"肢解者"。追求卓越的老师总是探究与新课程一起发展，建构适合学生发展的新的教学模式。朴素而求真的研究态度成就了陈老师："在 18 年的中学数学教学中，有时我会想，我为什么要进行教学研究？是因为提升教学效果的需要，亦即是学生的需要。""我是源自对教育实践的拷问，想找寻教育教学困惑背后的原因，更多是想对那些可以意会、难以言传的教学经验所蕴含的教育本质的揭示。"

4. 实践展示

追求卓越的老师，在实践中找到"真理"。"公开课、研讨课是教师之间相互促进，共同提高的重要平台。""课例展示还是展现教师个人教学风采和教学艺术的重要平台。"陈老师用不断实践证明了"实践"的重要。而"展示"是对实践的验证，是对自我价值的证明，是对"真理"的传播，这应该是"卓越教师"的一种姿态吧。

有的老师教书一辈子仅是一个"教书匠"；而有的教师教书一辈子，总感觉时间的不足，知识的缺失，还有很多方面不如别人，还有很多很多事情要做……而这样的教师往往是"卓越"的。

是平凡还是卓越？是做"教书匠"还是"卓越教师"？智者自会见智！

（王海波）

黄剑涛：剑涛辟瀚浪　扬帆领新航

黄剑涛

岭南师范学院附属中学英语高级教师。岭南师范学院外国语学院兼职研究生导师、岭南师范学院外国语学院英语专业"教学实训"课程主讲教师、湛江市教研室兼职教研员。广东省名师工作室主持人、广东省中小学教师研训专家、湛江市名师工作室主持人、广东教育学会外语教学专业委员会第七届理事、国家留学基金委员会公派英国雷丁大学（University of Reading）访问学者；科研成果丰硕，先后主持省级课题 1 项，全国重点课题分支课题 1 项，省级重点课题分支课题 1 项。参与撰写教育教学专著 3 部；已发表或获奖系列教学教研论文 16 篇。2013 年作为第三成员获得第八届广东省普通教育教学成果奖二等奖。2016 年作为第一成员获第三届湛江市基础教育教学成果奖一等奖。

成长自述

我是湛江市省级骨干教师培养项目首批培养对象。培养期间，我在科研方面收获较大，先后主持省级课题 1 项，公开发表论文 3 篇，其中 1 篇被广东省教育厅举办的高峰论坛采用并发表。上省级公开课 2 次和专题讲座 2 次，上市级公开课6次。创建个人名师工作室公众号，依靠高质量的推文获得了越来越多同行的关注，辐射区域多达78座城市，还辐射到了澳大利亚。文章质量高，被其他工作室广泛转载，例如广东省名师工作室联盟，广州优课室公众号。在疫情停课期间，组织工作室成员共制作微课多达100节，全部被湛江市教育局作为疫情停课期间的网上教学，供全市高中学生学习使用，其中9节精品微课被选推到"学习强国"广东学习平台。

参加省级骨干教师培养项目学习过程，是我在教师专业发展阶段最重要的也是最为关键的时期。导师们的鼓励和指引使我突破专业发展的瓶颈，督促我拿出行动来改变自己的学习困境。我看到自己因培养而产生了很多积极改变：一是学科是融合的，密不可分的，教师的知识渊博才能给学生以正面的引导，为此我不仅大量阅读了自己专业的书籍，还广泛阅读了综合性教育书籍；二是提笔就能写反思、写行动方案、写论文，实现了从刚开始可能写得简单、语言也不太通畅，到通过坚持逐步改善，最终成为生活的一部分，而至像呼吸一样顺然；三是明白"鸳鸯绣取从教看，要把金针度与人"的道理，骨干教师不仅要自己优秀，更要甘为人梯，帮扶、引领更多青年教师更好成长。

一、涛声依旧学习，初心不改研究

选择做一名教师，就要努力成为一名优秀的教师。

我深爱教师这份职业，教师不仅要教书，更要育人，具有挑战性。从教21年的职业生涯中，面对不同的学生，我觉得每一天都是新的。每一天都有很多很多新的思考：育人的初心不变，但育人的方法要与时俱进；我希望用自己最大的力量引导更多的学生积极向上，成为一个有用的、优秀的和卓越的人；教育要沉得住气，同时也要不断地去激发学生内在的学习动机。

1. 不断开展教学研究

在省骨干培养期间，我主持广东省教育科学"十二五"规划项目"基于补缺假设理论的高中英语语境导向教学研究"课题研究和广东省教育科学"十二五"规划2015年度教育科研项目重点课题子课题"基于语境的高中英语生态课堂教学研究"，均已结题。课题研究离不开不断读书和参加专业培训，只有这样才能使我的教育理念不断提升。在读书和培训过程中，接触了大量的理念和信息，一开始可能觉得接受不了，但在教学实践中会慢慢领悟。2017 年 3 月—7 月我通过了国家留学基金委员会的考核，当时的考核内容之一就是对我课题研究内容的了解，所以如果没有省骨干培养项目对我在课题研究的方面的促进作用，我可能就无法通过考核。

2. 更新教育观念，改变学习方法

顺利通过考核后，我参加了国家留学基金管理委员会 2017 年第 39 期中学英语教师出国研修，完成了在北京语言大学出国留学人员培训部举办的专业预备教育课程（1 个月）及英国雷丁大学的学习课程（3 个月），这次专业的再学习对我的教学风格影响很大，回国后我一直致力于英语语境教学的尝试。2019 年，我在香港中文大学参加广东省教育厅和香港教育局共同举办的中学英语骨干教师专业培训。课程内容为"研修英语教与学的最新趋势"，培训主要由三大部分组成：教学技能技术、教研教学理念和中学实地考察。在香港的培训让我对技术与学科融合有了更深的认识，所以在我的名师工作室公众号中专门设立了技术辅助教学的专门栏目。这两次培训给我很大启发和改变：一是多读书，细品味。正如宋代刘过的《书院》中的一句话："但使书种多，会有岁稔时。"就算书的种类繁多，只要努力终究会有熟读、理解的那一天。虽然现在无法一下子吃透培训的内容，但是回到学校后，继续查阅相关的资料，便会慢慢理解，最终把培训所学的内容用于教学实践中，使培训成果最大化。二是教学研究和培训其实都是终身学习的重要途径，如果不学习，就不能吸收新的理念和知识，就容易产生职业倦怠，囿于浅薄，止于满足。

保持学习和研究的积极状态，一直在路上。

二、突破自己撰写，敢于亮剑发表

作为一名骨干教师，参加各类教学竞赛和论文撰写是锻炼和展示自己的机会。参加这类活动，我想每个人都会感到压力大，但只有在求新求实挑战自己、突破自己，才能突破教学专业成长瓶颈。

平时教学工作很忙，但我养成每天记录自己新的课堂实践、写一点反思的习惯，慢慢地就成文成篇，并尝试向不同刊物投稿或者参加论文类比赛。适逢广东省教育研究院举办第四届中国南方教育高峰年会，我结合名师工作室工作实践，撰写了论文《"互联网+"以微课为支架的农村教师专业发展平台》被年会收录，并收录在广东省教育研究院编写的《南方教育评论 2016 中国南方教育高峰年会思维盛宴》一书，由广东高等教育出版社出版。这次论文的发表给予我很大的鼓励，因为这是一次广东省大型的教育思维的展示活动，这证明尽管来自粤西较为落后地区的我的理念和实践也是有高度、有价值的，是可以得到认可的。坚定信念，乘风破浪，我大胆撰写并敢于自荐自己的成果，论文《资源服务教学模式下的学生自主修改习作能力培养策略》在湛江市中小学教师课堂教学改革征文评比活动中荣获一等奖；论文《高中英语阅读多远目标任务型活动教学探讨》在湛江市十年课程改革教育教学论文评比活动中荣获一等奖；论文《构建主义视角下的高中学生英语自主学习能力培养》在 2018—2019 年广东省教育研究院举办的中小学 3A 课堂教学范式资源征集及展示活动中荣获资源展示应用交流报告优秀作品。除此之外，我在课堂教学和设计中也有自己很多新的尝试，勇于亮剑：课例被评为湛江市 2015 年度"一师一优课，一课一名师"活动优课；微课课例被评为湛江市 2016 年高中英语教师微课和课件比赛一等奖。

每一次论文发表或者参赛获奖，都是一次自我教学技能的提升、思维的构筑、思想的升华。

三、扬帆起航引领，再辟新浪示范

"鸳鸯绣取从教看，要把金针度与人。"为实现个人的专业成长和帮助引领更多的青年教师成长，建设教学和教研共同体很关键。我申请获聘为广东省名教师工作室主持人和湛江市名教师工作室主持人。工作室作为教学教研的第一线实验基地，除了培养教师，还应该是敢于尝试新教法的实验研究场所，帮助教师积累教学实验研究的经验。我充分利用两级工作室的管理优势，借助平台团队研究优势和名师示范引领优势，实实在在开展教学研究，实实在在给予同行新的启迪。充分调动优秀教师的积极性，发挥其教育教学经验丰富的优势，通过专题讲座、案例分享、实践沙龙等活动平台让他们分享课堂教学成功的喜悦、失败的教训等。这些给青年教师以启迪或反思，为他们的业务水平的提高指明了方向，帮助他们站稳讲台，少走弯路，快速成长。在湛江市首届中小学青年教师教学能力大赛决赛中，所指导的陈奕彤老师荣获高中英语一等奖第一名，我荣获指导教师奖。工作室学员杨文老师的"手机课堂下的高三词汇复习 Unit 4 Wildlife Protection"荣获第二十二届全国教师教育教学信息化交流活动基础教育组课例一等奖；同时杨老师还在2018年新课标新技术教学应用研讨会暨第十一届全国中小学创新课堂教学实践观摩活动教学课评比中荣获二等奖。

在省、市不同区县做多场专题讲座，突出示范性。专题讲座中，我充分体现作为一线教师的实践性、反思力和创新性。2020年给清远连山高中各学科骨干教师做题为"学习·实践·研究——教师专业发展的路径"的专题讲座；在广东省中小学教师培训中心举办的2019年汕头送教交流活动中，为汕头本地教师上了示范课，同时为汕头本地教师开设题为"学科核心素养下的深度阅读学习"讲座；2018年，应霞山区教育局教研室的邀请，给霞山区高中英语教师做题为"语境学习助推英语教学质量提升"的专题报告；2017年应海南省教育厅继续教育中心的邀请，对海南省骨干教师做专题报告。

坚持送教下乡，上各类适宜"当地水土"的公开课。送教下乡最难的是找到一种适合当地学生提升学习兴趣的学习方法，不是简单地把平时自己的教学方式直接照搬，而是先研究当地的学情教情，试图找到适合而有效提升当地英语教育质量的"融合课"，很有挑战性，每次送教对自己教学能力都是一次再提升。在湛江市内送教到雷州、麻章区和廉江等地，市外送教到广西柳州市和广东汕头市。在湛江市-柳州市"携手奔小康"之教育系统高级教师送教活动，先后到广西柳州市三江侗族自治县三江中学、融安县高级中学、融水苗族自治县民族高中进行送教。2019年前往汕头送教，主题为"新课程背景下的教学创新与实践探索"，通过开展名教师示范课、基于示范课的专题讲座、汕头当地教师展示课、课题汇报及座谈交流等形式，给予汕头地区学校教师有关教学与教研方面的指导，提升汕头市教师专业发展水平。通过送教下乡，让我了解到更多不同层次的学生应该如何采取相应的教学策略，备课过程的调研、钻研、磨课是一种修炼，上课后的反思促使自己发现存在的问题和思考继续完善的办法。无论教龄多长，没有完美的课，只有不断打磨自己的课，不断挑战自己，"善我、美我"从而"现我、与我"，引领示范间，乐意无穷也！

总之，参加省级骨干教师培养是促使我教师专业发展加速的三年，在培养项目的十个环节：集中理论学习、现场专题研讨、教育名著研读、名师工作室跟岗、网络研修、名校考察交流、校本行动研究、示范辐射、结业成果答辩、后续跟踪里成长走向成熟。如果没有这三年的学习、思考和实践，我很难突破自己原来的发展限制。我知道学海无涯，这次学习给我最深刻的启发——终身学习，学思践行。

📝 成长分析

　　黄老师的专业成长过程主要得益于阅读、教科研、引领示范。如果说阅读是每一个实现专业成长、走向优秀教师的必经路径，那么教科研和引领示范无疑是这个过程的助推器和加速器。

教科研——教师专业成长的助推器

　　1. 教科研可以促进教师内省。当教师具有了教科研意识，就会开始关注自己，关注他人：看到自己的长处和短处，看到自己与同行的差距，看到自己同时代发展的差距，增强紧迫感和危机感，必然会努力学习与思考，在知识积累、理论素养方面不断充实自己，在世界观、方法论方面力求完善，在实践中认真锻炼，逐步成长以至不断提高自己的教育教学素养。

　　2. 教科研可以促进教师突破瓶颈。"作为一名骨干教师，参加各类教学竞赛和论文撰写是锻炼、展示自己的机会。参加这类活动，我想每个人都会感到压力大，但只有在求新求实、挑战自己、突破自己，才能突破教学专业成长瓶颈。"黄老师的每一次自我突破和超越跟教科研、参加各类竞赛密切相关。

　　3. 教科研可以促进教师对自我发展的"高端定位"。教科研越深入，教师对自己、本专业甚至对本行业认知越清楚、准确，往往更加确信自己有能力构建知识和改进教育的实践，对自我发展的预期越高，成长的可能性越大。黄老师从教科研开始，从学校名师走向湛江市名师工作室主持人，到广东省名师工作室主持人，再到全国英语教育高端人才，目标"步步高"。而每一次的"步高"都必须是前一个阶段取得了很突出的研究成果作为重要条件的。

　　4. 教科研可以促进教师螺旋递进发展。"这次论文的发表给予我很大的鼓励，因为这是一次广东省大型的教育思维的展示活动。这证明，尽管来自粤西较为落后地区的我的理念和实践也是有高度、有价值的，是可以得到认可的。坚定信念，乘风破浪，我大胆撰写并敢于自荐自己的成果……"教科研成果的被认可，会坚定教师信心；有了信心，就会更想探究，更希望自我价值实现；有了深入探究，就会有新成果；新成果再次被认可，教师就会更有信心。若此循环，螺旋递进，教师成长、发展是必然的结果。

示范引领——教师成长的加速器

1. 加快教师主动成为引领者。"为实现个人的专业成长和帮助引领更多的青年教师成长，建设教学和教研共同体很关键。我申请获聘为广东省名教师工作室主持人和湛江市名教师工作室主持人。"

2. 加快教师富有个性理念和形成独有教育风格。"我充分利用两级工作室的管理优势，借助平台团队研究优势和名师示范引领优势，实实在在开展教学研究，实实在在给予同行新的启迪。""在省、市不同区县做多场专题讲座，突出示范性。专题讲座中，我充分体现作为一线教师的实践性、反思力和创新性。"

3. 加快教师"创新性"成长。"坚持送教下乡，上各类适宜'当地水土'的公开课。送教下乡最难的是找到一种适合当地学生提升学习兴趣的学习方法，不是简单地把平时自己的教学方式直接照搬，而是先研究当地的学情教情，试图找到适合而有效提升当地英语教育质量的'融合课'，很有挑战性，每次送教对自己教学能力都是一次再提升。"

4. 加快教师自我完善。"通过送教下乡，让我了解到更多不同层次的学生应该如何采取相应的教学策略，备课过程的调研、钻研、磨课是一种修炼，上课后的反思促使自己发现存在的问题和思考继续完善的办法。无论教龄多长，没有完美的课，只有不断打磨自己的课，不断挑战自己，'善我、美我'从而'现我、与'，引领示范间，乐意无穷也！"

"教学研究和培训其实都是终身学习的重要途径，如果不学习，就不能吸收新的理念和知识，就容易产生职业倦怠，囿于浅薄，止于满足。"

（王海波）

第四章　学习反思与行动研究

—— 骨干教师成长自述与个案分析（三）

> "仔细回顾17年来的成长足迹，既有入职时的欢天喜地，也有遇到发展瓶颈时的彷徨；既有怀揣教育理想时的豪情，也曾有过面对工作压力时的退缩；既有享受职业幸福的成就与满足，也有着面临教育困境时的挫败感。但支撑自己不断进步的动力源泉，则是来自对待学生的热爱之心，对待教育事业的敬畏之心，以及对待教育研究的进取之心。"
>
> —— 戴穆兰

袁勇：合作学习的追光者

袁勇

　　湛江市第二中学物理学科组长、物理正高级教师。湛江市名教师工作室主持人、湛江市教育局物理兼职教研员、岭南师范学院兼职教授、湛江市骨干教师、湛江市广东省骨干教师培养对象、国家级骨干教师培养对象。科研成果丰硕，出版《高中物理合作学习任务设计》《基于创新的高中物理实验教学》两本专著，发表学术论文 16 篇，其中发表于核心期刊 4 篇；研究成果《基于低成本仪器开发的高中物理创新实验研究与实践》获 2019 年广东省基础教育教学成果一等奖，2018 年获湛江市基础教育教学成果一等奖 1 项。

💬 成长自述

我是湛江市省级骨干教师培养项目首批培养对象。培养期间，我学会了学习，学会了合作，学会了研究，我的教育理念发生了翻天覆地的变化。在成长的路上，合作学习研究与实践一直伴随着我，我遇见并爱上了合作学习，与一群志同道合的同伴们，坚持实践探索，不断研究推广，收获颇多，快速成长，取得了一定的教育教学成就，在此与大家分享，共探教师发展之路。

一、遇见并爱上合作学习

2007 年，任教于广东省湛江市第二中学后，我开始使用粤教版高中物理教材，教材中编入了许多"讨论与交流的问题"。刚开始，我是让学生按课本上的要求，同桌之间讨论与交流一些问题，然后我再讲解问题的答案，慢慢地发现，教学效果一般，大部分学生走过场，流于形式。

为了有效发挥"讨论与交流"环节的作用，使其促进教学，我开始查阅相关资料发现：早在 2001 年《高中物理课程标准》中就已经提出了合作学习的方式。合作学习可以促进学生间、师生间的各种交流（包括情感方面、学习方法、观点认识等方面的交流），活跃课堂气氛，培养合作精神，让学生集思广益、互相启发、互相学习、取长补短，培养学生勇于发表个人见解及善于听取别人意见的习惯，培养学生的探究能力、合作与交流能力、分析和解决问题的能力、创新能力、发散思维能力以及分辨是非能力等。在总结之前经验的基础上，我撰写了《充分发挥粤教版高中物理教材中"讨论与交流"的作用》一文，深刻认识到要想落实课程标准和"讨论与交流"环节，非采取合作学习教学不可。

2010 年 2 月，我担任了高一年级（20）班（重点班）班主任兼物理老师。

大多学生安静得让人窒息，不善于交流合作，独来独往，课前课后都不问问题，不敢公开发表见解，探究与创新意识很差，我的内心非常纠结，这样高分低能的学生如何做中国特色社会主义事业接班人呢？

我下定决心在课堂中开展合作学习。可是，2010—2015年，关于合作学习的资料很少，我只能从一些别人发表的零星、不系统的论文资料中学习关于合作学习的资料。经实践，整体效果不错，学生物理成绩在平行班凸显出来；在我的课上大家有说有笑，各种观点和创新点满屋飞；学生普遍反映喜欢上这样的课，师生关系特别融洽。

在整个实践中，我和学生经历了合作前总动员、小组建设、合作技能培训、课堂教学等。合作学习的初期，形式主要是同桌间的"交流与讨论"，偶尔抽查同学汇报交流的结果，合作学习的方法较为单一，选取合作学习的时机较为随意，小组建设缺乏有效的技能培训和评价，课堂教学没有合作学习的教学设计，随意性较大，也没有合作学习的理论支持，更多的是凭经验和感觉开展合作学习。

遇见并初尝合作学习后，我发现合作学习具有巨大的教育价值。合作学习能充分体现教师主导作用与学生主体地位，引导学生主动参与学习过程，打破了传统的"讲授式""满堂灌""填鸭式"低效教育模式。合作学习主要是从学生学的角度去设计和开展课堂教学活动，让学生自主合作探究，进而学会知识、会学知识，形成核心素养。合作学习让学生在做中学，能有效缓冲学生的压力，能激发学生的创造力，提高学习的效率、效益和效果，可以促使学生一次性学会知识。合作学习能有效培养学生的交际能力，与人合作的能力，解决冲突的能力；能让学生养成低声交流、倾听、尊重、平等的习惯；能让全班学生的思维与观点并发，让课堂成为培养学生物理核心素养的主战场；使学生由"观众"向"演员"转变，让学生在不断思考、提问、答疑、合作、交流、操练、表演等中合作与探究。

上课时，我经常获得意想不到的收获。孩子们在讲台上、座位上轻松、自由自在地表达观点、分享观点，合作学习让沉睡已久的差生陆续抬起了头，他们逐渐充满了希望，开始提出问题，加入小组学习的队伍中。每节课下课我都按捺不住内心的喜悦，全班60多双可爱的眼睛里给我的那种满足感、成就感不停地在我的内心涌动、升腾。

我与合作学习的感情与日俱增，逐渐爱上了合作学习，爱它没商量。

二、学习探索实践合作学习

2015 年 9 月，我完成一个循环教学再次返回高一教学。我开始进行合作学习的教学设计，有序建组，使用小组学习评价来开展合作学习，让小组上讲台汇报合作学习结果，分享小组观点。

2015 年 12 月，我的一节"物体的平衡"公开课开创了我的合作学习之路。这节公开课很成功，得到了全市 60 多位听课老师的赞赏。我信心十足，自认为找到了合作学习的真谛，自认为我的合作学习教学设计是全世界最好的，逢人就说，开始大胆搞起了课堂教学改革，几位感兴趣的校内外老师也相继加入，组成了一个小团队。

然而，好景不长。2016 年初，正值自豪之时，我和几位志同道合者所带班级的期末物理成绩下滑，这对我们的打击特别大。几位女老师流下了眼泪，同时来自使用传统教学法的老师与学校部分领导的质疑、冷嘲热讽，甚至是直截了当的批评等也令我们的压力非常之大。几位志同道合者也开始左右摇摆，开始在教改课堂和传统课堂两座大山之间徘徊，他们认为学生适应了满堂灌和题海战，建议放弃合作学习教学，重归传统教学。我并不甘心，不相信合作学习不可以大面积使用。

放寒假后，我便开始冷静思考，合作学习本身没有问题。未来，我们要么两脚踏上"教改"这座大山上，要么站在"传统"这座大山上；要么，一脚踏在"教改"山顶，一脚踏在"传统"山顶上，可后果可能会"摔死"的。

我决心研究一下，我们的合作学习问题到底出在哪里？今天来看，其实答案很简单，问题就出在理论学习还不够深入，我们还没有真正懂什么是合作学习。静下心来，认真阅读马兰的《合作学习》，解开了我失败的疑团，让我一下子进入了合作学习的世界中，找到了合作学习教学实践的方向，学会了一些合作学习的具体策略。

2016 年之前，我读了大量关于合作学习的文章，阅读了盛群力著的《合作学习教学设计》，读过五六本其他关于合作学习的论著，也做了关于合作学习的市级课题。但是，书读得一知半解，为了做课题而读，几乎没有精读一本专著，很多读完前言就不想读，读不下去。

直到 2016 年初，基于解决问题的决心，带着疑惑，带着目标，带着责任，带着期待，我开始研读各种合作学习专著。这一次，我越读越有兴趣，从约翰逊的专著中找到了我们合作学习改革受挫的原因，开始在课堂中逐渐采用约翰逊的策略，设计课堂教学并实践。然而，教学效果总是时好时坏。但我没有着急，冷静思考低效合作学习的原因，更加深入学习和研究合作学习理论，实施课堂教学设计与实践的动力更足了。这一年，我看的书最多，做的笔记最多，写的反思和感想也最多。每学习一本专著就会有意想不到的收获，我的学习和研究信心倍增，很多人觉得我激情澎湃，像喝了鸡汤似的，兴奋得很。

2017 年 4 月，我从马兰教授的《合作学习》中接触到了卡干合作学习。在初步理解了其核心要素后，岭南师范学院附中的麦建华老师于 5 月 12 日展示了一节卡干合作学习示范课。这一次示范课使整个团队的教改进入了新的高潮期，整个团队成员都开始学习、研究卡干合作学习，进入其网站下载相关资料，收集到 30 多种卡干合作学习策略，陆续在课堂中使用，效果特别好。在这之后，只要是遇到合作学习著作，我都会从网上购买几套，到现在为止，买到了国内外大部分合作学习著作 30 多种，其中托朋友从加拿大买到了原版的卡干合作学习一套三本书，这对我们整个团队的合作学习研究与实践起到了重要的作用，改变了整个团队合作学习研究与实践的方向和风格。

除了研读专著外，我还多次不远千里到浙江大学请教国内合作学习首席专家盛群力教授，在盛教授的悉心指导下，我们的合作学习研究与实践的高度和深度发生了巨大改变，从粗放型教学设计转向到精细型教学设计，从备课性教学设计转向研究性教学设计，从指向课堂教学转向指向研究成果。

2017 年 8 月 29 日，几经周折，我和团队三位核心成员驱车前往深圳大学请教国内学习共同体专家张兆芹教授，并与合作学习专家张玉彬教授等进行了深入学习与交流，思路大开，信心倍增。回湛后，我们开始在课堂中大量开展合作学习教学实践，并收集数据和相关材料，开始编写著作《高中物理合作学习 39 例》。2017 年至今，我先后登门请教了北师大罗莹教授、浙江省物理教研员梁旭、生本教育创始人郭思乐、华师大张军朋教授等十多位国内知名专家，还经常请教岭南师范学院王林发、卢建筠、周仕德、许占权、范兆雄、左兵、王国辉、张正中、李固强、莫杰雄等多位教授，从他们那里学到了研究方法，养成研究的严谨性习惯，对教育及其研究价值的理解更上一层楼。

三、组建发展合作学习团队

2015 年 9 月，我和我的得力助理付民组建了团队。虽然仅是个两人的团队，但我们之间的研讨天天进行，互相听课，互相交流教学方法，慢慢创新的意识就多了起来。

2015 年 12 月，我的一节市公开课吸引了几位有想法、喜欢改革的老师，到年底时团队成员发展到了十多人。2015 年团队的主要活动就是在成员们自己的班级开展合作学习，这时的合作学习还缺乏理论支撑。团队成员间交流主要是通过邮件或者 QQ 聊天软件来完成的。

2016 年初，我们 10 多人开始召开研讨会。几乎每个周末都会在我办公室分享和研讨合作学习的理论与教学实践反思。这 年，团队成员理论水平和课堂教学改革力度都有了大的提升，平均每人通读 3~6 本专著，不仅精读合作学习的专著，还阅读其他教育教学改革方面的书籍。整个团队对合作学习和课堂教学改革有了更深刻的认识，大多掌握了 10 多种常见的合作学习方法，能熟练进行小组建设。2016 年 6 月开始，团队在教学设计中介入学科核心素养，前沿的核心素养理论学习使得整个团队有了新的生命力。到 2016 年年底，团队成员发展到了 20 多人，除了本校的付民、裴姗姗、宋庆彬外，还吸引了岭南师范学院附属中学的麦建华，遂溪第四中学的周朱武，湛江市第四中学的肖涛、蔡霞，湛江二中港城中学的谭海兰，湛江市第一中学的高雯，湛江市实验中学的游其合等老师参与。这些老师原来都是湛江市教育局教研室陈小平主任的子课题负责人，我认真指导过他们完成研究，他们也具备了一定的研究意识和研究能力。2016 年底，我成功申报省级课题，并去廉江一中说服冼景连老师加入团队，使合作学习的研究走上正轨，团队核心成员正式确定，达到 20 多人。

2017 年，在全市征集了 22 个子课题的研究，团队核心成员扩展到 30 多人。在今后的课题研究路上不停地开展同课异构、示范课、讲座等活动，不断组织成员阅读书籍，参与教学设计与实践，撰写教学反思，团队成员得到了充足的锻炼，他们的理论水平和课堂教学水平明显提升。我采用一边吸纳队员，一边培养队员的方式，到 2018 年年底，团队成员已经分布在湛江市 30 多所中小学各学段、各学科共 150 多人。我们把整个团队分为高三、高二、高一、初中物理合作学习研究小组、小学组和其他学科组；每一个组都设置一名组长，各小组自定研究进度和计划，各自在群里交流。不论团队内谁讲公开课，全团队成员尽力参加并支持，大家互相学习、互相探讨、互相鼓励、互相关爱，团队成员充满力量，很有自豪感和成就感。

经过近 5 年的合作学习研究与实践，基本形成我们团队的合作学习理念：基于众多理论基础之上来引领行动研究，基于国内知名专家指导之下开展研究，基于学生核心素养之上来设计教学，基于团队智慧之上来共赢，基于高密度反复实践之上来提炼，基于频繁的教科研活动之上来探索。

回顾这几年团队建设之路，团队具有如此大的成就和凝聚力，主要源于团队成员的教育情怀和创新意识，他们在这里能够找到自己的位置，感受到了自我教育价值的有效实现。

四、深入设计实践合作学习

从 2015 年缺乏理论指导的教学设计，到 2016 年基于合作学习、金字塔学习、核心素养理论的教学设计，再到今天的基于新高考评价体系的教学设计，我不断探索，不断改进，不断创新，合作学习教学设计经历了六次大的修改与实践，教学设计创新能力明显提升。

教学设计是个精细活儿，是教学成败的重要一环。采用合作学习的模式来开展课堂教学，看起来简单，但其实是一种技术含量较高的课堂教学模式，其课堂教学的设计有相当大的难度。落实学术目标有难度，落实社会技能目标更有挑战性，尤其是设计能体现合作学习基本要素的学习任务更难。这就需要我们精心挑选适合合作学习的任务，仔细斟酌合作学习的策略和活动步骤，认真分析合作学习中存在的教学假设与教学变量，只有这样，才能有效地开展合作学习课堂教学。

基于"理论—设计—实践—反思"的合作学习任务设计，以知识为载体，以培养学生核心素养为目标，追求能让合作同伴之间共赢、从对方身上获得最大利益的创新性高效教学设计。经年有果，我逐渐研究出适合团队开展合作学习的基本框架（见下图）。

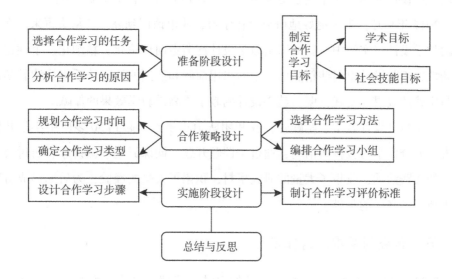

我们团队采用分备科组备课形式，经过团队集体智慧来整合完成高中物理每一节课的合作学习教学设计，实践并修改了三四次，效果良好。这个过程，促进每一位成员应用合作学习理论，创新合作学习理论，实践合作学习理论，提炼合作学习理论。

2015年至今，我几乎每节课都使用合作学习策略开展课堂教学，在不断实践过程中，越来越熟练掌握了50多种合作学习的策略和方法，合作学习课堂教学渐趋科学。

但其实，我们的课改曾遇到过阻碍。2015年9月开始，我们的合作学习的实践主要是基于经验性的，更多地是凭感觉开展合作学习。虽然我们的课堂气氛活跃了很多，师生互动频繁很多，然而由于我们缺乏理论指导，缺乏精心设计，导致我们的课堂实践随意性较大。另外，我们缺乏对学生合作技能的培训，导致学生不善交流、不善表达观点、不善倾听、不善帮助别人，使得课堂教学效率较低，顾此失彼。我们重视了合作学习形式，冲淡了物理学科本质，总是完不成教学任务，达不到教学的最高境界。

2016年2月开始，理论介入意识逐渐增强，我们经过近一年的反复研讨、学习、实践和反思，课程分析能力、学情分析能力、教学策略选取水平和学科知识构建能力有了显著提升。逐渐根据合作学习方法和策略、学科核心素养、学习金字塔理论设计教学，课堂气氛更加活跃，课堂教学效果有了明显提升。

2017年9月，为了更好地研究合作学习，我申请回到高一，从头再来。在之后的教学设计与实践中，我的课堂教学设计逐渐走向理论化、精细化、个性化和创新性，不断设计出一些精品课，不断采用前测和后测的评价体系来检测教学设计与实践的效果。实践证明，精心设计的教学是高效教学效果的保障。

除了自己设计教学、实践外，我和团队100多人一起到30多所中小学开展了大型的合作学习教科研活动，通过子课题开题、同课异构、微讲座、研讨会等大量的实践活动，收集了大量的研究素材，积累了大量的经验，为后期形成研究成果奠定了坚实的基础。

五、研究创新推广合作学习

2017年初，我和团队核心成员开始总结、整理、提炼成堆的教学设计与实践、教科研活动记录材料，与麦建华老师合作撰写发表了一篇论文《物理合作学习中核心素养的培养策略探究——基于卡干结构法的应用》。2018年暑假，整理了260多个教学设计，编写成校本教材，在湛江市第四届基础教育教学成果评选中获一等奖。2019年9月出版《高中物理合作学习任务设计》一书，得到了国内合作学习首席专家盛群力教授的肯定。2019《物理教学中合作学习设计的有关问题》一文在《物理通报》正式发表。这些论文和著作的写作使我的论文写作能力大大提升，成为我专业研究的重要转折点，从粗放型、经验性研究转向了精细化、理论化研究。

2019年寒假期间，我采用先构建理论框架，后寻找论据，仔细斟酌逻辑关系的方法，静下心来在工作室写了1个月论文，共写出5篇论文，1本著作。这些作品都是基于合作学习、核心素养理论、公开课材料提炼出来的，如发表的《基于培养和提升学生的科学建模能力的教学设计研究——以洛伦兹力一节课为例》《目标协同结构法合作学习教学效果的实验研究——以楞次定律一节课为例》《基于卡甘合作学习结构法的教学设计与实践——以判断摩擦力方向教学片段为例》《运用卡甘结构法开展教学设计，培养学生物理核心素养——以牛顿第二定律的应用一节课为例》等。

2019年10月份，我首先构建了课题研究报告框架与目录，组织团队核心成员用了半个月时间撰写完20多万字的课题研究报告，课题顺利结题并获"良好"等级，这应归功于前四年扎实的理论学习与实践研究。

在开展合作学习理论与实践的过程中，我通过高频率的研讨会，不断进行阶段性总结，提炼成讲座，共做了约60多场专题讲座，与团队成员充分分享，相互学习，使得整个团队厘清了合作学习的概念、要素、策略、方法、评价等，弄明白了合作学习重要的教育价值-育人功能，还创造了十几种新的合作学习方法，尤其是创造了"目标协同结构法"合作学习方法，建构了理论框架，进行了大量的实践研究，其效果显著，特别适合较大班额学生开展合作学习。

几年来，我通过课题引领、研究与实践相结合的方式，到课题组成员所在学校开展合作学习教科研活动100多次，展示20多节示范课。团队在湛江市第一、二、四、五、七、二十一、二十八中学，岭南师院附属中学，吴川二中，湛江市爱周中学，廉江一中，徐闻一中，遂溪大成中学，遂溪一中，雷州八中，湛江市实验中学，湛江市开发区一中，湛江市二中海东中学，湛江二中港城中学，坡头区乾塘中学，坡头区上圩中学，湛江市实验小学，湛江市第十七，二十七和二十八小学，廉江市和寮镇中心小学等30多所中小学开展了大量的合作学习示范课、讲座、课题研究和研讨会等，其中团队成员展示课达100多节。在湛江市引起了较大的反响，很多老师纷纷学习合作学习，不断在课堂中采纳和推广我们团队的合作学习理论与实践研究成果。

目前，全省甚至全国的很多老师和专家也纷纷向我们学习，采用我们的合作学习成果开展课堂教学改革，我备感荣幸和自豪。

六、合作学习结硕果

2019年，我通过了正高级教师职称评定，意味着从一名普通老师蜕变成了专家型教师。让我走向正高级教师的助推器是"合作学习研究与实践"。

在参加省骨干培训期间，我做的最正确的选择就是坚持合作学习研究与实践。短短4年的功夫，我从教书匠成为教学研究引领者：被遴选为2017年国培生，被评为市名师工作室主持人和学校物理学科教研组长，被聘为市兼职教研员、岭南师院兼职教授和湛江市第二、三期名师培训班导师；主持和参与近 20 多个省市级课题；组建了包括教授、博士在内的近 200 多人的合作学习研究团队，结识了国内知名教授、专家 40 多人；参加了 30 多次专业培训，聆听了上百场讲座；看了近 100 本专业书籍，开展了近 100 场大中型教科研活动，做了 60 多场讲座；编写了 6 本著作，其中有 2 本著作正式出版；发表了学术论文 12 篇，其中 2 篇发表在核心期刊上。我的课题研究成果、教学设计和实验创新设计等获得全国、省、市一、二、三等奖 10 多项，其中我主持的省级课题成果获市一等奖，作为第二作者参与的研究成果分别获省、市一等奖。

合作学习的研究与实践几乎改变了我整个人生轨迹、思维模式、朋友圈和教学风格，合作学习成就了我和我的团队，受益匪浅。

合作学习，如一束光，吸引着我和我的团队，我们是不会停歇的追光者！

✍ 成长分析

有一首歌叫《追光者》，其对"追光者"的释义是：像是谈了一段小心翼翼的爱情，默默在站在你身后，不求回报地付出，表达了暗恋的性情。袁老师对于"合作学习"的追求，恰似在追求自己的"爱人"，不同的是不是"暗恋"，而是轰轰烈烈的"追求"。

1. 相遇——钻研教材，发现问题

"如果说你是海上的烟火，我是浪花的泡沫，某一刻你的光照亮了我。"这是歌词的前三句，"合作学习"就是烟火，在 2010 年照亮了袁老师。袁老师钻研教材并发现"编入了许多'讨论与交流'问题"，他以问题为导向，关注学生的学和自己的教。为解决"旧有呆板"的学习模式，"我一直根据别人发表的论文中所介绍的一些零星的、不系统的合作学习方法开展合作学习"，"学生普遍反应喜欢上这样的课，师生关系特别融洽"。这些给了袁老师"追光"的信心。

2. 相识——广泛阅读，深入了解

为了更好地认识"合作学习"，袁老师及其团队开始广泛而深入地学习：整个团队研究卡干合作学习，"收集到 30 多种卡干合作学习策略"，"买到了国内外大部分合作学习著作 30 多种"，"研读了近 100 多种教育专著"，等等。正如袁老师坦言，浅识合作学习就开始实践，他们遭遇到了失败、猜疑、白眼甚至是批评，这是很多改革创新教师的遭遇，也是很多课改进行不下去的"罪魁祸首"。袁老师自知自觉，开始深入学习，广泛学习，"高层次"学习，为后面的研究与实践提供强有力的理论支撑。这样的阅读怎能不打动"合作学习"？"相识"是相知的基础。

3. 相知——虚心求教，融会贯通

抱定目标，袁老师开始了追光之旅："多次请教国内合作学习首席专家盛群力教授"，"前往深圳大学请教国内学习共同体专家张兆芹教授"，"与合作学习专家张玉彬教授等进行了深入学习与交流""亲自登门请教了北师大罗莹教授、浙江省物理教研员梁旭、升本教育创始人郭思乐、华南师范大学张军朋教授等十多位国内知名专家，还经常请教岭南师院王林发、卢建筑、周仕德、许占权、范兆雄、左兵、王国辉、张正中、李固强、莫杰雄等多位教授"。"纸上得来终觉浅，绝知此事要躬行。"实践证明，基础教育研究离不开专家的指导，尤其是该研究方面的专家的前瞻性、融合性、实践性都会帮助研究者事半功倍，且有助于研究成果的落地与推广。相知，"合作学习"就这样也"倾心"了袁老师。

4. 相恋——团队实践，磨合适应

没有一个人的教改，没有一帆风顺的教改。在袁老师的带领下，由一个人发展到上百人，数十个合作团队，为合作学习研究积蓄力量，积累经验。"组建了包括教授、博士在内的近 200 多人的合作学习研究团队"，"开展了近 100 多场大中型教科研活动，做了近 60 多场讲座"。回看袁老师的成长，贵在先行一个人、带动一队人、辐射一批人；贵在先人一步、多人一步，没有停步。课改有成功的，也有失败的，但坚持走到成功的不多！这也许就是袁老师们成为专家型教师的重要原因吧。袁老师就这样和"合作学习"爱了，恋了；合作学习因袁老师的爱而更加光亮。

5. 幸福——研究推广，合作发展

2017 年开始，袁老师团队与"合作学习"有了"爱情"结晶：袁老师从教书匠成为教学研究引领者，开展了近 100 场大中型教科研活动，做了 60 多场讲座；编写了 6 本著作，发表了学术论文 12 篇，课题研究成果、教学设计和实验创新设计等获得全国、省、市一、二、三等奖 10 多项。在湛江市近 30 多所中小学开展了大量的合作学习示范课、讲座、课题研究和研讨会等；相继有全省甚至全国的很多老师和专家也纷纷来学习。合作学习的影响力、发展力就这样推广着，传播着，辐射着！探究这成绩的背后，务必要清楚：袁老师及其团队的实事求是的研究态度，以问题为导向的研究理念，扎实、合作、共赢的团队建设方略，不规避问题、敢于审视失败的勇气是值得我们借鉴和学习的。

这段追光者的爱情是幸福的，这幸福感来自团队，来自听课者，来自每一个参与者，更最重要来自参与合作学习的学生们，也许他们已经成为未来的追光者！

袁勇老师，袁勇老师们，教育星河里的一束耀眼的值得追求的光！

（王海波）

梁桂云：学—研—教螺旋递进促发展

8 梁桂云

广东省湛江市第八小学教师，小学语文高级教师。广东省名师工作室主持人，湛江市省级骨干教师培养对象，湛江市"名教师"培训对象，湛江市名师工作室主持人，教育部"国培计划"（2018）国家小学语文骨干教师培养项目学员，广东省"京苏粤浙"（2018）卓越教师高端研究培训项目优秀学员，全国教师资格证面试考官，岭南师范学院教育科学学院兼职教师，广东省教育学会小学语文教学专业委员会青年教师教学研究中心第三届、第四届委员会委员。多次参加省、市、区级教学比赛，执教《老人与海鸥》一课参加广东省首届教学观摩活动获得一等奖第一名，曾获得广东省青年教师录像课比赛二等奖、广东省教师素养大赛二等奖。撰写多篇论文发表于《小学语文》《小学创新作文》等杂志；参与编写书籍并出版2部，主持省级课题2项，为一线教师、家长做讲座85场，多次送教下乡到各县市区。

💬 成长自述

我是湛江市省级骨干教师培养对象梁桂云，省级骨干教师培养项目使我得到了很好的发展：我成为湛江市名师工作室主持人，被聘为岭南师范学院教育科学学院兼职教师，成为全国教师资格证面试考官。培养期间，我独立主持省级课题2项，参与编写并出版专著2部，获得省级比赛课一等奖，发表论文2篇，2篇论文获得省级以上奖项。湛江市省级骨干教师培养项目，提升了我的专业意识，拓宽了我的专业视野，提高了我的专业水平，使我在学习中提升自己，带领团队共同进步，在专业研究中提升教科研能力，学习、研究、教学互相促进，自己与同伴共同发展，从而实现了我专业上的螺旋递进式成长。

一、专业学习促专业成长

"学然后知不足"，通过省级骨干教师的培养，我更加意识到专业学习的重要性。我必须每年落一些叶子，我必须不断地脱一些皮，我必须每年生长一些新东西，日日夜夜，我都渴望着血液的更替，究竟什么能让我更替呢？学习也！

1. 自掏腰包，广泛进行专业学习

五年来，每一年我都自费到外地学习或是网上购课。2016年暑假，我自费到上海学习。记得那时候，我孤身一人拉着行李箱坐高铁、转地铁，又坐了45公里汽车才到了上海远郊奉贤中学。报到后，自己一人去吃饭、听课，下课后立即把自己关在酒店里梳理笔记。孤独拉长了身影，却没有泯灭我要学习的热情，看着自己密密麻麻的笔记本，我内心一阵狂喜，比发年终发绩效奖还要兴奋。2017年暑假，我再次自费到上海奉贤中学学习。当我获知"行知营"作文种子教师培训在贵阳举行，我又从上海坐火车赶到贵阳参会。为了节省开销，我选择了住经济型连锁酒店，选择吃快餐，如饥似渴地学习带给我精神上的丰盈，这是什么都无法比拟的。我如同龟裂的土地，遇到了甘霖，拼命地汲取水分。在贵阳培训期间，我坚持每晚去参加作文教学沙龙活动，期间结识了全国名师管建刚老师、何捷老师、张祖庆老师，等等。回校后，我立刻梳理了自己的作文教学，撰写论文、做讲座、做课题，在深入的研究中提升自我。学习就像熊熊烈火在我心中燃烧着，让我充满了前进的动力。

2018 年后，我有了自己的市级名师工作室，终于盼到了不用自掏腰包外出学习的机会，每一次外出学习，我都格外珍惜。当别人休息时，我仍窝在酒店里写心得体会。每一次外出学习，我都会带着三五万字的心得回来。

2019 年始，随着网络学习渠道更加灵活多样化，我开始自费购买网课学习，做到足不出户，随时随地在学习。走路时听课，做饭时听课，就连刷牙时也在听课。"独乐乐，不如众乐乐"，一旦发现好课，我录屏后与工作室的学员分享，一起研讨，在追逐学习的路上，我如同赶海的孩子，不断地往自己的桶里装东西。积沙成塔，集腋成裘，我的"桶"里装到了许许多多漂亮的"海货"，摄取其丰富的营养，我茁壮成长了起来。

因为坚持学习，博采众长，我提升了自身课堂的驾驭能力，让我在广东省小学语文课堂教学竞赛中绽放出精彩，荣获广东语文青年教师课堂竞赛一等奖。现在，每周我带着上百人的团队一起研讨，每周我还带着我的骨干团队下到课堂，去听我校近三年内入职的 34 位语文教师的课，指导我校新入职的老师进行备课、上课，为他们磨课。专业学习，让我拥有了蒲公英播撒种子的能力，把爱和教育的种子播撒在小语人身上，让他们通过自己过硬的业务水平继续传播"爱"的种子。

2. 向名著学习，夯实理论底蕴

阅读是一种遇见，阅读是一种约定，阅读是一种成长。阅读，使我夯实理论底蕴，使我遇见更美好的自己！近些年来，窦桂梅的《玫瑰与教育》以其教育生命一次次花开的轨迹，为我创设了广阔的心灵和精神空间；王崧舟的《听王崧舟老师评课》《诗意语文课谱》使我明白评课应是尊重个性、百家争鸣，应是根据文本特征而评；何捷、蒋军晶、管建刚、吴勇等名师的系列书籍，让我懂得作文教学要有自身独特的教法，形成贴合自我的风格；而闫学的《小学语文文本解读》则告知我，多渠道正确地解读文本是上好一节高阶阅读课的关键。此外，在教育管理上，李镇西、万玮的系列书籍，使我在应对不同班级不同学生时，能进行统筹管理，更能应对工作中的各种困难；而吴非的《不跪着教书》，则警示着我教师一定要不断地进行专业学习，拥有专业尊严；《正面管教》《非暴力沟通》等教会我，如何在面对"熊孩子"时依旧保持温柔而坚定的沟通。

"最是书香能致远，腹有诗书气自华"，作为中小学教师，读书应该是一种习惯，并且要以读书搭建自身专业成长的平台。

3. 向名师学习，提升实践智慧

在省骨干教师培养期间，我聆听了李镇西、程红兵、刘长名等专家讲座，而李镇西老师的"幸福与优秀更重要"，"不必用堆叠的荣誉来证明教师的成功，教师的光荣就印在历届学生的记忆里"，这一观念使得我更能感受到教育的光荣与幸福。省骨干教师培养项目为我配备的导师——湛江市教育局小学语文教研员邱一红老师的"向课本学习，利用组块教学来提升课堂整合度"更是令我豁然开朗。我在日常与省骨干教师培养项目负责人许占权教授、张妙龄老师和周仕德教授接触的过程中，不断明晰了及时梳理成果的重要性。

为了更好地学习作文教学，我拜何捷老师为师，不断跟随其练就作文"真功夫"。同时，我还向薛法根老师学习组块教学理念，并于 2018 年被聘为全国小学语文组块教学研究湛江工作站实验师，不断在教学中运用所学，检验所学。

名师如参天大树，开着艳丽的花与甜美的果实，熠熠生辉、充满智慧的教学思想和教学主张引领着我，而我便如一株树苗，不断地汲取养分，茁壮成长。"使卵石臻于完美的，并非锤的打击，而是水的且歌且舞"，向名师学习，让我的课堂如同经受水的捶打，越来越进步。

4. 向网络学习，吸纳同行经验

信息时代，使得人们足不出户，便可向全国各地的同行学习。通过"千课万人""行知研习""东南教科院"等平台，我自费购买各类专家讲座、名师示范课等进行学习，并将视频进行录屏分享，组织我的名师工作室的成员一起研讨。我还通过各种网络途径，观看线上比赛、青年教师赛课等，以提升自身的教师素养和教学水平。同时，在每一次的备课过程中，我都会借助中国知网大量查阅文献，以帮助自我更为精准深入地解读文本，把握教学内容。

"他山之石，可以攻玉。"通过"空中课堂"向同行学习，我的教学思考深入了，我的教学策略也更为丰富了。因此，我的课也变得活了起来，营造出了更加宽松自由的课堂氛围，在轻松的氛围里引导学生积极、主动地学习，平等地与老师对话，激发了学生参与课堂的积极性，提高了学生的课堂学习效率。

通过学习，我清晰地认识到，学生是课堂的主体，应把思考的时间和空间留给学生，教师是课堂的组织者、引导者，在课堂中要真正体现学生学的过程，要真正训练到学生的思维能力、创造力。通过学习，我不断变革自己的课堂，提升教学的艺术。哪怕是基础薄弱的班级，只要我担任班主任并任教语文学科后，都可以在短时间内改变学生的学习态度和学习习惯，提高学习成绩。学生的改变，得益于我的专业学习和专业发展。专业发展，使我成长为专业型教师，让我在培养学生时目光会看得更加长远，看到了思维发展才能培养出创新型人才的需要，看到了学生终身发展的需要。

二、专业研讨促同伴发展

"独行者快，众行者远。" 2017 年 12 月，我有幸成为湛江市名师工作室主持人，从一名单枪匹马的语文老师成为一名拥有教研团队的"小语人"。记得在参加省级骨干教师培养时，班主任张妙龄老师曾嘱咐我们："你们不仅是一位受训者，也是培训者，更是一位团队引领者，要带着团队一起前进。"在这样一种观念的指引下，我带着拥有同样热爱教研的小语团队朝着那明亮的远方前进。

1. 云端会议，思想交锋

每周日晚 8 点，电脑前便会有一群等待线上教研的小语热爱者，腾讯会议把我们好学向上的心连在了一起。每周我们拟订不同的网络教研主题：古诗词教学、文言文教学、低年级识字教学、策略单元如何教……每一周，热爱教研的小语人都在一起观课、议课、磨课，一起交流听讲座的收获，解决教学时遇到的疑惑。哪怕是寒暑假、疫情期间，也从没间断。参与教研的人有来自师范院校的大学生，也有来自偏远地区的乡村教师，还有来自广西河池、甘肃张掖、福建泉州、西藏林芝等地的老师，越来越多爱学习的小语人主动加入了我们的阵营中，我们的队伍也由 30 多人发展到了 400 多人。

"水本无华，相荡乃兴激浪。石孰有火？互击而闪灵光！"通过网络研讨，我们的思想碰撞出智慧的火花，我们对教育的热情在交流中提升。专家的指导意见为我们引航，曾不相识的你我结伴翱翔研讨，网络研讨让我们多年的梦想变成了希望，让我们心灵的深处充满着阳光，让远航的风帆破浪奏响华章。因热爱教育我们相聚一起，因追求专业我们相伴教研，未来的我们共同成长。

当每周的研讨时间成为我们的一种期盼时，我们收获到专业带给我们的价值感，在碰撞中前进，在前进中获得工作带给我们的价值和内心的充盈感。此时此刻，作为这一群研伴的领头羊，我感到庆幸和欣慰。

2. 云端磨课，智慧结晶

我带着我的教研团队，不仅要研讨，还要把研讨的成果转化为一节节的示范课、优质课。授课老师确定上课主题后，工作室磨课小组的老师先一起分析教材、查找资料，与授课老师一起商讨，备出授课雏形。接下来，我们通过腾讯会议，一起打磨细节，完善教学设计。当教案确定后，我们通过腾讯会议进行试讲，近10位老师戴上耳机，或是当学生，或是记录需要修改的地方，或是帮忙修改课件。几次试讲后，我们还会对授课教师的每一句话进行打磨，打磨她说话的语气语调，力求臻于完美。记得2020年寒假，我们为徐闻县梅溪小学的詹红霞老师和谢锦玉老师打磨了《草原》《七律·长征》两节示范课。除了第一次指导备课，是我直接到徐闻梅溪学校小学部与老师做面对面的指导，其他的七次磨课，都在腾讯会议上进行。从晚上7点到11点，近十位老师坐在电脑前，不断打磨，最终将其打磨成了精品。

以下是徐闻梅溪学校小学部的谢锦玉老师在打磨完这一节课后，写下的感受。摘取片段如下：

记得8月11日，我接到学校开放日举行家长学生体验课的任务。我没有什么纠结，很快就选定了《七律·长征》这篇课文，接下来的十天都在准备着这节课，在电脑前一坐就是几个小时。

缘——真是妙不可言

上这次的体验课，我幸运地遇见了一群正能量、高素质、能力强的小语人。我真的佩服并由衷地欣赏她们。给我们当导师的是湛江八小的梁桂云老师，在见到她本人之前，我已经在"湛江小语教研"公众号听过她设计的微课。她的微课内容大多是关于作文教学的，这是语文教学中比较棘手的问题，所以我对这个名字印象颇深。这一次，她专程到徐闻指导我们。见到她本人，通过面对面的交流，我更加深刻地感受到她功力深厚的专业素养及平易近人的性格。她不仅跟我详细地分析了单元目标的学习要素、课文的重难点，还给我找了好几个优秀课例供我学习参考。她回去之后，通过微信交流，仔细地帮我看教学详稿、课件，并提出中肯的修改意见。另外，梁老还组织了她名师工作室的近 10 位老师在线上帮我们磨课。连续几个晚上，每晚从七点半开始，一磨就是几个小时，帮我们磨设计、磨课件，帮磨教学过程，甚至细致到课堂语言表达的每一句话、每一张 PPT 的设计，无一疏漏。每一个人都有自己忙碌的事情，可是她们却愿意拿出自己宝贵的时间来帮助我们进行线上磨课，这本身就是一种无私！而作为参与者，我见证了这一磨课的全过程，深深感受到了她们那份对教研工作饱满的热情、精益求精的态度及乐于助人的美德。虽然与梁老师见面只有一次，其他的老师更是未曾谋面，可是因为有了磨课中的交流与碰撞，却感觉像多年的老朋友般亲切。

……

学校开放日的体验课结束了，但有些人、有些事、有些思考留在了我的心里。是的，经历了，收获了，挺好！

专业磨课研讨，解决了老师上公开课备课、磨课难的问题。众所周知，一线教师怕上公开课，备课难，无人指导更难。备好课，没有打磨，要想把课上得出彩，更是难上加难。所以，许多一线教师怕上公开课，怕接受挑战，怕丢脸。如果有一个团队一起帮忙打磨课，那么备课老师将减轻负担，轻装上阵。在备课、磨课的过程中，上课老师和磨课老师亦能一起成长起来。通过腾讯会议研讨，我带领的工作室每月都推出了示范课、比赛课。其中蔡杭妙老师代表湛江市参加的省级技能大赛，获得一等奖，招绮梦老师参加中山市的新教师课堂比赛获得了一等奖。近三年，我个人推出了示范课共 8 节，其中最近一次示范课"记一次游戏"，我代表赤坎区去参加了西藏林芝地区与赤坎教育局举办的"双师教学"示范活动，同时给"湛江八小"和林芝团结小学的两个班的学生上作文课，通过网络传播，当天收看直播的老师就有 4500 多位。

3. 云端课堂，生成精品

新冠肺炎疫情期间，我的工作室推出教学微课 28 节，其中 14 节微课通过"湛江小语公众号"向全省一线老师推送，并推送到"学习强国"。28 节微课中，我个人制作微课 13 节，包括"每周一诗"学习微课两节，其他学员制作微课 15 节。工作室推出的"每周一诗"学习微课 13 节，为湛江八小 9000 多位学生提供了学习素材。这些微课的推送，让课堂打破地域限制，更灵活地服务了学生。

在短时间内完成如此多节微课，单凭一个人的力量是不行的。从选材、设计、脚本撰写，到录音，整个过程工作繁琐，一旦有微小的差错便要打破重来，精益求精。由此可见，凭借一个人的力量，很难坚持。对此，工作室成立了微课制作小组，通过微信群和腾讯会议，工作室的老师反复推敲稿件、PPT，反复录音，直到满意为止。最后，本工作室的微课整体质量上乘，还被推送到"学习强国"。其中我个人的系列作文微课，由于设计巧妙、使用性强，每节课点击率高达五千至上万次。

学生返校后，工作室的团队又投身于"每周一诗"微课的制作中，推出了"每周一诗"微课13节。这些课均是群策群力，通过微信群进行沟通逐渐打磨出的作品。网络时代，我们创新课堂形式，带领团队制作微课，引导老师们把自己的教学"妙招"梳理成微课，推动各位老师的教研能力提高了一个台阶。

我带着团队一起研讨，共同成长。网络教研方便、快捷，又不受到地域影响，这让热爱小语的一群老师有了一个研讨的家，我们或者未曾谋面，但是因为一份共同的挚爱走在了一起。"独行者快，众行者远"，得益于网络教研搭建的平台，我们在研讨中收获智慧、友谊和坚定学习的决心。

三、专业研究促教学创新

"教而不研则浅，研而不教则空。"教育科研，是专业成长之路不可缺少的"风景"，是教师从青涩走向成熟绕不开的路。新时代教育变革每天都在进行着，教育的新矛盾、新问题、新情况接踵而来，作为老师该怎样走出迷茫，道路只有一条：将自己置身于研究之中，将学生及常态教学作为研究对象，在寻找问题和探索答案的过程中重新认识自身的生命价值，重新认识教学的取向和实施方式，从而提升自我，因此，专业研究是成熟型教师持续发展的加油站。众所周知，小学语文作文教学是培养并提升学生语言表达能力与语言组织能力的重要途径，也是培养学生语文综合素质的主要内容，但笔者在观察小学语文教师的反应，并结合小学生习作情况来看，小学生的作文水平并不乐观，而教师在作文教学中也陷入了困境。

"老师愁教，学生愁写"，二者均处于瓶颈中，难以突破。从学生角度看，写作存在四大难题：无话可写，无从下笔，写成流水账，对习作没兴趣。从教师角度看，习作教学存在三个突出问题：效率慢、方法差、时间费；主要表现为学生作文水平难提高，效果不明显；缺乏指导习作的方法，难以下手；作文批改费时费力，仅是教师苦写评语，学生漠不关心、敷衍了事。针对上述问题，我通过对习作教学理论的学习和对优秀课例的分析探索，总结提炼出一套适合小学中高年级的习作指导和批改策略。具体操作如下：

（1）创办"飞扬心声"作文周报。利用班报激发学生写的兴趣，做到"我手写我口，我手写我心"，并通过评点班报中的作文，提升学生作文鉴赏能力，积累语言表达的技巧。

（2）建立作文奖励系统。通过颁发奖状，评"作文新苗奖""新生作家奖""资深作家奖"等方法调动学生写的兴趣。

（3）推行"百字作文"活动。每天安排学生写作百字以上，提高学生积累素材、仔细观察的能力。并且每天安排10分钟让学生自评、自改所写的"百字作文"，让学生在自评、互评中提高作文的诊断能力和鉴赏能力。

（4）创设"游戏作文"。在教学过程中适当穿插游戏以带动学生，激发学生兴趣，让学生在轻松的游戏中学习写作。

（5）推行单元作文"互改"原则。每一篇单元习作，安排一节课"互改"时间，通过小组合作修改的方法，提高学生作文鉴赏能力，让学生在修改中积累方法。

（6）激"趣"开源，巧搭支架，激发学生对习作的兴趣和自信，让学生能写、乐写；通过学生自改、互改作文的方式以提高教师工作效率，提升学生习作水平。

上述的习作指导和批改策略，在几年的课堂实践中得到了检验与证明，就此，本人的作文研究，荣获湛江市基础教育教学成果一等奖；而撰写的与作文教学相关的3篇论文，分别发表于国家级核心刊物、省、市级重点刊物，并获国家级一等奖和省级三等奖。共梳理教学成果、作文讲座3个。为一线教师开展作文讲座15场，且得到了广大一线教师的认可与喜爱。开发作文教学课例5个，为省级、市区级教师培训提供作文教学课例。收集学生作文作品集2本，制作作文教学系列微课9节，通过"湛江小语"公众号推送，并推送到"学习强国"，单节课的点击率高达 5000~10000 次。现今，"激趣开源"作文教学模式不仅是在本校、本地区范围内作为教学参考的范例；而且还以微课的形式在网络中推广传播，用以服务广大学生和一线教师，引领、带动教师进行作文教学改革，引导学生爱上写作。

潜心集力，教研相长，当我对教育规律进行更为深入的探究时，我便能从教学现象的感性认识上升到理性认识，引领同伴进行教育改革，积极尝试将研究方法和研究成果运用到课堂教学和学生的培养中。教师的一言一行都将给学生以极大的影响，一个不学习的老师，无法教出爱学习的学生。一所好的学校，需要智者的引领；一位好的老师，需要专业的支撑。专业学习，让教师拥有成就孩子美好未来的能力；专业学习，让教师拥有引领同行光明前行的魄力；专业学习，让教师拥有保持热情持久创新的动力。

📝 成长分析

"学然后知不足，教然后知困。知不足，然后能自反也；知困，然后能自强也。故曰：教学相长也。"早在战国晚期，我国最早的教育典籍《学记》已经论述了学与教互相促进的关系。如今，教师已经成为专业化职业，终身学习是教师发展的基本理念。只有当教师不断完善自己时，才能更好地促进学生的不断发展。"教师即研究者"，优秀的教师不仅要终身学习，还要不断开展教育教学研究，学习、研究、教学是螺旋递进的相互促进关系，学—研—教螺旋递进是教师专业成长的规律，梁桂云老师的成长故事很好地证明了这个道理。

梁桂云老师勤奋好学，她立足语文教学，主动学习，博采众长，不断提升自身专业水平。她不惜自费，向同行学习、向名师学习、向名著学习、向网络学习，在专业成长道路上要求严谨、不断追求，教学水平不断提高，成长为一名优秀的小学语文名师。在广东省小学语文课堂教学竞赛中荣获广东语文青年教师课堂竞赛一等奖，成长为湛江市名教师工作室主持人、广东省名师工作室主持人。

"独行者快，众行者远。"梁老师带领自己几百人的网络研修团队，通过腾讯会议等云端方式每周一起研讨，指导老师们进行主题研讨，备课、研课、评课，解决语文教学过程中遇到的实际问题，像蒲公英播撒种子一样，把爱和教育的种子播撒在小语人身上，带领团队成员共同成长。

教学需要创新，教研的价值在于创新。梁老师以激趣作文教学为抓手，通过对习作教学理论的学习和对优秀课例的分析探索，总结提炼出一套适合小学中高年级的习作指导和批改策略，进行实践引领。通过创办"飞扬心声"作文周报、建立作文奖励系统、推行"百字作文"活动、创设"游戏作文"、推行单元作文"互改"活动等，激发学生兴趣，让学生在轻松的游戏中学习写作，激发学生对习作的兴趣和自信，让学生能写、乐写，提升学生的习作水平，成为学生最有力的托举人，用专业托举出学生绚烂的明天。

像梁桂云老师一样，很多骨干教师已经成长为名师，通过自己的专业成长，引领同伴发展，肩负着塑造灵魂、塑造生命、塑造人的时代重任，绽放教师的魅力与光彩。

（张妙龄）

莫罗东：课题研究助我走上骨干成长之路

🧑 莫罗东

湛江市省级骨干教师培养工程培养对象，湛江市二中海东小学副校长，小学数学高级教师。扎根教坛一线将近30年，曾在备课组、科组、年级组、少先队、教导处、总务处、德育处等多个岗位任职，履历十分丰富，多次被评为区级以上优秀辅导员、优秀教师、教育工作先进管理者、教研教改积极分子、优秀共产党员等称号。特长生培养成绩突出，多次获小学数学奥林匹克优秀指导教师奖和小学数学"育苗杯"通讯赛"一等奖学生辅导教师"称号，辅导学生参加广东省"育苗杯"通讯赛和小学数学奥林匹克竞赛，共有47人次获奖，其中省级一等奖11人，全国一等奖3人。先后主持或参与省市级课题6项，共有3篇教学论文发表在省级以上刊物，有7篇教学论文或教学设计分别获得省市一、二、三等奖。

💬 成长自述

我是湛江市省级骨干教师培养项目第二批培养对象，湛江市黄丽名师工作室成员。培养期间，我先后主持或参与省市级课题 5 项，有 3 篇论文发表在省级以上刊物，有 3 篇教学论文在省市教学论文评比中获得一、三等奖。2018 年 7 月评上小学数学高级职称，2019 年 10 月被提拔为学校的副校长。

2016 年 5 月 18 日，我怀着激动的心情参加了湛江市省级骨干教师培养项目首次集中培训开班典礼，正式开启了集中培训学理论、跟岗培训提技能、自我阅读长知识的培训模式。在近 4 年的培训历程中，每听完一次专家教授的专题讲座，我的大脑都经受一次洗礼，我的教育观念、教学理念、师德修养、教育理论、教育能力等都得到了提升；每次的跟岗培训，领略了不同名校、名师、名家的风采，让我的视野更加开阔，心中有了榜样，教学理念更新更接地气，教学手段更前卫更先进；每次的阅读，让我的文化知识、专业知识、理论知识更丰富。在培养项目即将画上句号之时，培训初期制定的个人专业成长规划目标基本达成，实现了个人专业能力螺旋递进式成长，努力成为一名具有一定影响力的研究型骨干教师，为学校数学科组老师的专业成长作出无私的奉献。

一、审视自我，树立正确事业观

按常理来说，作为一名 20 世纪 90 年代初的中师毕业，且在区级重点小学和市直属小学任教已有 25 年之久的教师，应该在教科研方面是有所建树的，但我在参加省骨干培养项目前课题研究方面是空白的。究其原因，我认为主要有两个：一是缺乏正确的事业观，没有把教师职业当成事业来做。虽然读了三年师范，但毕业后我很不情愿当老师，因为当时老师工资待遇不高、社会地位低，不少师范毕业生当了一年半载老师后就想办法跳槽了，我任教的学校每年都有老师跳槽，转到政府机关上班去了，这对我的从教信心造成很大的冲击。因此，我一边教书，一边想着跳槽，教学工作只是尽力完成日常教学任务而已，哪有办法静下心来深入研究教学呢？开展课题研究就更不用说了。20 世纪 90 年代末，教师跳槽到政府机关关闸后，我的跳槽梦彻底破碎，我只好认命了，只能安分守己做好本职。但每天工作累了总会埋怨自己为什么当初选择教师这一职业，并不把教师这一职业看作自己的终生的事业去用心经营，真正享受到事业的成功与快乐。二是对课题研究的理解存在"三不"：不清楚课题研究什么；不懂怎样做课题研究；不愿做课题研究。当时的我，总以为做课题辛苦，不做课题也不会影响教学质量，工资也没少领，自己又没想成名师名家，因而对课题研究缺乏感兴趣。

在首次集中培训开班典礼上，市教育局袁新中副局长的一番讲话触动了我的灵魂深处。他说：一是珍惜荣誉，争当一名教书育人的先进模范。希望学员能把骨干教师的荣誉打造成自身的品牌和名片，肩负起湛江基础教育的责任和使命。二是珍惜岗位，争当一名名副其实的骨干教师。学员们要把教师职业当成事业来做，真正做成一名骨干教师。三是珍惜机会，争当一名学风优良的优秀学员。袁副局长言简意赅的话语唤醒我20多年来理想信念上的模糊认识，尤其是"把教师职业当成事业来做"深深烙印在我的心中。局长说得好，只有把教师这一职业看成了自己的事业去经营，工作积极性才高，主动性才强，时效性才好。在与导师见面会上，岭南师范学院的曾茂林教授给我们分享了他的成功经验。曾教授从一名农村小学教师到中学教师，再到考研读博，然后到了高校从教，从辅导员到副教授，再到教授。他用他的成长故事告诉我们，没有随随便便的成功，必须把教师这份职业当成自己终生的事业去经营，才能保持源源不竭的动力，从一个目标向另一个目标迈进。

一位领导的讲话，一位教授的成长故事，让我重新认识自己所从事的工作，与其在埋怨中度过，不如把教师职业当作自己终生的事业来经营，去享受事业成功的喜悦。况且现在学校给予我这么一个提升自我的宝贵的培训机会。集中培训第一天结束后，我就暗下决心：立德为师、终身从教。

二、立定决心，走上课题研究快车道

说实在话，教科研能力是我的硬伤，课题研究是我成长道路上的拦路虎。参加省级骨干培养项目后，我的课题研究走上快车道，在3年多的时间里，我亲自主持的课题有两项，分别是：岭南师范学院广东省中小学教师发展中心2017年度课题"作业批改方式的研究"和湛江市中小学教育科学"十三五"规划一般课题"小学高年级数学作业分层布置实践研究"。参与的课题有三项，分别是：湛江市中小学教育科学"十三五"规划一般课题"小学数学'小组参与式'作业批改的行动研究"和"小学数学关于现实情境中数量关系的阅读指导策略研究"，广东教育学会2017年度小课题"小日记蕴藏大智慧——小学数学教学日记的实践研究"。在我的带动和帮助下，我校数学科组又有4位老师课题立项成功。

在这么短的时间里我的课题研究能力得到了快速提升，这主要得益于聆听专家教授的课题研究专题讲座和导师的专业指导。在第一次集中培训时，湛江市基础教育界课题研究颇有成就，也是省首批名师工作室主持人的湛江市爱周高级中学梁哲校长给我们做了"中小学教师如何做课题"的专题讲座。他用他的课题研究经历和成果（主持研究课题6个，每年发表至少1篇教研论文，共发表系列研究论文32篇，专著2部，获得广东省教育科研成果奖3次，教研论文获得全国优秀论文一、二等奖2篇）告诉我们，做课题研究是自身专业发展的需要，也是以后职称评审的需要，更是教育部门对老师专业发展的要求。梁校长做课题的经历还告诉我们，其实做课题研究就是日常工作的一部分，都是立足于自己的岗位，通过课题的研究来不断改进自己的工作，所以做课题研究有减耗、减负、提质的作用。听了梁校长的讲座，我对课题研究有了清晰的认识，所谓课题，就是要研究一个有需要研究的问题，并且加以解决。一个课题一般包括三个层次的内容：（1）什么问题？（2）为什么或原因是什么？（3）怎么解决？同时，我初步明白了怎么去做课题研究。做课题首先是选好题。课题可从自己的教育教学实践中提炼出来；可从自己的教学细节中提炼出来；可从有关部门的《课题指南》中提炼出来；可在他人研究的基础上进行深化性的研究提炼出来。其次是做好课题实施方案的设计。一份完整、规范的方案的设计一般包括：分析研究的背景和原因、明确研究目标和预期结果、选择研究的方法、课题实施的步骤以及成立研究团队（小组）等。原来课题研究并没有想象中那么困难！有了权威专家的指导，我对课题研究充满信心。

可是课题研究之路并不平坦。按照培养方案，学员在此期间必须完成一项课题研究才能结业，因此，课题研究是必须完成的任务。我第一次拟写的课题研究题目是"小学数学课堂教学中生成性资源的开发与利用研究"。完成初稿后，我把课题发给两位导师修改，两位导师都给我提出了不少的修改意见，看了导师的意见，我真有点怀疑我的能力，有了放弃做课题的念头。在第一次跟岗的时候，导师再让我们汇报修改后的课题方案，提出了意见：没有创新点，重复做别人已做过的事情，没有研究的价值。听到我认真撰写的课题申报被否定，我有些心情低落，但没有心灰意冷。我重新去选题，把课题题目改为"小学数学作业批改方式的研究"，再上知网查阅国内外的研究现状，力求突出研究内容新颖，研究方法可行，手段创新，亮点突出。功夫不负有心人，在导师的帮助下，我的课题最终通过了立项，我终于尝试到了成功的喜悦。经过两年多的努力，省级项目"作业批改方式的研究"和市级项目"小学数学'小组参与式'作业批改的行动研究"、"小学数学关于现实情境中数量关系的阅读指导策略研究"这三项课题顺利结题。回望课题研究的过程，我深深感受到"纸上得来终觉浅，绝知此事要躬行"的重要性。通过课题研究，我在小学数学作业批改方式、阅读指导策略等方面有了一些自己的教学经验和特色做法，形成了一定的教学个性和教学思想，在教学路上收获了更多的成功。

三、追求团队发展，教科研尽显骨干本色

骨干教师的作用不仅限于自身的业务能力和理论水平的提升，更多应是发挥引领和示范，带动更多同事专业成长。在新的课程改革时代，要树立"人人皆是研究者，人人皆可求发展"的教师职业观，形成教研发展共同体，带动团队一起钻研教学教育，时代赋予骨干教师的新职责。

梁哲校长在专题讲座上说："做课题研究是自身专业发展的需要，也是以后职称评审的需要，更是教育行政部门对老师专业发展的要求。"2016 年 10 月起，小学老师可以评副高职称了，这是令人振奋的好消息。评副高的基础条件中有规定要主持或参与课题研究（成员位列前六位）和有论文发表，而这两个条件让我校数学组有些业绩突出，但没有做过课题研究的老师等都无法参评，错失了一次很好的职称晋升机会，真是令人遗憾。正巧，我参加的省骨干培训要完成一项课题研究。在内因及外因的驱动下，我下定决心进行课题研究，并且邀请数学科组的容小丽科组长、教学业绩突出的郑选真等老师参与课题研究。我的课题于 2017 年 5 月顺利通过立项，6 月举行了开题。开题报告会后，我带领成员根据专家教授的指导意见有条不紊地开展课题研究，在研究过程中，我担负起主持人的职责，主动帮助成员在实践过程中遇到的问题，指导成员撰写教学论文。经过我们共同的努力，课题顺利结题，课题组 6 位成员中共有 5 位成员的论文发表到省级

刊物，其中我的论文《提高小组式批改数学作业有效性的实践探讨》2017 年 8 月发表于《岭南师范学院学报》，容小丽老师的论文《小学高年级数学作业小组式批改模式研究》2017 年 7 月发表于《课程教育研究》，郑选真老师的论文《作业批改方式与教师专业化成长的研究》2017 年 6 月发表于《教育》，杨春老师的论文《全批全改数学作业批改方式的利弊分析及改进策略》和毛小琴老师的论文《低年级语文作业有效批改方式的研究》2017 年 9 月发表于《科教导刊》。课题研究的过程也是专业成长的过程，课题组的成员不但懂得什么是课题研究和怎样开展课题研究，她们的论文水平也得到提高，实现论文发表零的突破。更值得骄傲的是，2018 年 7 月，我和课题组另两位成员容老师和郑老师三人同时通过小副高的评审。得知小副高评审通过的消息后，郑老师马上打电话给我，激动地对我说："莫老师，如果没有你带领我做课题和指导我写论文，我恐怕到退休了也评不上小副高了，你的恩情我终身不忘。"确实，郑老师的教学业绩是我校数学组最突出的一位，但以前教科研成果是空白的，这么优秀的老师评不上小副高真可惜，所以在申报课题时，我毫不犹豫邀请她加进课题组，在论文撰写过程中，我又毫不保留把我在培训中学到的论文撰写知识传授给她，不厌其烦地帮她修改论文，直到符合论文发表的要求。

在骨干培养项目个人专业成长规划书上我写到"要成为一名在当地有影响力的研究型骨干教师"，回顾近四年的成长历程，我感觉自己在教科研的道路上只是刚起步。以这些成绩为起点，把教师这份事业经营好，把教科研做得更深入些，真正发挥骨干的示范引领作用，以研促教，以研促团队和个人的专业发展，重新发现教育研究在自我成长上的价值，在湛江小学数学教育方面做出自己精彩的答卷！

✍ 成长分析

细读莫罗东老师的"成长自述"，深受感动。它真实袒露了莫老师在课题研究过程中的心路历程，具有一定的代表性。的确，有不少老师，哪怕是经验丰富、教学成绩突出的老师，在日常工作中也会缺乏课题意识，"总以为做课题辛苦，不做课题也不会影响教学质量，工资也没少领，自己又没想成名师名家"，对课题研究比较轻视，也缺乏一定的科研能力。随着时代的发展，通过课题研究来解决现实教学难题，优化教育教学，提升教学效能，提高教师课程建设力和课程教学力，就变得日益重要。因此，课题研究日益成为一线教师重要的专业技能，课题研究也从高校逐步走进了基础教育。在湛江市省级骨干教师培养工程中，把完成一项课题研究作为结业的其中一项必要指标，正是在这样的教育背景下做出的重要举措。不少从未接触过课题研究的老师借助项目提供的平台，开始了人生第一次的课题研究，迈出了自身专业发展的新一步。莫老师正是其中表现突出的一员。

在课题研究之初，莫老师遇到了一类常见的问题，就是选题问题。不少老师往往担心怎么开展课题研究、研究的方法和过程是怎样的，而忽略了选题。其实，"好的题目是成功的一半"，定好课题名称，明确研究目标和研究内容，是课题申报成功的重要一步。当自己初拟的课题被专家否决后，莫老师没有打退堂鼓，而是虚心求教，博览资料，诊断教学，最终确定了"小学数学作业批改方式的研究"，得到了专家的认可。通过扎扎实实的研究，在短短几年之内，他所主持的几项课题都顺利结题，真是可喜可贺。

可贵的是，莫老师在自我追求成为研究型教师的过程中，时时不忘自身骨干教师培养对象的身份，认识到"骨干教师的作用不仅限于自身的业务能力和理论水平的提升，更多应是发挥引领和示范，带动更多同事专业成长"。他组建课题研究团队，引领老师们共研共进，大大提升了老师们的教科研能力，收获了更多的成功和喜悦。

莫老师的自述给我们带来深入的思考与启迪：课题研究不是高不可攀，更不是可有可无，教师要勇于迈出课题研究的第一步，走上课题研究的快车道，归根到底是"把教育当事业"，把研究当常态。莫老师在工作将近30年，已取得不少教育成绩后，又确立了新的人生目标——"要成为一名在当地有影响力的研究型骨干教师"，他是这样想的，也是这样实干的，祝福他勇攀事业的高峰，收获丰硕的教育成果！

（冯宇红）

梁春梅：从经验型教师到研究型教师的蜕变

🔗 梁春梅

湛江市经济技术开发区第一小学工会主席、教导主任、小学一级教师，岭南师范学院教育科学学院外聘教师。湛江市小学骨干班主任、湛江市小学语文骨干教师、湛江市家庭教育讲师团成员。荣获"广东省南粤优秀教师"、经济技术开发区"十佳教育工作者""学习型教师"等荣誉称号。主持完成市级课题"'无为而治'引领下的班级自主管理"和岭南师范学院广东省中小学教师发展中心课题"语文'进阶教学'设计研究"，发表论文 10 多篇。按学年段主编了三本《乐阅经典美文》校本教材和《校园文化建设专辑》。编写的校本特色读物《乐阅经典美文》荣获 2017 年广东省中小学特色读物二等奖。录像课《读李白诗歌，品太白遗韵》荣获省一等奖，2011 年承担广东省心理健康教育示范学校展示课"学会倾听"，多次在湛江市各县市区做学科讲座、上语文示范课，做班级管理讲座、家庭教育讲座等。

🗨 成长自述

在湛江市省级骨干教师培养过程中，我的专业得到"二次成长"，潜心学习，开拓视野；静心阅读，丰富涵养；用心实践，积淀新理论；更加充分理解了教师敬业精神的内涵，它不仅表现在对我们日常教学工作的职守，以任劳任怨、一丝不苟的态度对待教学工作，以关爱、尊重、赏识、信任的态度关怀学生，而且更重要地表现在对教育事业的初心不变、孜孜追求和不断完善上。不断地汲取，不断地超越自我，要有勇于创新与创造，开阔自己的教育视野。积极探索教育教学规律，科学施教，打造真实灵动、开放包容的生命课堂。一路前行，实现了从经验型青年教师到研究型骨干教师的蜕变。

一、夯实理论底蕴，革新教学理念

"革新必革心"，教育观念的更新是教育改革成功的前提。一名骨干教师的专业成长，需要丰厚的理论底蕴，需要不断学习，开拓创新，进行课程改革。课程改革实质上是教育理念的革新，而新的教育理念和教学风格的形成，要靠教育者的理论学习去提升，根植于教育教学理论的沃土之中。

聆听教育专家的理论讲座，是教师个体拓宽理论视野、感悟教育智慧、革新教育理念的最直接、最有效的学习途径。在省级骨干教师培养过程中，我认真倾听专家的专题讲座中获取新的理论知识。教育专家是教育思想、技能、经验和智慧的集大成者，他们的教育理念先进，教学经验丰富，教学模式新颖，课改意识强烈，教研成果出色。对于一个渴望迅速成长的教师来说，聆听教育专家的理论讲座无疑是一种幸运。正如"听君一席话，胜读十年书"，智慧之言对人的思想是很有帮助的。他们的讲座时间虽然一般仅有一两个小时，如徐向阳教授的"学术论文撰写方法"和梁哲校长的"如何做课题"的专题讲座，但是已足以给人心灵的启迪，思想的触动，并付诸实践。

除了聆听讲座，教师理论学习的另一方式就是读书，特别是阅读教育教学理论方面的书籍。有一位教育家曾说："教师的定律就是你一旦今日停止成长，明天你就将停止教学。"当今信息时代，教师必须成为学习者，树立终身学习的理念，否则就无法适应现代教育发展的要求。以前说要给学生"一杯水"，教师就要有"一桶水"；现在教师这"一桶水"显然不够用了，应当拥有"自来水"。培训期间，在导师的好书推荐中，我研读了《我的教学理想》《致语文老师》《新教育之梦》《小学语文课程统整：理论路径与策略》《静悄悄的革命》《深度语文》等书籍。我们只有把读书当作一项研修任务，通过博览群书，潜心研读教育教学论文论著，并积极与其他教师分享，共同进步，革新理念。

二、不断反思教学，改进教学实践

曾子曰："吾日三省吾身：为人谋而不忠乎？与朋友交而不信乎？传不习乎？""君子博学而日参省乎己，则知明而行无过矣。"教学反思是行动研究的关键因素。教学反思不是一般意义上的"回顾"，而是思考、反省、探索和开发策略，为下次课例行动研究指明方向，不断解决问题，螺旋上升的过程，所以说它具有极强的研究性质。现实中，为何很多教师教书教了一二十年，水平没有渐进提高，反而越来越得过且过？主要原因就在于他们过于依赖经验、不善于反思。

因此，教师必须重视个人教学反思的撰写，不断总结经验和教训，改进教学实践，促使自己不断进步。

如我在课题"语文'进阶教学'设计研究"的课例研究《杨氏之子》中：

（1）由我根据"生疑—绽思—活用"学习进阶的教学模式先主备，设计教学目标两个：有感情地朗读课文，背诵课文。

（2）能根据注释理解词句，了解课文内容，体会故事中孩子应对语言的巧妙。然后进行科组集体备课，对我的教案进行讨论，集思广益，融大家智慧于一身，接着我执教，大家做好听课记录和思考：两个目标是否达成？用了哪些策略？学生参与情况如何？时间安排是否合理？

俗话说得好：教学是一门遗憾的艺术。教完本课，我觉得还有许多不足之处，又进行反思：

（1）在人教版教材中，《杨氏之子》是小学阶段的第一篇古文，我在教学时，在"生疑"环节培养学生问题意识，但对放开的度没有把握得很好，有些该放手的地方没放手，控制课堂意识较强。

（2）由于时间关系，在"绽思"环节也做了调整和放弃，如讲故事，如果让学生分组用文言文把这个故事演一演，再用自己的话表达，体会故事中孩子应对语言的巧妙，孩子们对文言文的学习也许会更感兴趣。

（3）激励语言的评价，我的评价语言不够丰富。

在同伴们的帮助下，我根据存在的问题进行改进，又执教了第二次。这一次效果有明显的提高。后来，我根据这些教学实践，不断进行新的反思，撰写了论文《"进阶式"培养学生的阅读能力》《打造有生命力的语文课堂》发表在《师道》上。

三、开展行动研究，深化教育教学改革

在参加省级骨干教师培养项目中，我特别关注一个词——"行动研究"，几乎每个导师都提到行动研究的重要性。教师是研究者，不再是单纯的执行任务者，具有了主动认识问题、解决问题的意识和对自己教育行为的反思意识。行动研究使研究成为教师最有效的学习，使课堂实践变为教师最实在的工作空间。在研究实践中，只有教师树立了终身学习和创新学习的新理念，才能提高教师的主

动性和创造性，提高生命存在的质量，有利于教师的自我完善和自我发展。

　　"教师即研究者"，教师只有教学工作和教育研究都搞得好，才能成长为教学名师或教育专家。因此，教师除了需要掌握必要的研究技能之外，还要培养起研究的志向和责任。教育研究务求解决教育中的实际问题。这既是一线教师开展教育研究的根本动力，也是教育研究的根本目的。教师要善于从身边的问题入手开展教育研究，如在新课改中教师角色有哪些变化，疫情后期教师应如何培养学生的健康心态，如研究怎样指导学生提升学习力，如何指导学生开展探究性学习，在大班额情况下如何照顾学生的差异性，怎样提高小组讨论的有效性，疫情期间如何激发学生的学习兴趣，如何有效提高留守儿童的成绩，等等。这些问题没有现成的答案，需要我们去探索、去研究、去实践、去发现。我们可以把有价值的问题当作小课题来深入研究，写成论文或实验报告，并能据此构建起独具特色的教育教学新模式。我参与的研究成果《"融慧教育"的理论建构与实践探索》获第四届湛江市基础教育教学成果奖一等奖，教育案例《幸福就像一只蝴蝶》荣获2019年广东省中小学优秀德育科研成果（教育案例）二等奖。二十年来，朝着做一名优秀教师的目标迈进的过程中，从一名普通教师成长为学校学科带头人，付出过艰辛和努力，收获更多的成功与喜悦。

　　2017年，我申请了岭南师范学院广东省中小学教师发展中心课题"语文'进阶教学'设计研究"。课题研究重在过程，它是一个艰苦的过程，也是一个教学理念蜕变的过程。想要取得一点理论上的突破或者是实践上的创新，我们必须踏踏实实地埋头苦干，必须用心去做课题。对于我们经开区一小的老师来说，正常的教学及各项教育检查工作已经令我们很费心费神了，还要再用心做好课题并非易事，老师们有时会唠叨："我太难了。"为了让老师们了解到最新最切合实际的知识，我把在培养中的学习收获与大家分享。独行快，众行远。课题组团队一起研读相关"学习进阶"的理论支撑，了解到目前本课题研究的国内外概况，有美国国家研究理事会（NRC）在2007年发布的"过程说"；有密歇根州立大学Anderson教授认为"本质说"；有Smith等人的"方法说"；有Duncan的"假设说"。国际上关于学习进阶的研究已经进入实践阶段，而在国内，北师大的刘恩山、王磊和郭玉英教授团队，以及华东师大的王祖浩教授团队也在学习进阶的研究领域开展了各具特色的研究。语文学习的过程也是有一个从"学会"到

"会学"的"进阶"过程，教师在语文教学上对核心知识或某项关键能力设计好"脚踏点"，也就是"台阶"，可以让学生在这进阶中逐步深入地理解、掌握及提升。学习其中的精华理论、先进的理念，对于我们来讲就是一个"进阶"的学习过程，课题中理论研究提高了老师们的研究修养。

我们课题组成员每周研讨一次，共同探讨遇到的困惑，相互交流经验教训，我们的观点经常会被否定甚至是被推翻，一次研讨会下来，工作还是原地踏步，甚至倒退的现象时常发生，但我们这个团队并没有因此而放弃，在失败中努力，坚守初心，心有所信，方能行远。在不断的反思与借鉴中，思维碰撞出智慧的火花，课题也在不断地成长，顺利结题，我们的专业也在进步，向研究型教师的目标又迈进一步。

通过参加这次省骨教师的培养项目，我深刻认识到，单凭自己的专业知识、教育理论基础和原有教学实践经验是远远不够的，难以解决课改过程中出现的大量实际问题。教师必须在教学实践中不断进行行动研究，把抽象的教育原理与具体的教学实际结合起来，与生活紧密联系，培养学生的问题意识和自主学习能力，形成优化的实践教学模式。同时，教师要充分发挥主动性和创造性，批判地、系统地考察自己的教育教学实践，认真分析、研究教育教学实践中遇到的问题，把反思中存在的问题，继续开发策略，在课例中研究，不断提升综合能力，努力使自己成为研究型教师，走上自主发展的道路。

课堂教学是学校教育教学的基本组织形式。教师培训的出发点与归宿点都是提高教师的基本素养，提高其课堂教学的能力，以提高教育教学质量，进而提高学生的综合素养。研究课程和教学是学校持续发展的重中之重。没有课堂教学层面的改革，就不可能有真正的新课程的实施，教育改革也无从突破。从这个意义上讲，抓住了课堂就抓住了根本；抓住了课程和教学，就抓住了课程改革的关键所在。如我在课题"语文'进阶教学'设计研究"研究中，我们以行动研究为导向，去破解教学中存在的实际问题，特别是借助先进理论去指导教育教学实践活动，岭南师范学院王林发教授多次指导如何开展行动研究更有效，教师们通过课例行动研究研究反思、总结、提炼出"生疑—绽思—活用"学习进阶的教学模式，从而升华到一个新的层面，老师们根据自己实践撰写出教育教学论文、叙事等。行动研究充分调动了教师实践研究的主动性和积极性，正是破解课改困惑、提高教师研究能力的有效途径。

　　践行"生疑—绽思—活用"学习进阶的课堂教学模式，紧密围绕"生疑—绽思—活用"三个环节下功夫：备教材、备教法、备学生，努力深化课堂教学改革，培养学生问题意识、解决问题的能力和方法。培训期间，我执教公开课"黄鹤楼送孟浩然之广陵""咏柳""圆明园的毁灭""桥""慈母情深""桂花雨""杨氏之子"等；2018年指导邓淑燕老师获湛江市中小学青年教师教学能力大赛获一等奖（第一名），本人荣获指导老师奖；2019年指导林春桃参加经开区小学语文教师素养大赛荣获一等奖；2020年制作微课"初步掌握阅读古典名著的方法"被选送上"学习强国"，同时参加广东省微课比赛。我积极实践自己从理论学习中提炼的新理念，从而解决教学中遇到的实际问题，提高自身的教育教学能力。

　　四年的省级骨干教师培养，丰富了我的知识储备，更新了教学理念，唤醒了我的研究激情，教育教学理论水平和反思能力得到了提升。"路漫漫其修远兮，吾将上下而求索。"在今后的教育教学中，我将带着快乐、收获、感悟和满腔的热情继续幸福投身于教育事业，引领学生成就美好的人生！

📝 成长分析

　　"宝剑锋从磨砺出，梅花香自苦寒来。"梁春梅老师在三年的省级骨干教师培养中，认真学习，虚心请教，努力实践，用心研究，积极反思，撰写论文，提炼成果，专业得到"二次成长"。

　　我们省级骨干教师培养项目的基本模式是"三阶十环螺旋递进"，"三阶"是指反思和规划、实践和提升、展示和示范；"十环"是指集中理论学习、教育专著研读、跟岗实践学习、网络研修研讨、名校考察学习、行动研究提升、课堂教学展示交流活动、参与市县级骨干教师培养工作、成果展示和论文答辩。梁春梅老师非常认真地投入培养中，是真正在参与中成长的学员。

　　梁老师树立终身学习和创新学习的理念，通过聆听专家讲座与阅读教育书籍相结合，不断加强理论学习，开拓创新，丰富涵养，革新教学理念。深入进行校本行动研究，研究课题，研究教材，研究学生、研究课堂。以研究引领课堂改革，以行动研究践行新理念，她不断总结经验和教训，构建"生疑—绽思—活用"学习进阶的课堂教学模式，课堂教学扎实有效。

叶澜教授指出："一个教师写一辈子教案不一定成为名师，如果一个教师写三年反思有可能成为名师。"教师如果缺乏自我反思的意识和自我更新的能力，一不留神就会陷入"用昨天的知识教今天的学生，让他面对明天的未来"这样尴尬的境地。美国教育家波斯纳有一个著名的教师成长公式：经验+反思＝成长。研究表明，读书和培训是由外而内的学习过程，而反思则是来自教师内在的反省和思考，是理论与实践的对话。梁春梅老师参加省级骨干教师培养以来，养成了及时反思和深度反思的好习惯，不断总结教育教学中的经验和教训，积淀新理论，促使自己不断进步。

省级骨干教师培训丰富了梁老师的知识储备，更新了她的教学理念，唤醒了她的教育研究激情，使梁老师的教育教学理论水平和反思能力得到了提升，成长为湛江地区名副其实的名师。心有所信，方能行远，梁老师对教育事业的初心不变，不断地汲取，不断地超越自我。她勇于创新与创造，积极探索教育教学规律，打造真实灵动、开放包容的生命课堂，实现了从青年教师到研究型骨干教师的成长。

（张妙龄）

戴穆兰：做一名教研合一的老师

戴穆兰

徐闻县实验小学副校长，广东省首批骨干教师培养对象，南粤优秀教师，湛江市名教师工作室主持人，徐闻县 2020 年优秀教育工作者，徐闻县教育局小学数学兼职教研员，徐闻县教育小学数学专委会第四届常务副会长，获各级各类荣誉 60 多项。自参加省级骨干教师培养项目以来，多篇论文获省、市一等奖，主持校、市、省级的课题 5 项。

🗨 成长自述

自参加湛江市省级骨干教师培养项目以来，我从普通教师成长为一名小有名气的市名教师工作室主持人。在家长的口碑中，也被视为一名优秀的数学教师。但自己也清醒地认识到，无论是教育视野，还是教学技艺，以及教育研究能力，自己距离真正的名师还有很长的路要走。仔细回顾 17 年来的成长足迹，既有入职时的欢天喜地，也有遇到发展瓶颈时的彷徨；既有怀揣教育理想时的豪情，也曾有过面对工作压力时的退缩；既有享受职业幸福的成就与满足，也有面临教育困境时的挫败感。但支撑自己不断进步的动力源泉，则是来自对待学生的热爱之心，对待教育事业的敬畏之心，以及对待教育研究的进取之心。

一、做一名钟情于课堂教学的老师

我是一个钟情课堂的老师，喜欢做每一位学生的大朋友，关心每一位学生，用爱心、耐心、细心，努力创造"轻松、愉快"的学习氛围。喜欢探究最简单、最巧妙的方法，根据学生的个性特点和能力水平，在教学内容和目标的实施过程中，依据学生的不同基础，从学生的实际出发，组织学生上好每一节课。课堂上，幽默诙谐地创造愉快氛围，激发学生兴趣，调动学生积极性，引发学生的数学思考，发展学生的创造性思维；同时，注重培养学生良好的数学学习习惯，使学生掌握恰当的数学学习方法，并力求做到一课一得，让每一位学生都能在课堂上有所收获。

2012 年 2 月，我从一个乡镇下属的小学考进县重点小学——徐闻县实验小学。这对我来说，是幸运的。这次工作岗位的变动，是人生的转折，是全新的出发，更是严峻的挑战！一入实验小学，学校安排我担任毕业班教学（六年级数学）和数学科组长的任务。教学和科组长的双重压力，又是新的环境，我深知：自己所教学班级的考绩是我当好数学科组长的最有力翅膀。因此，我不敢怠慢，认真而执着地对待每一天的教学工作。细致研读课标、研究教材，结合学生的差异，对所教学内容进行适当调整。也是从这时候开始，即使后来每年教学的都是同一个年级，教材都相同，我也坚持每天备课、每天反思。就像你想成为一名歌手，必须坚持练习自己的发声，熟练掌握真假音的转换等歌唱技巧；如果你要成为一名短跑运动员，必须不断重复训练起跑、高抬腿、快速跑、冲刺跑，坚持锻炼身体运动的技能。我坚信，持之以恒，就会好的。也是在这份坚持中，我不断成长收获。近年来，我所任教的班级，在学生期末测评成绩排名考核中，均名列前三，并多次获校排名第一。同时，这些年对课标和教材的全面深入研究，我在小学数学编制试题方面也颇有心得。每学期均编制小学各年级的单元试题或期末测评试题供区域或全县范围使用；近几年，连续为某地区的六年级毕业测评编制小升初的毕业测评试题，反响好。

我教学能力的提升，一半在课堂教学，一半是通过各类比赛和教研活动成长起来的。2005 年 5 月，获徐闻县教学竞赛一等奖；2008 年 10 月，获镇中小学语文教师普通话演讲比赛小学组一等奖；2008 年 11 月，获徐闻县中小学教师普通话演讲比赛一等奖；2011 年 9 月，录像课例"小数大小的比较"获湛江市二等奖；2012 年 1 月，获湛江市小学数学说课比赛二等奖；由于积极参与各类教研教学比赛，且成绩较好，在参加徐闻县教育局城区小学的考调中，以优异成绩进入徐闻县实验小学。2012 年 7 月，代表实验小学参加县教师教学大比武，获一等奖第一名。从那时开始，各类学习和培训的机会接踵而来，开启了个人专业飞速成长的按钮。

2013 年 12 月—2014 年 1 月，受邀担任徐闻县"贵生课堂"校长、教师教学比赛评委工作，担任组长。组长除了参加评比，还要把每个参赛者的课进行详细点评，在评委组协助下出色完成任务，汇总综述，发在徐闻教育网上。2014 年 5 月应邀参加徐闻县"贵生课堂"实验班培训班培训工作，出色完成任务。2014 年 2 月，再次代表学校参加县小学"贵生杯"数学说课比赛，获一等奖第一名。2014 年 6 月，应县"贵生课堂"工作室之邀，参加县贵生课堂教学竞赛展评活动，以接近满分的好成绩居首位。担任《徐闻县 2015 年义务教育小学教学质量蓝皮书》（小学数学）主撰稿人；担任《徐闻县 2016 年义务教育小学教学质量蓝皮书》（小学数学）主撰稿人。2016 年 6 月，获湛江市"一师一优课，一课一名师"活动"优课"；2016 年、2017 年、2018 年带着戴穆兰工作室成员完成了小学《三、四、五、六年级的期末测评成绩分析和考点题汇编》《六年级数学复习蓝本》等书的撰写。2018 年 2 月，课例"分数乘法三"获湛江市计算机教育软件评审活动小学组课例三等奖。2020 年 3 月，带着戴穆兰工作室成员录制一至六年级的计算专题系列微课、北师大版二年级下册新授课微课，获湛江市教育局优选 12 节全市推广使用，同时作为本地区特色微课在"学习强国"中推广使用。一路行走，一路收获。

　　一个人如果能在自己职业生涯中找到意义，那么她是幸福的！"教书育人"是我打小就有的梦想，机缘巧合，如愿成为一名教师，如愿进入实验小学，我以为我已经足够幸运了，我只想幸福地待在"一个优秀和谐的团队"，只想幸福地"拥有许多亦师亦友的引路人"，不料还遇到好时光，幸运地遇上了"贵生课堂"，我积极参与，认真思考，不断实践，不断理论，不断超越。在这份平凡工作中，我找到了做一名教师的真谛，挺幸福的。

二、做一名终身热爱学习的老师

　　作为一线的教师，在专业的成长上，是需要专家学者的引领和指导的。参加广东省骨干教师培养项目期间，在岭南师范学院组织下，我荣幸遇见并聆听了不少专家学者的精彩讲座和观摩了优秀教育家的精彩课堂，收获很多。在省外跟岗到南京市的学习中，很荣幸，跟岗了南京市长江路小学的特级教师周卫东校长。周校长的课堂，实实在在的，又非常精彩，师生和谐互动，孩子们研究数学的自然和灵动让我深受感动和启发。在周卫东校长的课堂上，我看到了培养小小数学家的教学思想，周卫东校长提出"为品格而教""高观点、低结构、中温度"的教学主张，形成的"儿童立场，灵动自如，深刻隽永"的教学风格。让我印象深刻。我成为了特级教师周卫东校长的忠实"粉丝"了，现在经常通过网络跟着周卫东校长学习。

　　除此之外，我在专业发展道路上，幸运地遇见了许多亦师亦友的"贵人"，他们或是我尊敬的长者，或是我工作上的领导，抑或是因求知而结成的朋友。有这么一位——春光小学的黄晨芬校长，应该说，我现在的成长，很多得益于黄校长一路的引领。黄校长那时候还是教育局教研室的教研员，非常荣幸能得到她的指导。2010 年 12 月，在黄校长指导下，参加市说课比赛。在交流中，我感受到了她对工作的认真负责和对后辈的殷殷期盼。在黄校长的鼓励下，也深知自己的专业底子薄，在 2012—2015 年，更多是看名师的优秀教学设计或各类优秀课堂。近几年，我阅读的图书范围更广了，拓展为阅读有关教育科研、课标、心理学、教育学等方面相关书籍了。应该说直到现在，我才慢慢体会到教学带来的美妙感受。在黄校长的鼓励下，我经常参加各级各类组织的培训、观摩课、展示课、比赛课等，多读书、多学习、勤动笔。现在，她还时常赠与我图书，有《教师月刊》《小学数学教师》《给教师的建议》《新课标解读》《吴正宪系列丛书》等。她鼓励我，要舍得为自己的成长埋单，并不断通过阅读提升自己的专业能力。在黄校长影响下，我也一直为自己购买书籍：《儿童数学认知结构的发展与教育》《小学数学典型内容设计与评析》《小学数学教材中的大道理》《小学数学教学策略》《文化与教育》《教育是什么》《读书与教师》《从优秀教师到卓越教师》《我的教育视界》《任勇老师的系列丛书》等。从这些书中，我汲取了很多专业上的知识，也学习了教育家们的教育思想，助我在教师这条道路上，驶入了成长快车道。

鲜花的芬芳，不单靠自己，还需要阳光、雨露。教育本身就是一件慢事情，在经历着岁月的洗礼，体会着生命的真味，你的心灵深处，自会开出一朵明艳的花。

三、做一名善于行动研究的教师

雨果说："花的世界是尊贵的，果的世界是甜美的，让我们做叶的事业吧，因为叶的事业是平凡而谦逊的。"教师的轨迹是平凡的，是重复的，但又是需要不断创新的，走在专业的路上，需要老师把教学的根扎得更深。因此，我一边教学着，一边进行着研究和总结，多篇论文获各类荣誉或发表。2014 年 3 月，论文《我梦寐以求的自习课堂》获广东教育学会征文二等奖；论文《创设愉快情境，激发学习兴趣》获广东教育学会征文三等奖；2014 年 6 月，论文《给梦想插上飞翔的翅膀》发表于《生活教育》2014 年第六期教研版；2016 年 1 月，教学案例在"湛江市十年课程改革教育教学论文中小学教师课堂教学改革征文评比活动"中获一等奖；2016 年 12 月，论文《从猜想、动手实践到"综合与实践"》在广东省教育研究院专题征文活动中获一等奖；典型案例《让学生感受数学文化的价值——〈鸡兔同笼〉教学案例》在广东省教育研究院"全面实施素质教育进一步提高义务教育办学质量"专题征文活动中获三等奖；2017 年 3 月，论文在"湛江市十年课程改革教育教学论文评比活动"中，获一等奖；2017 年 6 月，论文《通过"猜想——验证"活动培养学生的探究能力》发表于《青年时代》；2017 年 1 月，资源包"从特例中寻找规律""分数乘法三"等被岭南师范学院广东省中小学教师发展中心录用。

作为学科带头人，我深知"独木不成林"，通过名师工作室，我把自己的教育思想传递给身边的伙伴们。因此，我积极通过带领团队，发展科研道路，并有所收获。主持的校级课题"贵生课堂小学数学'115'教学模式下构建班级学习小组的研究"获 2016 年湛江市基础教育教学成果奖二等奖；2016 年 12 月，主持的小课题"基于'贵生课堂'理念的小学数学乘法计算的有效性教学研究"获广东省教育学会顺利结题；2018 年 5 月，主持的课题"基于核心素养的小学数学教学策略研究"获岭南师范学院广东省中小学教师发展中心结题；2017 年 5月，主持的课题"基于课程标准的小学数学教学设计与实施研究"获湛江市"十三五"规划课题立项，目前在成果推广阶段；2020 年 5 月，课题《小学数学作业优化设计的策略研究》获广东省教育科学规划领导小组批准为一般课题立项。

作为一名教师，我只想尽心尽力，一辈子钟情课堂，在那小小的讲台上，引领我的学生打开广阔的人生，为学生的成长奉献自己的爱心和智慧。就如园丁善待花圃里的每一朵鲜花，从不轻言放弃，因为坚信：世上的每一朵花都是独一无二的，都是珍贵的，都是美好的！

作为市名师工作主持人，我将引领工作室团队终身学习，立足教育教学现场，不断开展行动研究，示范引领区域教师成长。

✍ 成长分析

戴穆兰老师从一名乡村教师成长为优秀的骨干教师，再从骨干教师成长为市名教师工作室主持人，她的成长之路体现了以下特点：

（1）钟情课堂，勤奋耕耘，找到了教师的真谛。教师的真谛是什么？是爱，爱教育事业，爱学生，钟情课堂是师爱的重要表现。课堂是教师和学生在学校共同生活中的基本时空，是实现教育目标、实施教育教学的主渠道，是教师教育智慧充分展现的场所。课堂既包括物质环境、课堂规范、交往行为等显性层面，也包括价值观念、情感态度、精神气质、人际关系等隐性形态。课堂是教师、学生及环境之间形成的多种功能的综合体，是一个充满生机和作用的整体，是焕发出师生生命活力的复杂系统。课堂不只是学生学习的场所，也是教师成长的舞台。每一位优秀的教师都是在课堂这个舞台上历练出来的。戴穆兰老师钟情课堂，勤奋耕耘，用心尽情上好每堂课，努力创造"轻松、愉快"的学习氛围，学生在快乐成长的同时，她的教学能力也在不断提升。

（2）热爱学习，滋润心灵，不断丰盈教育思想。优秀的教师不仅要有高超的教育教学技能，也要有丰盈的教育思想、先进的教育理念，而这些不仅来源于教育实践，也来源于理论，来源于专家的启迪。在专业的成长上，戴穆兰老师热爱学习、善于学习、勤奋学习。她用心参加培训、坚持广泛阅读、虚心向同伴和名师学习，更新了教学理念，提升了教育实践智慧。

（3）行动研究，勇于创新，引领团队携手进步。"教而不研则浅，研而不教则空"，这句话道出了教师专业发展的规律。教师是专业化职业，专业化职业与普通职业区别在于专业化职业需要不断开展研究。行动研究是最适合中小学教师的研究范式，研究的目的在于改进教育教学实践。戴穆兰老师不断地研究学生的学习、研究课堂教学，创新教学，成为学科带头人、名师工作室主持人，带领团队共同发展。

（许占权）

靳瑞：在阅读中快乐成长

** 靳瑞**

湛江市第二中学历史教师，中学高级教师。湛江市省级骨干教师培养对象，教育部"国培计划（2015）"国家历史骨干教师学员，岭南师范学院法政学院外聘教师，湛江市教育局教研室兼职教研员，湛江市高考先进个人，湛江市优秀班主任。在骨干教师培养过程中，注意从教学、教研、德育工作等多方面提升自己，连续担任湛江市青年教师教学能力大赛评委工作；

参与省"十三五"立项课题"微课在高中历史教学中的运用",主持省级课题"高中历史必修三重要知识点的微课设计、制作及课例研究";在省级杂志发表论文5篇;参加全国思维导图大赛获二等奖,获湛江市高中历史教师高考原创命题大赛二等奖。

🗨 成长自述

我是湛江市省级骨干教师培养项目第二批培养对象,参加省级骨干教师培养工程,是我专业提升的转折点,是我职业生命快乐成长的节点。骨干培养让我的眼界更加开阔,职业幸福感进一步提升。这一路走来,虽栉风沐雨,艰难曲折,但我的内心始终平静安详,充实快乐。因为我有书籍相伴而行,相拥而眠,从而实现了专业螺旋递进式成长。

一、为站稳讲台而读——和学生共同成长

英国著名作家乔耐森·斯威夫特曾说:"世界上最危险的职业有两种,一种是医生,一种是老师;从某种意义上说,教师比医生更危险,因为一个庸医害的只是一个人,而一个庸师,害的是一群人,甚至是一群又一群人。"1995年我从陕西师范大学历史系毕业,分配到市里的一所重点中学。学校领导找我谈话时告诉我,学生对老师的要求很高,希望我能站稳讲台。当时我就在心里暗暗下定决心,一定要努力工作,尽快站稳讲台,让单位领导觉得留下我是正确的选择。而要站稳讲台,就要有较强的专业能力,要征服学生!

要征服高中的学生,让学生成为我的粉丝,最快最简单的办法就是让学生觉得我的教学水平很牛。那时的高考还没有如今这么灵活,我有计划、有目标地做了三件事来提升自己的教学水平。一是尽快熟悉高中教材内容,读教材进而背教材。古人常说:"书读百遍,其义自见。"利用课余时间,从教材目录到每课子目,从课文正文到插图、注释,从课后练习到大事年表,我读了一遍又一遍,力争眼到、耳到、口到、心到,终于到最后可以熟练背诵,脱口而出,感觉教材就像自己编写的一样。讲课、答疑,张口就来,学生很是佩服。二是读教学杂志,加深对教材的理解,同时开拓自己的视野。由于工作时间短,在教学上没什么经

验。既然教学经验不能一蹴而就，那我就积极学习、借鉴他人的经验，他山之石可以攻玉嘛。当时学校还没有电脑和互联网，我就一期不落地读《中学历史教学参考》《中学历史教学》《课程·教材·教法》等教学杂志，看专家学者同行们对教材的评价、对高考题的研讨，将他们比较好的观点有选择地渗透到我的日常教学中。学生觉得我很厉害，还能发现教材的问题，还敢指出高考题的不足，其实，只是我读得比较多，眼界相对开阔罢了。三是研读近五年高考题，尽快熟悉高考。对高中教学来说，高考是一根绕不过去的指挥棒，研读高考题，熟悉高考命题用语，熟悉考纲考点，是我努力的重中之重。通过两年的努力，我的教学得到了学校领导、同事和学生的认可，顺利跟上了高三，还兼带了高三复读班的课，所带班级高考单科成绩、平均分还不错。这对于我这个刚工作 3 年的年轻教师来说，真是找到了自信，也算初步站稳了讲台。

二、为成为优秀而读——用荣誉激励自己

朱永新说："没有教师的成长，学生的成长是不可能的。"

初步站稳讲台后，为了成为优秀老师，我继续在阅读的道路上前行，希望能够积累足够多的专业知识，好有朝一日厚积薄发。这一时期，我不再以读教材、读杂志为主，而是转向了专业书籍的阅读，以期获得更扎实、更完整的专业知识体系。首先，我有意识地读一些名家名著，如白寿彝的多卷本《中国通史》，陈旭麓的《近代中国社会的新陈代谢》，黄仁宇的《中国大历史》，茅海建的《天朝的崩溃：鸦片战争再研究》等，并重点阅读与中学教材有关的内容，这样对重大历史事件有了较为具体、深刻而完整的把握。由于读书较多，上课可以引用不少历史故事、历史细节，在一定程度上弥补了中学教材干瘪枯燥的不足，学生也更喜欢听了。其次，我选择读一些原始史料，如《史记》中的本纪和列传部分，《旧唐书》《新唐书》《资治通鉴》的有关内容。每次捧读这些繁体字、竖版印刷的书籍，都感觉好有读书的成就感。这些阅读丰富了课堂教学的内容，弥补了教材叙事过于单一，不能较完整反映历史事件的缺陷，让学生知道历史还有书上没有写到的另一面。同时，对古代史书的阅读，还进一步提升了我的古文阅读能力。最后，我还读了一些理论书籍，进一步提升自己的理论水平，防止自己陷入庞杂的历史知识之中，只见树木不见森林。如《共产党宣言》《马克思主义基本

原理》《史学概论》等，用马克思主义的观点理解教材、用马克思主义理论指导教学。在默默的阅读中，我的专业知识有了进一步提升。

在工作的第四年，省里举行了第一届中学历史教师教学能力大赛，主要包括上课、板书设计、古文阅读、教材答疑、论文评比等几个部分。在没有电脑和多媒体运用的年代，教师的日常积累就显得更为重要。我抱着去试试、向高手学习的心态报了名，经过学校、市里的层层选拔，最终获得了参加省赛的资格，并在省赛中取得了教学、古文阅读、教材答疑一等奖，板书设计、论文评比二等奖的成绩。当和我同时工作的老师参加市里的教学大赛时，我已成为他们教学大赛的评委。阅读，给了我自信，也帮助我获得了荣誉，我从阅读中受益，也更加喜欢阅读。

三、为追求快乐而读——与职业幸福同行

朱永新说："一个人的精神发育史，就是你的阅读史。"

来到湛江后，经过奋斗，在新的单位里站稳了脚跟，然后发论文、做讲座、评职称、多年参与市里的高考模拟题命制……看似一切按部就班地顺利进行，但我发现自己似乎失去了奋斗目标和前进的动力，没有了以前的激情和斗志。虽然阅读一直在坚持，但好像少了点乐趣和紧迫感，我觉得我遭遇了职业倦怠。怎么克服这种现象，我一直在尝试寻求突破，但没有明显的效果。这种状态一直持续到我参加省级骨干教师培养项目。

这次省级骨干教师培养是我职业生命的转折点和新起点，重新点燃了我的斗志，让我再次热血沸腾。在培养项目开班典礼上，我见到了项目负责人，我们的班主任张妙龄老师——她已经从一位中学历史教师成长为一位高校培训教师。令我印象特别深刻的是，我曾多次见她从随身的双肩包里拿出一本教育书籍认真阅读。相比之下，我感到很惭愧。培养期间，我认识了岭南师范学院周仕德教授。身边的小事、教育孩子的点滴，他都能信手拈来，且笔耕不辍，一篇篇高质量的教育论文随之诞生。回想自己的教育教学经历，我不知忽略了多少教育细节、教育故事，浪费了多少教研素材。跟岗期间，我的导师是湛江市首批正高级教师、全国优秀教师梁哲校长。我来湛江市不久，他就指导过我的历史教学，当时对我的评价还不错。可惜这么多年过去了，我似乎还在原地踏步，没什么长进。梁校

长是喜欢做教育研究，勇于创新的人。如今，已成为正高级教师的他，仍然奋战在教育一线，继续探索教育改革。还给我们培养对象担任实践导师……我们常说，没有对比就没有伤害，比我优秀的人都比我努力，我还有什么理由不努力？我汗颜无比……

在这个知识爆炸的时代，可读的书太多，而人的精力又非常有限，有选择地进行阅读非常重要。反思我以前的阅读，感觉选择的范围太窄，仅仅限定在历史专业书籍上，还总希望读了就能在教学中用到，比较急功近利，目的性太强，有时反而失去了阅读的愉悦感。想明白了这一点，我有意识地放宽了自己的阅读视野，跟着自己的兴趣选择书籍。无论历史学、教育学、心理学、文学，无论教学方面、教研方面、班主任工作方面，想读什么就读什么，反而越读越爱读，越读越有兴趣。

工作25年，做班主任也20多年，有时会觉得身心疲惫，再也不想做了。为此，我读了《给班主任的建议》《我就想做班主任》《班主任工作中的心理效应》《幸福比优秀更重要》等书籍，对班主任工作有了进一步认识。尤其是全国优秀班主任于洁的《我就想做班主任》一书，令我印象深刻。原来这么优秀的班主任也曾有过我们都有的苦恼：她也曾有过教育不好的学生；她也被学生家长误解过、不配合过……只是，她最终选择了用爱润物无声，滋养教育学生。任何的千方百计，都不如"仁爱无敌"。在书中，我读出了做班主任的乐趣和价值，也坚定了我做班主任的信心。付出就有收获，在学校的"四有"好老师演讲比赛中获得了一等奖，去年又被评为学校的"师德标兵"。

骨干教师培养项目要顺利结业，必须要有课题。主持课题是我以前没有尝试过的。我的课题是关于微课设计和应用的。为了完成这项任务，我阅读了《教师如何做课题》《教师微型课题研究指南》《中小学优秀微课作品评析》等书籍，并自费下载了大量的知网相关文章阅读。这些有针对性的阅读使我对课题研究有了一定的了解，也有了主持课题的底气。在周仕德教授、梁哲校长和张妙龄老师的帮助和指导下，我积极参与了一项广东省"十三五"规划课题，并自己主持了一项微课课题，这些课题都已顺利结题。在做课题的过程中，我积极带领学校的年轻教师参与，毫不保留地将自己所学、所思分享给他们，使他们在课题研究、论文写作等方面也有了一些经验。如今，当初参与课题组的4位年轻教师中，两位凭借课题先后顺利晋升高级职称，一位晋升中学一级职称，还有一位也尝试主持了校级课题并在今年顺利结题。这都是我参加省级骨干培养项目后获得的结果，如果不参加这次培养，很可能这几年我又在浑浑噩噩中度过了，很可能我会有更严重的职业倦怠。

在广泛阅读的同时，我始终坚守我的阵地——历史专业书籍的阅读，但阅读的书不再仅仅限于专著，而是也选择读一些有趣、有生动细节、有生活气息的历史读物，如《历史的温度》《原来你是这样的古人》《天朝向左，世界向右》《重返五四现场》等这些书籍让我的课堂更有温度、更有烟火气。正如学生所说，历史课让那些死气沉沉的名字、历史人物变得鲜活起来，变得有血有肉，变得更真实了。我想这才是历史作为人文学科的根本吧——不是一定要把学生培养成历史学家，而是要培养有温度、有人性的合格公民。除了自己坚持阅读，我还在每届所带班级建立读书角。我现在的班上就有3个书架的书，学生在紧张的高三备考中，仍不忘抽出时间来读书。因为我告诉他们，不是只有睡觉才是休息，换一件事干，就是休息，所以学习累了，阅读就是最好的休息。

"骨干教师要发挥应有的作用，要产生一定的辐射力和影响力。"这是班主任张妙龄老师对我们这些学员的期待和要求。这使我彻底改变了观念。以往，我总觉得读书、成长是自己的事情，独善其身就好。参加培养后，我有意识地积极参与、组织一些活动，带动更多的人一起阅读、学习，一起快乐成长。我组织了"史海泛舟"读书会，读书会成员有我校（湛江市第二中学）教师、湛江市第二十中学和湛江市经济开发区第一中学等学校的同行。读书会的活动已经持续几年了，成为我校历史科组的一个特色和品牌。每学年，学校评选优秀科组时，科组长都会展示、介绍我们读书会的活动。为适应新的高考改革，学校启动了选修课工作，我主持的选修课"影视剧中的历史——唐朝"，顺利通过遴选，成为学校第一批选修课程。我带领4位老师参与了选修课程。我还应雷州市教育局教研室邀请，为雷州全市高三老师上备考复习课，并做关于备考复习的讲座。为了了解新高考，培养项目组组织我们骨干教师去上海进行新课程和新高考的学习，回校后，我向政史地组的老师做了新高考模式的讲座，受到同行的好评。按照省骨干培养项目的要求，我参加了送课下乡活动，在湛江市开发区觉民中学和雷州市白沙中学，我做了"核心素养'时空观念'在备考中的培养策略"的讲座，受到听课教师的好评。这几年我还跟随湛江市教育局教研室到廉江、遂溪、雷州、徐闻等地区的学校，交流高考备考的心得，我的真诚交流赢得了同行的一致好评。我还连续担任了湛江市中小学教学能力大赛的评委，并不断指导年轻教师在各类比赛中获奖。

我们常说，一个人走得快，一群人走得远。参加省级骨干教师培养项目，与众多优秀的同行一起进步，我是快乐和幸福的。明朝于谦有诗句云："书卷多情似故人，晨昏忧乐每相亲。"这么多年与书籍相伴，我是幸福的。不忘初心，不负韶华，就让我和阅读"相亲相爱"一辈子吧！

☑ 成长分析

教师是一种需要终身学习的职业，读书是教师学习的重要方式，读书应该成为教师生存样态，让读书伴随教师整个职业生涯。阅读是教师专业成长不可或缺的途径之一，无数优秀教师的发展历程验证了这个道理。苏霍姆林斯基认为，真正的教师一定是读书的爱好者。特级教师常生龙在其《名师成长之路》中写到："大量地、广泛地、坚持不懈地阅读，是教师成长为名师的秘诀。"名师吴正宪说："本领不是天生的，只能不懈努力，拜书本为师。教师的专业成长并无捷径。"因此，在我们创建的"三阶十环螺旋递进"中小学骨干教师培养模式中，把"教育名著研读"作为其中一个环节。靳瑞老师是湛江市省级骨干教师培养项目的一名优秀学员。

靳瑞老师非常热爱读书，入职初期，她为站稳讲台而读，和学生共同成长；站稳讲台后，她为成为优秀而读，用博学激励自己。她的阅读范围不断扩大，阅读深度不断递进。入职初期，她深入研读教材，广泛阅读教学杂志，教学水平不断提升。胜任教学后，她开始研读历史名家著，同时阅读了大量关于班主任工作和教学方面的教育类著作。持续不断的阅读，使靳瑞老师的教学水平、教研能力不断发展提高，成为骨干教师。

靳瑞老师参加省级骨干教师培养项目以来，在我们项目组要求学员广泛研读的指导下，她更是发挥了自己读书的特长，不但自己进一步广泛阅读，还从自己爱读书变成有意识地积极参与、组织读书活动，带动更多的人一起阅读、学习，一起快乐成长。靳老师组织了"史海泛舟"读书会，成员有学校教师，还有外校同行。读书会的活动已经持续几年，成为学校历史教研组的一个特色和品牌。进一步的阅读，和大家一起阅读，在一定程度上打破了靳老师的专业发展桎梏，为她找到了专业发展的新方向，在一定程度了克服了职业倦怠，她和自己的书友一起读书，一起写作，一起做课题，一起进行专业成长，为追求快乐而读，与职业幸福同行。

著名作家柳青曾说过："人生的道路虽然漫长，但紧要处常常只有几步。"靳老师从省级骨干教师培养对象到教育部"国培计划"历史骨干教师学员；从学校优秀班主任、师德标兵到湛江市优秀班主任；从自己默默成长到勇于、乐于分享经验，引领他人一起读书成长……参加省级骨干培养是她的一个"紧要处"，培养使靳老师从教学、教研、德育工作等多方面提升了自己。工作经验的增多，可能是一种优势，但也可能是使教师固步自封的甲壳，只有不断学习，不断增强自己的实力，才有可能从内部打破甲壳，重获新生。在培养成长过程中，靳老师意识到，身为骨干教师，自己的成长是很重要，但发挥骨干的影响力和辐射力，帮助更多青年教师尽快成长更重要。青年教师在靳老师的带动下读书、写作、做课题、参与校本选修课，一定会有更多的青年教师成为骨干教师，这应该就是骨干教师成长的示范引领意义所在吧。

（张妙龄）

潘唯女：悦读花海的引领者

🤵 潘唯女

湛江市省级骨干教师培养工程培养对象，特级教师，南粤优秀教师，湛江市中小学名教师工作室主持人，广东省名教师工作室主持人。曾任湛江市第二十五小学教导处主任、湛江原点学校副校长。作为深圳市龙华区高层次引进人才，到龙华区第二实验学校任小学语文教师。致力于"让阅读成为习惯"、从阅读到悦读、到大量悦读的"悦读语文"行动研究。著有《做学生喜欢的教师——我的工作手记》、《潘老师带你悦读·教师版》、《悦读经典·小学生课外阅读推荐书目导读》（与工作室成员合作）等。《做学生喜欢的教师——我的工作手记》一书获得国家图书馆捐赠证书。分别在湛江市、霞山区、雷州市、吴川市、岭南师范学院等地，为中小学教师做专题讲座 30 余场。

🗨 成长自述

2015 年 10 月，我代表湛江市广东省级骨干教师培养项目首批培养对象在开班仪式上发言时，内心满怀感激和期待，并开始有意识地思考：如何让自己的专业得到真正的成长？如何通过自己的力量，带动身边志同道合的年轻教师，和自己共同成长？一个人可能走得更快，但是一群人会走得更远。于是，我积极申报湛江市第一批中小学名师工作室主持人，拥有了一个共同成长的团队；2018 年，工作室工作获评"优秀"，直接晋升为第二批湛江市中小学名师工作室主持人，并申报成为广东省中小学名师工作室主持人。组建工作室团队、明确工作室成员成长目标、建立工作室网页、开设微信公众号……为交流互动搭建平台后，带领成员们开始了小学生课外阅读的行动研究。

一、问题：如何让阅读成为习惯

著名教育家苏霍姆林斯基曾说过："让孩子变聪明的方法不是补课，不是增加作业量，而是阅读，阅读，再阅读。"《义务教育语文课程标准》也明确指出："要重视培养学生广泛的阅读兴趣，扩大阅读面，增加阅读量，提高阅读品位。提倡少做题，多读书，好读书，读好书，读整本的书。"其实，老师和家长原本都是知道这个道理的。谁不愿意看到自己的学生和孩子通过阅读增长知识，提高能力？通过阅读陶冶情操，自信从容？通过阅读修身养性，温文尔雅？通过阅读文采飞扬，富有灵感？可是，我们的孩子在不知不觉中，就加入了"低头族"行列——低头写永远也写不完的作业；低头在智能手机和电脑里聊天游戏……把本该阅读的时间慢慢侵占，似乎都在大脑里形成了约定俗成的观念：只有读书的时间是个橡皮圈，有时间时多读几页，没时间时少读几页。时间一长，读书就成了一件可有可无、可做可不做的事情。这是我们对孩子的阅读不够重视造成的，孩子们只当阅读是一件事情，一个任务，没有让阅读真正成为一种习惯。

针对很多学生没有养成良好阅读习惯的问题，我和我的团队开始开展行动研究：如何让学生在阅读中找到快乐、得到启迪，让他们养成阅读的习惯！

二、研究：如何从"阅读"到"悦读"

我带领工作室成员从小课题研究开始，连续五年间各项课题的研究，都紧紧围绕如何从"阅读"到"悦读"的问题而展开。首先参加了广东教育学会"十二五"教育科研规划小课题"小学生从阅读到'悦读'的方法研究"，于 2016 年 6 月顺利结题，并于 12 月获得广东教育学会第三届教育科研规划小课题研究成果二等奖；2016 年 2 月，又和成员们一起申报广东省"十三五"教育技术专项课题——"基于互联网+分级阅读的活动设计与应用研究"，并于 2016 年 3 月 28 日正式立项，11 月 19—21 日在深圳市罗湖区举办"十三五"教育技术专项课题——"互联网+儿童文学阅读"资源应用研究，2016 年度立项课题结题培训会上，作"师生导读资源开发"经验交流报告，于 2018 年 8 月顺利结题。2017年，主持并开展市"十三五"课题研究《基于互联网+小学生微视频悦读推荐的开发和应用研究》，2018 年 10 月，工作室成果《悦读经典·小学生课外阅读推荐书目导读》正式由广东音像教材出版社出版发行，于 2019 年 7 月顺利结题。

三、行动：师生同"悦读"

读了美国教师唐娜琳·米勒的《书语者——如何激发孩子的阅读潜能》后，我就产生一个强烈的愿望，我希望自己、老师和学生改变传统的阅读模式，激发阅读兴趣，提高阅读效率，达到阅读的理想境界。于是，我做了两件事，一是引领教师快乐阅读教育专著；二是引领学生快乐阅读经典名著。

（一）做热爱阅读的榜样

要让阅读成为习惯，老师和家长要以身作则、率先垂范。要和孩子一起阅读，一起交流。老师和家长的率先垂范在阅读习惯的养成过程中发挥着引领作用，与孩子一起阅读、一起交流起着推动作用。

面对一年只读几本书的惯有思维模式，我对自己提出了读 40 本书的要求。听起来好像很可怕。然而，这样的要求可以避免学生和自己就阅读量讨价还价。如果我们降低期望，书就会读得更少，或者等到计划很长一段时间后才开始阅读。设定这么高的要求，就是要确保自己一直有书读。为达到要求，我们必须每天阅读，养成自主阅读的习惯。

为了证明看似可怕的要求是合理的、可以实施的，我从 2019 年 4 月开始，选择适合小学中、高年级学生阅读的书目，每周读一本书，并撰写一篇导读文章，引领学生自主"悦读"。

（二）引领教师们深度阅读

在工作室不断壮大的同时，我和学校的语文老师一直坚持开展学校的读书活动，并让其成为学校常规工作。

教育专著类的书籍，是老师们比较难啃的硬骨头。相比文学、艺术类书籍来说，少了很多的趣味性。往往是阅读了前面几页就束之高阁了。但这样的专业类书籍，对教师的教学和成长又有着不可替代的重要作用。怎样解决老师们既渴望专业成长，又改善读书效率低的现状呢？我想到通过自己的阅读和理解，把专家的观点、主张、策略，浓缩、提炼成一篇一篇的小文，再通过语音的方式表达出来，老师们只需要每天花很短的时间，一边阅读文本，一边手机识别二维码获取作者阅读此文本的语音，让读者有老师在旁边陪读和解读的存在感，从而轻松、快乐地获得最有益的专业理论的学习。

从 2017 年 2 月到 2019 年 4 月，我用了两年多的时间，107 个星期，读了苏霍姆林斯基、李敏才、王崧舟、史金霞、窦桂梅、山姆·斯沃普、李庆明、赵德成、朱煜、孙建锋、道格·莱莫夫、唐娜琳·米勒、薛瑞萍、陈大伟、常生龙、陈洪义、谭永焕等 17 位中外教育专家和名师的 20 本教育专著，提炼了 107 篇读书笔记和感悟，并相应录制了 107 段语音。规定每周日早上 7 点前在工作室微信公众号（潘唯女名师工作室）推出一期《教师读书》栏目。很多同行、同事，甚至家长，都养成了每周日早上打开手机，聆听我读书的习惯，并纷纷留言：喜欢这样的方式，觉得用最短的时间，获得了最有益的专业理论的学习。坚持就有收获！2019 年 12 月，收集了 107 篇导读教育专著的文章和 107 段读书语音的

《潘老师带你悦读·教师版》出版。

（三）引导学生快乐阅读

1. 告诉学生，每个人都是读者

我希望我的教室里，一整面墙都是班级图书馆。一开学，学生就可以开始借书，老师不时推荐。教室看起来就像一个疯狂的股票交易大厅，学生们兴奋地挥舞着卡片，叫着书名。以"疯狂借书日"作为新学期的开场戏。通过把选书和互相推荐喜欢的书作为新学期的第一个班级活动，明确传达——阅读将是整个学期最重要的事。

我们不向学生宣扬他们需要多读书，也不跟他们提及谁不爱读书，谁阅读能力不强或谁觉得读书没意思，这是因为，学生常常有逆反心理，你越强调，他的内心可能越抗拒。只是让学生坚定不移地相信：他们是读者，或即将成为读者。

2. 教给学生"偷"时间阅读的途径

（1）独立阅读可以更有效地利用课堂时间。学生每天一进入教室，就可以拿起书阅读。阅读比任何练习都更有效、更合算。

（2）当学生完成作业后，老师奖励学生独立阅读，而不是又增加更多的看似有趣、有用的作业。热爱阅读的终身读者，完成一天的工作后，奖赏自己的方式就是将自己沉浸于书中。

（3）寻找各种零碎时间让学生独立阅读。比如排队体检、排队拍照、等待校车时；聊天、惹麻烦或无聊发呆时，都可以累积成可观的阅读时间。

（4）图书馆里是"沉没的宝藏"，每位读者都能在那里找到属于他们自己的珍宝。为了避免学生在图书馆里闲逛或扎堆聊天，我们可以提前几天就告诉学生并和他们一起想象能在图书馆里找到哪些好书，产生期望；老师和图书馆员不该把时间花在维持秩序上，而应更好地帮学生找书和选书。

3. 解除束缚阅读的翅膀，让阅读自由

在选书方面，我们需要斩断束缚，给自己充分的自由，完全可以放下自己读不进去的书。作为读者，可以选择读什么，也可以选择什么时候放下一本不合口味的书。"总有一本书在等着你。如果你读一本书时觉得太难或太无聊，那就放下它，再选一本。重要的是，不要因为选错书而放慢了阅读的脚步。读者经常这

样做。不要觉得一本书只要开始读了，就必须要把它看完。"

4. 有计划地向学生推荐阅读书目

在推进我校课外阅读的过程中，我们发现，学生对推荐的书目并没有产生多么浓厚的兴趣，没有达到预期的目的。于是，我们进行了悦读微视频的推荐：每学期每个年级推荐四本书，由老师或学生通过视频方式将推荐书目进行内容简介，让学生产生面对面交流效果，从而对推荐书目产生阅读兴趣。

每年的暑假和寒假，我们给全校学生制订读书计划，提供阅读书目，布置具体的课外阅读任务。如《让我们一起走进阅读的世界》《让我们一起阅读经典名著》《让我们一起快乐"悦"读》《我要像毛爷爷一样读书》等。学生在阅读过程中自由选择完成"采蜜集""好书推荐""阅读卡""手抄报"等阅读任务，每学期进行一次评比、展示、颁奖，以此激发学生的阅读兴趣。

5. 为学生搭建阅读书目展示平台

各班搭建阅读书目展示平台，学生每阅读一本书就将书目记录下来，每月或一个季度总结一次，对阅读量大的、进步的进行表彰和鼓励。开学后通过小组、班级、学校开展各年段的阅读展示，各年段根据学生喜好，学生组织或老师组织多种形式的如讲故事、绘画、演讲、知识抢答等学生愿意参与的活动，激发学生的阅读兴趣。

6. 与资深作家、深受学生喜爱的作家面对面交流

学校与书城密切联系，创造学生与资深作家、深受学生喜爱的作家面对面交流的机会，给学生搭建从阅读过渡到"悦读"的平台。例如，与儿童文学作家商晓娜探讨"人变小变大变没"的灵感怎么来？在世界读书日里与著名儿童文学作家"阳光姐姐"伍美珍面对面畅谈读书、旅游、写作的故事。让学生感觉阅读犹如吃饭，每天都要吃饭，每天都要阅读，不吃饭肚子就会饥饿，不读书精神就会空虚。

7. 拍摄阅读微视频

紧跟时代步伐，工作室引领语文老师们进行了拍摄阅读微视频的尝试工作。把适合一至六年级学生阅读的古今中外的经典篇目经过挑选，并进行导读文字的编辑后，老师和学生、学生和家长一起来进行两分钟左右的微视频拍摄。用一年半的时间，完成80个悦读推荐微视频的制作，并通过微信公众平台定期向全校

近三千多名家长及全社会微信推送，还通过推送学生读后感的方式鼓励和赞赏学生的阅读热情。

要让"悦读"成为习惯，学校和家庭要创设书香环境，开展各种读书活动，营造读书氛围。这两年，学校的图书阅览室藏书量已达到七万多册。每周安排一个年级的学生到阅览室进行开放式阅读；并利用旧教学楼闲置的楼梯间、新教学楼每层宽敞的走廊，摆设简单的书架和桌椅，创设开放式读书角落，交给学生自由去管理和交流阅读材料，为培养学生自我管理、相互推荐、共同成长创设良好的书香环境。

在阅读的花海里，我希望自己和同伴引领学生如蜜蜂，每天快乐又勤劳地在一朵又一朵美丽的花儿上，汲取着每一朵花儿的精华，并酿造出最香最甜的蜜汁；我希望我们如精灵，练就一身有魔法的本领，只需轻轻一点，花海中所有的花瓣儿都充满生机，尽自己最大的努力，绽放自己的光芒，照亮学生快乐成长之路。

回首一路走过的路程，坚信自己的每一步都是踏实的。感谢自己有幸参加了湛江市广东省级骨干教师培养项目，成为了一名培养对象，在导师和团队的引领下，让自己前进的目标更清晰，努力的方向更明确，迈出的脚步更坚定，找到教育的"诗和远方"。

☑ 成长分析

潘唯女老师的成长自述没有面面俱到地讲述自己如何成长为骨干教师和特级教师，而是从她如何带领名师工作室团队致力于"让阅读成为习惯"、从阅读到"悦读"、到大量"悦读"的"悦读语文"行动研究，引领学生如蜜蜂遨游"悦读"之花海。潘唯女老师及其工作室团队不仅照亮了学生快乐成长之路，也绽放了自己的光芒。

从潘唯女老师的专题式自述中，我看到了影响教师成长的两个重要路径，大量阅读和行动研究。

经常听到有些老师说工作太忙，没时间读书。也经常听到有人说，现在的老师不读书。罗曼·罗兰说："要散布阳光到别人心里，先得让自己心里有阳光。"

教师自己不读书，怎能教育引领学生读书？身教胜于言教，正如潘唯女老师所说："要让阅读成为习惯，老师和家长要以身作则、率先垂范。"潘老师不仅这样说，也是这样做的，她两年多的时间里读了 20 本教育著作，写了 107 篇读书笔记。莎士比亚说："书籍是全世界的营养品，生活里没有书籍，就好像没有阳光，智慧里没有书籍，就好像鸟儿没有翅膀。"同理，教师不读书就像鸟儿没有翅膀一样，飞不起来的。

也经常听到有些中小学老师抱怨没时间开展教育研究，也有人说开展教育研究是大学教授的事，中小学教师不需要进行教育研究。这是错误的认知，教师即研究者，中小学教师开展教育研究的确不要像大学教授那样去开展理论研究，而是针对具体的教育教学问题开展行动研究，行动研究的目的是改变实践，提升教育教学质量。潘唯女老师的自述讲述了她如何开展"悦读"行动研究，如何发现问题，如何解决问题，取得了很好的成效，值得我们学习。

（许占权）

吴连助：研修之听、读、研、探

吴连助

湛江经济技术开发区教育局办公室主任，中学高级教师。湛江市省级骨干教师培养项目首批培养对象，湛江市首届名教师培养对象，岭南师范学院教育科学学院外聘教师，湛江市优秀教师，主持和参与国家级和省市级课题 5 项，出版编著 4 部，在期刊发表教育教学论文 10 多篇，荣获广东省教育教学成果二等奖、广东省中小学教育创新成果三等奖、湛江市教育教学成果二等奖等。

成长自述

我是湛江市省级骨干教师培养项目首批培养对象。培养期间，我先后主持或参与省级课题 4 项（其中 2 项为省级重点课题），主编出版了《名师之道》和《校园生态文学写作教程》两本著作，主持课题的研究成果获 2015 年广东省中小学教育创新成果奖三等奖，参与的省级重点课题"区域教育的创新路径研究——湛江'觉民教育'的探索与实践"获 2017 年广东省教育教学成果二等奖。

1997 年 7 月从湛江师范学院（后改名为岭南师范学院）毕业，我就回到了我的家乡东海岛工作。回首 20 多年的海岛教育生活，审视自己的脚印，颇有感慨。从教 20 多年来，要说有所成长、发展，最想感谢的就是名师们的引领，也感谢自己的坚持研修。特别是参加湛江市省级骨干教师培养之后，不论是在理论素养方面，还是在教育教学科研能力方面，我都有了明显提高。特别是在研修路上结识了很多良师益友，他们的成长故事，他们的专业见识，他们持之以恒的学习精神，都深深地影响着我、激励着我，推动着我坚持研修学习，促进了我的专业发展，推动了我的成长。

参加省级骨干教师培养学习期间，我经常思考：我们农村老师跟城市教师、我们普通学校的教师跟省市重点学校名校的教师，区别在哪里？教学资源与学生资源是不能比的，考试成绩也是不可比的。我们能比的是什么？唯一在同一起跑线的就是研修学习。不管身在何处，也不管学识高低，都可以研修学习。城市学校、名校教师可以读的书，农村学校、普通学校的教师一样可以读。城市学校、名校的教师可以做教学研究，农村学校、普通学校的教师一样可以做教学研究。研修是任何人都可以做的，只要你愿意，无需仰慕他人。就这样，我开启了自己的研修之旅。

一、听名家讲座

参加省级骨干教师培养之前，我不觉得教育教学理论有多重要。参加培养学习之后，听了一些专家教授的专题讲座，特别是跟一些专家教授深入交流后，他们的教育见解及对教育教学实践的理论阐述，让我对一些教育教学问题的解决豁然开朗。因此，深感教育教学理论之于教学实践的重要性。没有科学的教育教学理论指导的教育教学实践，最多是基于经验性的体力活，有时甚至是蛮干的。只有把握教育规律才能更好地实施教育，科学的实践需要科学的理论指导。在意识到理论之重要及自己理论素养之浅薄后，在制订个人的成长规划时，我把提升个人的理论修养作为研修学习的主要目标。

参加省级骨干教师培养前，外出参加各类培训讲座的机会很少，也不热衷于参加各种讲座。参加省级骨干培养这几年间，有机会聆听了各种各类的专家讲座、名师报告，不仅开拓教育视野，丰富教育见识，刷新教育理念，激发教育情怀，更为重要的是打开了一扇扇学习之门。每一个专家、每一位名师，他们的成长成功都有迹可循，他们的成长故事就是一扇扇学习之门。

能现场聆听专家名师讲座报告的机会不多，也就是集中培训的那几天，或外出参观学习的日子，才会有集中式的讲座轰炸。所以每次集中学习，我都尽量提前到场，前排就座，近距离聆听，生怕错过精彩。聆听专家名师的讲座，相对于知识性的东西，我更在乎他们的讲座中闪现的教育思想、理念、思维、主张、见识。对于知识，我则更注重程序性知识。毕竟参加培训的时间不多，为了聆听更多名师大咖的讲座，参加各类学术群的线上研修活动，或线上讲座报告，也是我的研修之路。

二、读名师论著

我之前对大部头教育教学论著，不上心。参加省级骨干教师培养后，跟专家名师们交流，方知自己读书之少，学养之浅，理论之薄。于是发奋读书，给自己制订了三年读书计划，并坚持完成读书计划。

1. 研读名师及教育专家们的论著

研读《听李镇西教师讲课》《听袁卫星老师讲课》等大夏书系、"名师课堂"系列丛书，研读名师们的课堂教学实录与教学反思，学习名师们的教学设计、问题技巧及启思激趣艺术，借鉴甚至模范他们的教学，用心感悟他们的教学智慧。研读《余映潮讲语文》《程红兵讲语文》等"名师讲语文"系列丛书，走进他们的语文实践，了解他们的语文理念，体味他们的教学语录，品读他们的语文人生。研读《钱梦龙经典课例品读》《名师最能激发潜能的课堂提问艺术》等"名师系列"丛书，学习名师们的课堂教学艺术。

2. 梳理中国语文教育名家的教学思想主张及教学范式，探寻他们的成长路径

《中国语文人》（第一卷、第二卷）收录了于漪、宁鸿彬等21位名师的语文

教育思想和实践实录，为了便于反复学习借鉴，我按照"姓名、语文教育观、教学方法范式"作了简单梳理，从宏观上把握最近 30 多年来具有代表性的语文教育观及教学范式。

3. 研读教师专业发展类、学生学习方法研究类、教育哲学类及教育心理学类书籍，努力增进专业知识

如《李元昌与乡土教育》等教育家成长丛书，《语文的原点——本色语文的主张与实践》《走近最理想的教育》《国外教育名家成长经历》《人是如何学习的》《教师不可不知的哲学》《实践理性批判》《人的教育》《什么是教育》《给教师的建议》《陶行知教育文集》《教育中的心理效应》等论著，广泛阅读各类书籍，丰富自己思考问题、认识问题的视角。

4. 坚持订阅权威的教育教学杂志

每天坚持阅读不少于 4 篇杂志论文，是我的日常坚守。从教 20 多年，我坚持订阅《高中语文教与学》（人大复印中心）、《中学语文教学》、《语文学习》、《语文建设》、《中学语文教学参考》等教学杂志，了解学科教育动态和学科教学最新研究成果，学习他人教育教学实践智慧与理论。我还订阅《教师博览》《班主任》等杂志，以通过研读丰富自己的育人学识，提升自己的理论素养。阅读教育教学杂志，我特别喜欢实践性的教学研究论文及理论性的教学课例分析，也喜欢收集同类同主题文章进行比较性研读，从中获取某些启示，提炼点滴感悟，汲取实践智慧。

三、研究课题

"纸上得来终觉浅，绝知此事要躬行。""汝果欲学诗，工夫在诗外。"理论素养的提升，不仅仅在于直接理论的学习，基于教学实践的课题研究也是很好的路径。自 2014 年参加省级骨干教师培养以来，我先后主持或参与了 2 项省级重点和 2 项省级一般课题研究，研究成果先后获得广东省中小学教育创新成果奖三等奖和广东省教育教学成果奖二等奖。课题研究促使我广泛深入研读与课题研究的相关文章和论著，促使我思考自己的教育教学问题，反思自己的教育教学行为，探索解决问题的有效路径与方法，实践之、研究之、再实践之、再研究之，在教育教学实践中研究，在教育教学研究中实践。如此反复，不仅提高了自己的

理论认识，也提高了自己的实践能力。用一方水土育一方人。我主持的课题"基于雷州半岛乡土资源的农村中学作文教学研究"，就是为改善自己所在的农村中学学生写作的"四无"（无题材、无感情、无认识、无表达）状况，提高学生作文信心、兴趣、能力，弘扬乡土优秀传统文化，培育学生乡土意识和家国情怀。两年的实践研究，在参加《语文报》等教学类报刊的征文比赛中，我任教班级学生有 20 多人次获奖。我的学生自己编辑班级刊物《宝岛物语》，从栏目设计到撰稿、选稿、统稿、排版、印发，都是学生自己一手操办，一学期两刊。学生语文能力得到了锻炼，语文素养有了明显的提高。更为值得高兴的是，在基于乡土资源的作文教学过程中，潜移默化地强化了学生的乡土意识和家国情怀，在开发利用乡土资源中很好地传承弘扬了本土文化。该课题成果荣获 2015 年广东省中小学教育创新成果奖三等奖。参与省级重点课题"区域教育的创新路径研究——湛江'觉民教育'的探索与实践"，推动区域教育改革，该课题成果荣获 2017 年广东省教育教学成果奖二等奖。此外，生态文明教育研究成果荣获湛江市 2018 年教育教学成果奖二等奖。2014—2019 年，我先后在《黑龙江教育》《中学语文教学参考》《广东教育》等刊物发表研究论文 4 篇；2016 年荣获湛江市中小学教师课堂教学改革征文一等奖。

四、探成长之路

读万卷书，不如行万里路。行万里路，不如阅人无数。阅人无数，不如名师指路。教育教学路上，探析名师的成长路径及其行为特征，然后学习借鉴、甚至模仿沿袭他们的成长路径和行为，也是我研修的主要内容。我不仅向远处的名师书本里的名师名家学习，也向身边的名师学习，认真研究他们的成长成才之路，探寻名师成长轨迹，循着他们的脚印前进。江苏省特级、中学正高级教师黄厚江以及吉林省特级教师、全国优秀教师、全国劳动模范李元昌等，都是从农村教师走出来的。为什么他们能从农村走向全国，他们的成长之路，有一个共同的核心元素——潜心教研。身边的励志名师，也不乏其人。如我的恩师王林发教授，从一个海岛中学教师逆袭成为大学里的教授，除了有恩师的引领，更在于他在教育科研路上的拼命奔跑，心无旁骛、持之以恒、锲而不舍潜心做课题搞科研，不断提升自身科研能力与水平。还有特级教师、省名师工作室主持人江海燕，从偏僻的徐闻走到湛江市区，再走进大都市深圳，追寻她 20 多年的教育轨迹，梳理她的成长经历，我们不难发现三个关键词——积累、用心与坚持。可以说，积累、用心、坚持是她成长的关键词。深入探析江老师的成长历程与事件，我们还可以发现她的成功基因——不懈积累的学习者，勇于探索的实践者，倾情教育的用心者，善于总结的反思者，乐于分享的交流者。这也是众多名师名家的成功之道。

五、积极参与区域教育改革有成效

2015 年 9 月，我被借调到经开区教育局，参与推进湛江经开区区域教育改革"觉民教育"项目。2015—2019 年，五年来，"觉民教育"从一个概念变成内涵丰富的区域教育品牌，结出了累累的果实，形成了一定的影响：一是研究成果丰硕。我们"觉民教育"研究团队先后申报立项"区域教育的创新路径研究——湛江'觉民教育'探索与实践"等 4 项省级重点课题研究，研究成果分别获得 2015 广东省中小学教育创新成果奖、2017 年广东省教育科研成果奖、2018 年湛江市第四届教育成果奖等；编写出版"觉民教育"系列丛书《理论与实践》《觉民教育：区域文化引领学校特色发展》等 10 本。二是区域教育影响力大大提升。2015—2018 年，《湛江日报》《湛江晚报》连年报道我区"觉民教育"。其中，2015 年 9 月 15 日《湛江日报》以《育强师、兴强区、创佳绩》为题专版报道，2017 年 6 月 27 日《湛江日报》以"理念到行动：湛江课改路上的行与思"专版报道《觉民课堂：成长、绽放的美丽舞台》，2018 年 7 月 25 日以《开发区："斯道觉民"创特色品牌　砥砺奋进建教育强区》为题专版报道。《广东教育》先后于 2016 年 9 月和 2017 年 11 月，分别以《点燃式引领——湛江开发区"觉民教育"创生与践行启示录》《觉悟和谐之道——湛江开发区"生态文明教育"启示录》报道我区教育，其中《觉悟和谐之道——湛江开发区"生态文明教育"启示录》获《广东教育》2017 年十大新闻。2015 年 4 月创建的"觉民教育"微信公众号，截至 2019 年 4 月 12 日，关注人数超 10000 人。三是促进教师成长。继 2015 年有 10 位教师被聘为首批市级"三名"工作室主持人后，2018 年又有 12 位教师荣当市级"三名"工作室主持人，有 3 位老师被聘为省级名师名园长工作室主持人。2019 年，区级以上名师工作室共 48 个（其中，省级 3 个，市级 13 个，区级 32 个）。省、市级名教师、名校长及省级骨干教师有 49 人，特级教师

10 人。教学比赛成绩显著：2015 年市高中高效课堂教学比赛，我区 8 个科目获一等奖，其他获二等奖；2017 年青年教师基本素质能力大赛中，33 个学科，我区 18 个学科获一等奖，15 个获二等奖，有 3 名教师代表湛江市参加广东省比赛，其中有一个获得全省第 8 名的好成绩；2018 年湛江市班主任能力大赛第一名是我区教师，代表湛江参加省赛，获得 2 个单项一等奖、综合二等奖的好成绩。四是学校文化有特色。我们整体推进全区学校文化建设，并以"书院、红色、蓝色、生态、开放党民"形成一校一特色、一校一品牌。五是生态文明教育显成效。2015 年 11 月 12 日，"开发区中小学生态文明教育基地"在硇洲中心小学挂牌，这是湛江市首个中小学生态文明教育基地。2017 年 11 月，《广东教育》以《觉悟和谐之道——湛江开发区"生态文明教育"启示录》报道我区生态文明教育，2018 年 1 月 8 日，在"广东教育"微信公众号中又把我区的生态文明教育作为一个典型案例推出，该报道获《广东教育》杂志 2017 年十大新闻。我区生态文明教育成果荣获第四届湛江市基础教育教学成果奖。目前，我区很多学校都因地制宜地创建了校内生态文明教育实践园地。

回顾自己的成长历程，最为关键的节点就是参加省级骨干教师培养项目。可以说，骨干教师培养项目是我成长的关键事件。在这个关键事件中，我的每一次的点滴成长，都离不开名师们的引领，离不开学友们、同伴们的帮助。当然，也有自己的点滴努力与坚持，坚持听讲、读书、实践、研究。在这里，我想套用李元昌老师的话告诉我们乡村教师："不要让条件捆绑住你的思想，不要让环境陷住你的双脚，不要让艰苦磨损你的意志，不要让不理想的考试压垮你的信心。"教育不仅仅是分数，教育的根本任务是立德树人。我们乡村语文教师可以在培养高素质公民的方面做文章，从一个侧面促进乡村振兴建设。在语文教学中，我们不仅要培养学生的语文能力语文素养，还可以进行爱家乡爱祖国教育，可以培养学生的社会责任感，可以点燃学生奋斗新时代的理想信念……

最后，想用三句话与大家共勉：用心做事，精彩人生！坚持努力，行者常至！不断积累，为者常成！

📝 成长分析

吴连助老师是一名锐意成长的海岛乡村教师，从教 23 年，不管在哪个岗位，从未放弃学习成长。从他的身上，我们可以看到一个乡村教师对教学的热爱，对做好教育工作的孜孜以求。从他的成长经历中，我们可以看到，他是一个喜欢研修的学习者，是一个勇于探索的实践者，是一个潜心教育的思考者。

虚心学习。吴连助老师善于从名师、专家的讲座、报告以及他们的成长故事中汲取成长的力量和智慧，在学习模仿中不断超越自己。善于从教学杂志和教育论著中学习借鉴，丰富教育教学见识，汲取教育教学智慧，开拓教育新视野，不断开阔与提升教育教学格局。善于从同行同伴专业成长经历中学习，从他们身上汲取成长的动力和锲而不舍的学习精神。

勇于探索。吴连助老师 20 多年的教育教学历程，不管是在学校，还是在区教育局，不论是对语文教学，还是对区域教育改革，或者是教师培训，都坚守实践一线，潜心研究，或主持或参与省级课题研究，积极探索语文教学、教师培训和区域教育改革的创新之路，科研成果较为丰硕。

乐于思考。吴连助老师面对教育教学的问题，面对别人的成功，总爱问个为什么这样，喜欢溯源归根弄明白。对自己身处的环境如何实现个人的专业发展与成长，也能在思考中找到成长的突破点与努力的方向。在思考中实践，在实践中思考。善于以问题为导向，探寻成长路径，思考提升方法。

（张妙龄）

第五章　扎根乡村与化弱为强

——骨干教师成长自述与个案分析（四）

> "感谢农村那片红红的土地，那片充满诚恳、期待、种植梦想的地方！我将继续在农村的教育路上继续追逐我的梦想！帮助更多的孩子和老师去追逐他们的梦想！"
>
> ——窦梦婷

窦梦婷：行走在乡村教育路上的追梦人

窦梦婷

　　湛江市坡头区官渡中学教导处副主任，初中英语高级教师，湛江市初中英语兼职教研员。全国优秀教师，广东省山村优秀教师，湛江市省级骨干教师培养工程培养对象，湛江市中小学名师工作室主持人，湛江市名师培养对象，坡头区教研积极分子，坡头区党员教学先锋。教科研成果丰富，先后主持或参与国家、省市级课题5项；参编《初中英语话题写作同步教程（八年级全一册）》，汇编七、八、九年级校本写作教材；2013年7月所撰写的阶段性实验报告荣获全国教育科学"十一五"规划教育部重点课题——"中国基础英语素质教育的途径与方法""第六届全国基础英语素质教育实验基地学术交流研讨会"阶段性实验报告一等奖,所主持的省级子课题成果《基于单元话题的中学英语写作教学策略与实践研究》获第四届湛江市基础教育教学成果奖二等奖。注重辐射引领,多次受邀到市内多个地区、省内多所学校上专题研讨课或开设专题讲座。

💬 成长自述

多年来,我坚持不懈追求,勇于超越自己,实现专业的快速成长;全情投入,默默耕耘,意在助力更多的农村学生追梦、圆梦;以榜样的力量引领区域教师共同成长,倾力改变周围农村教育的落后面貌。

1994年,我毕业于广东省遂溪师范学校,成为一名光荣的人民教师。从教26年来,我以一名优秀共产党员的准则要求自己,以成为一名学者型的教师为目标,凭着一腔教学热情、一股工作干劲、一种教育情怀在教学教研上获得累累硕果,深得学生爱戴、家长赞誉、上级领导的认可和表扬。先后获得"湛江市优秀教师""广东省山村优秀教师"和"全国优秀教师"等荣誉称号,2015年、2017年连续两轮被聘为湛江市中小学名师工作室主持人。

一、因为真爱,选择坚守

1994年,刚师范毕业的我被分配到官渡镇最偏僻的一间中学——坡头区石门中学。学校位于边镇乡村的一个山顶上。学校周围深山野林,教学条件相当落后。我是土生土长的官渡人,却对石门中学的地理位置和情况毫无知情。因为初生牛犊不怕虎,更因为酷爱教师这个职业,我拎着简单的行李在村中姐妹的陪同下提前到学校报到。

我不畏条件的艰苦,安于清贫,勤勤恳恳,默默耕耘,扎根在石门中学近十载。当时19岁的我成为了那里的孩子王,整天和学生一起背书、默写、做游戏,享受着教学的快乐,守护山里孩子成长。

1997年,身怀六甲的我接任初二年级三个班的英语课,学生英语基础薄弱但学习积极性高。为了帮助学生提高英语成绩，我充分利用课后时间给学生开小灶，直到产前一天的晚上我还坚持站在讲台上给学生辅导。学校英语老师短缺，我放心不下学生，产后休息一个月，主动申请回校给学生上课。由于工作任务繁重，得不到充分休息，有一天在上课时我突然嗓音沙哑、失声，说不出话。在讲台下的学生见此情景，焦虑得哭了起来。

2003 年，石门中学合并到湛江市坡头区官渡中学，我就回到了母校任教。永不停歇，不满足于现状的我，专心研究教法教材，在学校和区域的课堂教学竞赛中荣获优异成绩，辅导学生参加全国奥林匹克英语大赛勇夺全国二等奖和三等奖。教学上的创新改革、优异成绩的取得得到上级领导的赞誉，市区一些学校抛来橄榄枝，但是我不为所动，选择坚守在农村学校。

我选择，我坚守！

二、真情浇灌，桃李满园

我心怀学生，爱生如了，主动帮助有需要的每一位学生，尤其是贫困生和病困生。我常常自己掏钱购买书籍给学生，资助单亲家庭和孤儿学生，挽救处于辍学边缘的学生。

2010 年，我的学生小华不幸患上了脑瘤，急需钱动手术。看着眼前身材矮小，面黄肌瘦身的小女孩，我心痛不已。身为班主任，我非常清楚小华的家庭状况：家里一贫如洗，父亲常年生病，劳动力短缺，一家 5 口的生活仅仅依靠母亲一人打散工维持。一笔将近 2 万块的手术费用对这个家庭来说无疑是雪上加霜。为了让小华尽快动手术，我以身作则带领学生积极捐款，解决小华医疗费的燃眉之急。当小华妈妈从我手中接过捐款，看着一张张大小不一的钞票时，激动得流下了眼泪。

2015 年，临近中考，班上的文静同学因为意外事故摔伤左腿，这可急坏了家住镇上 10 公里外的父母。平时他们工作繁忙，每天接送孩子上学，路途太遥远。如果按照往常一样住宿，没有办法给她熬药、敷药。为了让文静父母放心，我主动包揽每天熬药和敷药的任务。一天熬两次中药，和住宿学生把文静从四楼教室搀扶到三楼的宿舍进行敷药，晚上煮好开水送到宿舍给她冲服药。经过我一个多月的悉心照料，文静康复得很快。原来内向的小姑娘变得活泼外向，蹦蹦跳跳。7 月中旬，文静父亲双手捧着湛江一中的通知书激动不已。他说："心里的石头终于落地了。没想到一个多月的腿伤没有影响到她的成绩，如愿考上湛江市重点中学。这都是老师的功劳，多亏了老师悉心照料，你是孩子的恩人，也是我们全家的恩人啊！"

我之所以能长期不计回报地付出，那是因为我心中有爱：对教育的热爱，对学生的挚爱！正因如此，我赢得了家长的赞誉，领导的信任和学生的爱戴！

我热爱，我付出！

三、不甘平凡，不懈追求

我具有扎实的教学基本功，善于运用现代化教学手段进行教学。先后参加区、市、省骨干教师培训，多次参加教材培训，聆听专家报告，善于创造性使用教材，在教学上取得了优异成绩，所教的班级在历年的区统考、市中考中成绩显著。我注重培养学生的语言综合能力，辅导学生参加各项竞赛，取得喜人的成绩。

我好学上进，善于钻研，坚持走在教研教改的前沿，不断探索新课标下的教育教学思路，积极创造践行适合学生学情和当前教育教学要求的"导学—自悟"的教学模式。因教学经验丰富，常常被邀请执教学校、区的示范课，得到广大领导和同事的认可，为青年教师的成长起到了指导和引领作用。2012 年 4—5 月，我受邀先后在坡头区第一中学和吴川市三中上写作示范课，得到听课老师的高度赞誉。2014 年 4 月 11 日，我在湛江市教研室举行的广东省教育科研"十二五"规划重点课题"基于单元话题的初中英语写作教学研究"开题报告会暨写作教学专题观摩研讨活动中，执教写作专题课，受到与会教师的一致好评。2015 年 12 月，我受邀到岭南师范学院给参加初中英语置换培训的老师作初中英语阅读与写作的专题讲座。2016 年 3 月，我在湛江市教育局英语教研室分享课题研究心得。2018 年，我到遂溪大成初中给全县的九年级英语教师上中考读写结合专题示范课。2018 年 3 月，我给官渡镇中心小学的老师作"如何申报课题"专题讲座，指导镇上的中小学教师申报区级课题。2019 年 11 月，我给遂溪县的初中英语教师作初中英语写作教学讲座。2019 年 11 月下旬，我带领工作室的成员到坡头区德威中学送课，深受听课老师和学生的欢迎。热衷教学教研的我，总是停不下脚步，奔跑在乡村学校之间，感受着一名乡村教育人的幸福。

我研究，我收获！

四、榜样示范，引领教师成长

作为学科带头人，我把提升学校、区域教育教学质量视为己任，凝聚区域教师力量，精心组织主题研训活动，积极通过课题研究等多种方式探求有效的教学模式，引领老师们探究解决课堂教学问题的途径，走专业化成长之路。

从 2011 年以来，我积极参与湛江市教研室庄海滨老师主持的广东省中小学教学研究"十二五"规划重点课题研究，并立项子课题"初中英语九年级单元话题作文的优化方案及实践研究"；同时为了培养学生的阅读兴趣，以读促写，2011 年以来，我带领学校七、八年级的英语老师参与北京外国语大学霍庆文教授主持的全国教育科学"十一五"规划教育部重点课题"中国基础英语素质教育的途径与方法"研究并立项子课题"语感阅读法与学生书面表达能力研究"。课题立项以来，我带领学校实验教师扎扎实实地进行课堂教学实践和理论学习，有效解决了课堂教学的困惑，取得了丰硕的成果。2012 年 6 月，我送评的写作课例"九年级 Unit15 We're trying to save manatees!"参加广东省中小学教学研究"十二五"规划重点课题"初中英语九年级单元话题作文的优化方案及实践研究"录像课例展评，荣获一等奖。2013 年 7 月，我所撰写的课题论文《例谈教材写作资源的利用和整合》，荣获广东省中小学教学研究"十二五"规划重点课题科研论文评比一等奖。2013 年 7 月，我所撰写的国家级课题研究的阶段性实验报告《语感阅读法与学生书面表达能力研究》荣获全国教育科学"十一五"规划教育部重点课题——"中国基础英语素质教育的途径与方法""第六届全国基础英语素质教育实验基地学术交流研讨会"阶段性实验报告一等奖。2018 年荣获湛江市第四届基础教育成果二等奖。多年来，我带领学校和区域学校的老师参与课题研究，编写校本教材，汇编学习资料。

我是第一、第二轮湛江市中小学工作室主持人。作为主持人，我不忘使命，牢记初心，本着甘于奉献、不计得失的专业职责，发挥示范引领作用，以求真、务实的态度带领整个团队朝着成长为学习型的优秀教师发展。我精心拟订工作室计划，用心规划工作室活动，以主题阅读、专题研修、课堂竞技多种活动搭建成长平台，促使工作室成员、学员成长。

2019 年，坡头区麻斜中学的戴海清老师首次参加湛江市第二届初中英语青年教师能力竞赛。作为区英语教学的领头羊，我主动与戴老师交流，和她认真研讨教材教法、观摩优质教学案例，推荐她学习专题教学理论，反复修改课件，优化教学设计。经过 10 多天的赛前准备，经过激烈的角逐，戴老师不负众望，在 17 位选手中胜出，荣获湛江市一等奖。

在工作室成员相扶携手、共同走过的历程中，团队成员发展已初见成效。2019 年，许红珍、叶燕清老师被坡头区教育局定为坡头区第一批名教师培养对象。2019 年 4 月，李屏娴、郑宇霞初次被聘为坡头区初中英语兼职教研员。基于市级重点课题研究的两篇教研论文陆续发表。2019 年 4 月，我撰写的论文《基于文本主题词的词汇教学策略》发表于《英语画刊》。2019 年 6 月，工作室成员陈月华教师撰写的论文《例谈初中英语阅读课中的词汇教学》发表于《中国教师》。

我示范，我成长！

一路走来，一路芬芳。

感谢农村那片红红的土地，那片充满诚恳、期待、种植梦想的地方！我将继续在农村的教育路上追逐我的梦想！帮助更多的孩子和老师去追逐他们的梦想！

📝 成长分析

"全国优秀教师"，当我看到这个无比荣耀的称号时，敬佩之情油然而生！

窦老师，一个来自农村的教师，何以成为"全国优秀教师"？自有不凡之处！

热爱和坚守是前提。窦老师喜欢教育，热爱教育，没有因为教育环境的艰苦而离开，因为热爱着，教师的专注点会在学生身上，会在家长的期待上。想学生所想，思家长所思。即使遇到困难、挫折，都不会动摇一个有梦想的人！只要坚守着，成长就有了机会。

倾情和付出是关键。雅思贝尔斯在《什么是教育》一书中论述到，教育"是人与人精神相契合，是文化得以传承的活动，是人与人的主体间灵肉交流活动，包括知识内容的传授、生命内涵的领悟、意志行为的规范，并通过文化传递功能将文化遗产交给年轻一代，使他们自由成长，并启迪其自由天性"。窦老师潜心村校，倾情付出，与孩子们生活在一起，学习在一起，她的人格魅力和思想魅力会在学生中传递，"克服困难，敢于奋斗，不懈追求"成为其"自由天性"；产后一个月就返回课堂，"生命内涵的领悟、意志行为的规范"会在"小华们""文静们"中传承。倾情和付出在学生成长成才上，在教师自身专业发展上，在实现每一个教育目标上，不可或缺。

研究和示范是路径。在由许占权等老师撰写的《从优秀到卓越：教师领导力的 12 项修炼》一书中，李文送老师倡导"行思读写，厚植自身思想力"指出"我们所说的有思想的教师，就是特指有自己思想的教师。这样的教师，意味着产生了自身思想力，有着自己秉行的教育信仰、教育思想或者教学主张的教师"。窦老师"经不断探索新课标下的教育教学思路，积极创造适合学生学情和当前教育教学要求的'导学—自悟'的教学模式"，这是研究后有了自己"思想和主张"，就会有底气"发声"和有能力"引领"，示范才会有人认同和效仿。"常常被邀请执教学校、区的示范课，得到广大领导和同事的认可，为青年教师的成长起到了指导和引领作用。""我精心拟订工作室计划，用心规划工作室活动，以主题阅读、专题研修、课堂竞技多种活动搭建成长平台，促使工作室成员、学员成长。"

在帮助青年教师成长的过程，我们也见证着窦老师的成长，她已经成长为全国优秀教师、广东省山村优秀教师、湛江市省级骨干教师培养工程培养对象、湛江市中小学名师工作室主持人、湛江市名师培养对象。

"行走在乡村教育路上的追梦人"，看着这个题目，我脑海中"张桂梅"向我走来！

（王海波）

蔡虹：贵生蓝天下的彩虹

8 蔡虹

湛江市徐闻县曲界镇中心小学教导处主任，负责全镇数学科教研指导工作；湛江市省级骨干教师培养工程培养对象，全国优秀教师、广东省"最美教师"、广东省南粤优秀教师、湛江市小学数学名师工作室主持人、徐闻县小学数学理事、徐闻县教育局小学数学兼职教研员。曾主持省级课题和市级课题各1项，撰写论文获奖和发表多篇，其中《在数学教学中如何渗透德育》荣获湛江市二等奖，《谈小学生计算能力培养》发表在《湛江教育》，《转化学困生工作之我见》发表在《下一代》，《浅谈小学数学趣味性课堂练习设计》和《在贵生理念下小学数学教学中的"激趣"》发表在《课程教育研究》。在教育教学中践行和引领青年教师做学生的贵人，坚守耕耘贵生教育。

🗨 成长自述

"彩虹老师！"很多人这样称呼我，因为我的名字。或许，父母给我起这个名字是希望我如彩虹一样的美丽，甚至拥有如彩虹般的七彩人生。不管如何，不论是彩虹还是蔡虹，我都很喜欢，并且我要成为名副其实的"彩虹老师"。

习近平总书记曾说过："一个人遇到好老师是人生的幸运，一个学校拥有好老师是学校的光荣，一个民族源源不断涌现出一批又一批好老师则是民族的希望。"我想，"彩虹老师"要成为好老师，即成为学生生命中的贵人。

21年来，光阴荏苒，岁月从我的生命中流过，同时也留下了深深浅浅的脚印。回首自己的从教生涯，我一直坚守在中国大陆最南端徐闻县曲界镇"菠萝的海"之乡，用自己的热情、专业、智慧和汗水书写"彩虹老师"和她孩子们的成长故事。

自从参加湛江市省级骨干教师培养项目后，我更加读懂了自己的责任与担当，以及成长的使命和意义。虽然我教书育人的地方是乡镇小学，但我从不嫌弃这里的教育环境和教学条件。继续在这里从教，或许很难有大红大紫的辉煌一页，但我从未想过离开，因为我相信即使是在乡镇小学，雨后也会遇见彩虹。而我，要做贵生蓝天下的彩虹！

一、理论浸润滋心田

读师范时，老师就给我们说过，要给学生一碗水，自己必须得有一桶水。现代对教师的要求就更高，说一桶水还远远不够，更需要有源头活水，不然，这桶水最多也只是死水。然而，这活水的来源，就依赖于我们不断去读书、学习。

有人说，阅读不只是一种悠然闲适、趣味盎然的生活情趣，它更是一种严肃的灵魂的考验和思想的洗礼，我在参加湛江市省级骨干教师培训时专家们的讲座就充分印证了这句话。记得《中小学德育》杂志副主编、编辑部主任、资深编辑、教育部师德国培授课专家徐向阳老师作了题为"教育论文写作：基本规范与选题建议"的专题讲座。

在讲座中，徐向阳老师用丰富而生动的案例，给我们讲授中小学教师论文写作的技巧。他特别强调，要写好论文必须具备熟练的文字驾驭能力，而文字能力提升的路径是多读书，要多读教育教学经典名著。

还有湛江市爱周高级中学梁哲校长以他自己的成长经历告诉大家如何做课题研究，梁哲校长在讲座中要求要做好课题研究每年至少要读 3 本专著。从两位专家老师的讲座中，我深受启发的是：不管是好的论文或是好的课题研究都是磨出来的。只有多读、多写、多思、多积累，才能做到厚积薄发，写出高水平的论文，做出好的课题。

因此，我们教师要多读书，才能成为专业型的教师。我们面对的是一群求知若渴的孩子，将他们教育好是我们的责任和义务。只有不断地学习、不断地提升、不断加强修养，才能胜任教育这项工作。

记得刚接触"贵生课堂"，我还处于懵懵懂懂的状态，怎样的课堂才是"贵生课堂"呢？时任湛江市徐闻县教育局局长朱堪智在《让课堂在安心自由开放中经营》中提到的安心、自由、开放的课堂境界又是如何？时任湛江市徐闻县教育局副局长潘建义在《贵生课堂——让我们的课堂更加生动起来》中对课堂提出的三点基本要求又如何才能做到呢？那时的我思想认知不够，根本领悟不了。不学习，心灵之泉就会枯竭，工作也就无"心"可用。课堂上，要给学生一杯水，你就得找到永不枯竭的水源，而这个水源就是学习和实践。带着这样的认识，我开始如饥似渴地投入读书学习中去。我反复研讨新课标，大量阅读教学刊物，坚持业务自学，认真做好笔记，广泛汲取营养，及时进行反思，转变教育观念，捕捉新的教学信息，勇于探索教育规律，大胆采用新的教学手段。我常向同科老师学习教学经验，借鉴优秀的教学方法，提高自己的教学能力和业务水平。同时积极参加各级组织的业务培训和教研活动，可谓是一路学习，一路成长。

二、课堂实践求真知

"家常课养人，公开课炼人。"一个教师的成长，离不开公开课这个特殊的舞台。于是，多年来我一直争取多上公开课，因为有了这个平台，我就可以有更多的机会和大家一起探讨和学习。也正是因为有了"公开"这面镜子，我才能更好地认清自己，从而有针对性地纠正自己和提升自己。

对于每一节公开课，我总是从不满足。从最先的"同分母分数加减法"到"认识周长"以及到后来的"图形中的规律"，我不知道磨了多少遍。我总喜欢把自己的教学设计发给同行，征求大家的意见，在各位同行的共同参与下完善自己的教学设计，然后再反复试教。在一次又一次的打磨与反思中，我辛苦着，但也收获着。

记得有一次，我校举行了"贵生课堂·十大元素"探研式教学活动。担任实验班教学的我自然而然参加了这次探研活动，并上了一节主题为"长方体的体积"的展示课。为了上好这节课，我可是下了不少功夫。我把课堂教学中要说的每一句话都写下来，甚至掐着秒表计算时间，哪一个环节用几分钟，我都反复思索、推敲，连说话的语调都细细斟酌。然而，到了正式上课在学生小组合作时，由于小组长培训的欠缺，学生表现得并不积极，气氛也不够激烈，学生展示的积极性也不高。这完全出乎我的意料之外，这样的课如何"贵生"？

上完公开课的我，久久不能平静。之后，我还失眠了好几夜。于是，我重新精心研读潘建义副局长所写的每一篇指导性文章，同时积极参加各级"贵生课堂"研讨活动。看到人家课堂上那热烈的气氛，活跃的场面，我感到不解：一样的知识，一样的讲解，为什么效果却差这么多？我不断思考、追问及寻找问题的答案，原来他们的授课总是以学生为中心，而我总是惟恐完成不了教学任务，总像是被人追赶似的赶时间、赶进度。这次公开课，对我自己是一种无声的鞭策，让我在深刻的反思后又有了全新的突变。就这样，我不辞劳苦，勤于实践，在实践中探索，在实践中成长，在实践中收获。

在"贵生"课改的路上，我跌倒过，也快乐过，其中有一件事触动了我的心弦。有一次，我赴下桥镇参加了结对子教学比武活动，获得数学科一等奖，并被推荐参加徐闻县小学教师"贵生课堂"教学竞赛。在比赛中，我上的是四年级"图形中的规律"这节课。

当时，我在比赛场地学校的四（2）班上，课前有10分钟可以和学生进行简单交流，然后就开始上课。课中，我设计了引导学生探索图形的规律，为学生提供多次动手操作、小组合作探究的机会。在探究此活动时，充分发挥学生的主体作用，采用小组合作的学习方式，使学生学会与他人合作，善于倾听别人的意见，在小组交流中互相启发，互相学习，共同进步，共同发展。整个课堂充满活力，人人都体验到合作学习带来的乐趣。在同学们快乐合作交流中，不知不觉下课时间到了，我依依不舍地宣布下课。

令我意想不到的事发生了：同学们一下子冲到讲台，围着我，让我签名、留联系电话等。我有点受宠若惊，不知所措……我上课时间是下午第二节课，第三节课还有一节，我赶紧让同学们先排队带到教室外面。一到外面，有个女同学突然扑到我怀里，眼睛红红的，伤感地说："蔡老师，我们真舍不得您，您几时再来给我们上课？""蔡老师，您给我签名留念，好吗？""蔡老师，记得来看我们哦！"……孩子们你一言我一语，让我控制不止，流下了幸福的泪水。

后来，我参加徐闻县中小学教师"贵生课堂"教学竞赛还荣获了一等奖，并被授予徐闻县"名师"的光荣称号！

三、引领示范促成长

作为湛江市名师工作室主持人及学校教导处主任，我努力发挥"名教师"工作室的责任担当和示范、引领、辐射作用，热心指导青年教师备课、上课，并积极组织教师开展集体备课、优质课比赛和观课议课等教研活动，努力把学校的教研教改活动开展得有声有色。

在这期间，我开展了20多场讲座，其中2016年讲座"全脑认知优效适者发展——'贵生课堂'认知内因解析"在全县推广；2019年10月参加徐闻县东片区域教学共同体举行的小学数学交流活动，讲座"新课程标准下小学数学计算能力的培养"获得一致好评；2019年11月参加徐闻县西北区域教学共同体举行的小学数学交流活动，讲座"小学数学概念教学"获得一致好评，被徐闻县教育局教研室采纳并在全县推广。

在新冠肺炎疫情期间，考虑到学校老师专业水平和师资老年化问题以及照顾当地农村的情况后，我建议学校采取微课形式进行教学，同时组织工作室骨干教师开展微课培训系列活动。我一共组织开展了6次培训活动，每次培训都率先示范。老师们掌握了录制微课的方法后，我又指导他们研课、试课、磨课和录课，从知识点整理复习到标点格式，不厌其烦地点拨引导。

每天夜里，当人们沉睡在美梦中的时候，我还在灯下认真审阅和倾听老师们的作品，并一一做好笔记，以便于第二天与老师探讨修正。功夫不负有心人，我们工作室制作了42节高质量的小学生居家学习系列原创微课及资源，通过"蔡虹名师工作室"微信公众号发布。这些原创资源得到了师生的广泛欢迎和家长、专家的高度赞赏。其中，1节复习课被选上在"学习强国"慕课平台推送，1节在广东省张颖名师工作室微信公众号推送。

四、灿烂蓝天彩虹艳

一路走来，有过迷茫，有过惧怕，有过苦涩，但我想最多的是在实践中收获的希望和欣慰。记得教过的小苏同学，是从乡村转学来的，刚接教他时，他是一名"学困生"，嗜睡、嗜玩、懒学习，迟到早退已习以为常。面对这个学生，针对他的缺点，进行追根究底，寻找病因。最后，在我的诚心和爱心的感化下，小苏同学变成了一位好学生。每当有人在小苏面前讲到我时，他总会说："蔡老师不仅是我的好老师，还是我心中的慈母。"听到孩子发自内心的话语，我想这就是当老师的价值，这就是我们老师的幸福！

微课培训期间，工作室陈金凤老师说："虹姐，非常幸运加入您工作室，感谢您一直以来的悉心指导，特别是这次疫情期间我进步特快，一直就想学习录制微课，可惜之前没有机会，如今我终于学到了，并且能熟练操作。在您的指导下，我对教材的理解与应用提高了，录制的课在当地也得到了好评，衷心感谢您！"莫颖华老师抱着我说："姐，我们学校老师特别羡慕我能有您这样的良师姐姐，我要继续努力，不辜负姐的一片用心良苦。"李婷婷老师说："姐，以后您还要多多指导我哦！"陈昱方校长说："蔡虹，疫情期间你辛苦了，全县没有一间学校像我们这样指导老师录制微课进行上课，通过这次提高了我们镇老师的专业水平，谢谢你！"……这一句句肺腑之言让我欢喜，让我感动。虽然付出的是汗水和辛劳，但收获的却是欣慰和满足。"耿耿园丁意，拳拳育人心"啊！

一分耕耘，一分收获。"全国优秀教师""广东省南粤优秀教师""广东省最美教师""湛江市优秀教师""湛江市骨干教师""徐闻县骨干教师""徐闻县名师""徐闻县优秀教师"……纷至的荣誉不但是对我成长的肯定，而且是对我发展的鞭策。

相信，今后前进的道路会很长，即使很苦，我也绝不后悔！我很欣赏潘建义副局长所说："因为'贵生课堂'，我们同路走，成了同路人，有了同样的梦，结下了今生难忘的情缘。"的确，今生与"贵生"结缘，我要珍惜这份来之不易的情缘。风雨兼程中，我会一路前行，一路探索。我坚信，我们一定会迎来风雨后那片最美最炫的彩虹！

✏ 成长分析

大道至简，返璞归真。这是我阅读全国优秀教师、广东省"最美教师"彩虹老师的《贵生蓝天下的彩虹》的成长故事后，脑海漾出来的词句。想不到一个乡镇小学的老师能活得如此淡然却不失精彩。从她收获的荣誉称号中，就足以看出她是个非常出色而杰出的教师。从学生到年轻教师，无不被她的高尚的师德情操、精湛的教学艺术和质朴的教育情怀所深深折服。或许，她就是那种自带"彩虹"色彩的教师，总能让人发现生命中的亮色和生活中的惊喜。

从她的身上，我看到了为师之光泽在闪烁。她善于学习、热爱课堂；她乐于分享、勇于担当；她主动作为，积极反思；她以师为荣，以教为乐。如在省级骨干教师培养期间，她向名著、名师、名家学习，并通过实践、反思、提升等环节不断成长自己。正因为如此，即使是在不算肥沃的土壤，她也坚守为师之本分，坚持理论学习和实践学习，并通过自身的努力和耕耘，化困难为契机，化阻碍为力量，为老师们树立榜样，为学生们带去光亮。其实，她非常纯粹，那就是想方设法地把课上好，把学生教好，把队伍带好。

在我看来，蔡老师的茁壮成长并非偶然，而存在其必然。人民教育家于漪老师说："教育家是上课上出来的。"同样道理，无论是骨干教师还是名教师，都是在课堂教学的摸爬滚打中成长起来的。诚然，主动争取上公开课无疑是蔡老师专业快速成长的秘诀之一，值得广大青年教师学习和借鉴。

（李文送）

杨小婵：做一名乡村教育的引领者

杨小婵

吴川市塘尾中学语文教师，湛江市省级骨干教师培养对象，湛江市"名班主任工作室"主持人、吴川市责任督学。获南粤优秀教师、广东省阅读之师、湛江市最美教师、湛江市名教师、湛江市骨干班主任、吴川市最美教师、吴川市名师、吴川市优秀教师等荣誉称号。

成长自述

在参加湛江市省级骨干教师培养过程中，我注意从教学、教研、德育工作等多方面提升自己。培养期间，我先后主持或参与省市级课题3项，发表文章5篇；个人获省级荣誉2项、市级荣誉4项、县级荣誉5项；个人参加比赛获市级奖项2项、县级奖项2项。连续担任吴川市班主任专业能力大赛和师德师风演讲比赛评委工作，在湛江市中考备考会上作题为"课改，在路上"的专题讲座，在湛江市岭南师范学院举办的湛江市农村置换教师轮训中作题为"例析初中语文课堂教学设计"的讲座，在湛江市初中教师轮训中作题为"做一段美好的乡村教育"的巡回讲座，在贵州金海湖区教研活动中作题为"破解农村班级管理低效之谜"的讲座，均获得好评。

省级骨干教师培养项目，是我参训经历中级别最高的，也是令我成长最快、收获最丰的。培养项目让我的专业得到了前所未有的提升，不仅拓宽了我的视野，还丰富了我的实践经验，更让我的思想认识得到了升华。这一路走来，我在教育岗位上，扎扎实实做事，用知识和爱心去耕耘乡村孩子们的未来，经历和见证了乡村教育教学的许多美好，我内心充盈，就像是乡村教育里的一位虔诚的信徒，用心走过，引领着乡村孩子的健康成长。

一、不断学习，夯实底气现灵气

我 2004 年大学毕业后就回到了一直哺育我的家乡，扎根在一所乡村中学。乡村教师能外出学习的机会不多，所以我珍惜每个学习机会。以前，我不知道阅读教育专著的重要性，平常的教学几乎全凭经验。参加省级骨干教师培养项目以来，我明白了读书的重要性，开始在导师的引领下认真研读教育教学专著，从此更广阔深邃的教育天地在我面前铺开。我认真阅读了易连云教授写的《德育原理》、李季教授的《德育新思维》和《小活动大德育》，阅读了窦桂梅、王荣生、郑桂华、管建刚等名师的著作。读书的过程，就是一个积累、思考、提升的过程。我工作的思路被打开，我开始知道"教师专业发展"这个概念，开始知道为人师要有丰厚的专业素养，教育工作要懂得防微杜渐，而不能总是凭经验或见步行步。我所看的书里的营养开始变成我专业成长的生长素，我逐渐成长为一位有学习力、思考力和领导力的新时代教师。这让我的教学水平得到了很大的提升，在吴川市的影响力也逐渐增强。

培养期间，项目组精心开设的讲座让我受益匪浅，就如同给我的成长装了一个"加压泵"。如刘明贵教授的"现代教师的职业精神"、张剑伟教授的"漫谈道德修养和道德养成"、班主任张妙龄老师的"骨干教师的素养和成长之路——学习共同体建设"、徐向阳教授的"如何撰写教研论文"和梁哲校长的"中小学教师如何做课题"……那一场又一场精彩的讲座，或沉稳，或睿智，或思辨，带给我很多思想的冲击，既让我看到了自己与专家名家的差距，又让我生发了成为名副其实的骨干教师的更多期盼。这些讲座，让我接触了不少知名的专家教授，学习了大量前沿的理论、理念，掌握了很多科学的教育教学技能。更重要的是，我开始认识到要在平凡艰辛的教育岗位上坚守自己的教育哲学，自觉地抵制种种利益诱惑，虔诚地履行教育的使命，矢志不渝地追寻学生成长和教学的意义，坚定地笃立教育的信仰，树立正确的教育信念，培育积极的教育情感。

参加省级骨干教师培养项目的几年期间，我学科上元气大补，灵气大添，底气越来越足，开始形成了自己的教学风格。教学上，我精心设计，创自己的特色，每讲授一课，都尽量要做到"胸中有书，手中有法，目中有人"。我把对专业的热爱和追求融于对学生的关爱和期望之中，孩子们在我的课堂总能欢声笑语，思维总能无限跳跃，一个又一个鲜活的生命总能在我温情的言语中得到滋长。扎扎实实的努力最终确实换来了甘甜的果实。2016 年，我参加县的高效课堂比赛，获得初赛第一名、总决赛一等奖的好成绩。我作为一名农村学校的老师，开始在县的教育系统引起同行们的关注。我在教学中选择的教学策略、教学素材、教案的编写、教学方法的选择以及教学工具的运用，带给同行们耳目一新的感觉，再加上我具备较全面、较深厚的知识储备，能在教学中游刃有余，一场比赛下来，同行们都记住了我这位来自农村学校的普通老师。

二、关注前沿，探索教学新模式

在省级骨干教师培养期间，我记得每期的培训主题都十分鲜明。尤其记得的是第三期的那场教育盛宴。这期的集中培训主题是当前教育界发展最热门的方向：核心素养和教学模式。核心素养，被称为当前教育改革的"关键"，是新课标的"源头"，中高考的评价的"核心"，确保课程改革万变不离其宗的"DNA"。教学模式，同样是时下热门话题，很多探索，很多实践，也有很多新理论，基本上逢培训必讲。骨干教师培养项目组的主题课程的安排简直让我们热血沸腾，分别有周立群教授的《基于核心素养的校本课程开发与实施》、张妙龄的讲座《核心素养理念下德育新方向与新思考》、谭永焕校长的《中美基础教育教学模式对比之我见》、张子石研究员的《信息技术支持下的课堂教学新变化》、周仕德教授的《中小学有效课堂教学模式》、蒋家傅教授的《互联网+时代的教育变革》……那段时间，核心素养和教学新模式的学习使我的教学就像被打通了任督二脉一样，如鱼得水般灵动。我整个人就如蚕吞吃桑叶般，如饥似渴地深入钻研教材和课程标准，积极主动参加校级、县级、市级、省级的示范课教学。为了给老师们送上一节优质的展示课，每次我都会精心准备，查阅大量资料，听取专家和同行的指导意见，使教学的内容具有深度和广度，使核心素养和教学新模式得以在教学中有效落实，我反复思考教学过程中存在的问题，力求高效。我以发展的眼光看待学生与教学，树立正确的教学质量观，大胆尝试新的教学方法和形式，创建不同的教学情境，创设和谐的教学氛围，组织有效教学，积极探索生本理念下的新型课堂教学模式。我扎根教学第一线，挑战自我，敢于突破，用新的形式或内容去激起学生学习的热情，为学生构建自主、合作、探究的学习方式，培养学生的创新精神。我作为吴川市课堂教学改革的先行者，推行"预习检测—合作研讨—展示交流—层次测评"的"四环教学法"课堂教学模式，我的语文课堂很快就在当地引起了极大关注，学生更喜欢我的课堂，同行们对我的课堂更关注，"生本理念"得到了更深入而有效的推进，同行们都尝试开始课堂教学的改革，把课堂的主动权还给学生，尊重学生的课堂体验，让学生在合作研讨中生成知识、内化知识。学生的学习技能得到进一步的提升，在学习中想说、敢说、能说，核心素养得到了极大的提升。一股课堂教学改革的浪潮掀起，作为课改弄潮儿的我被邀请作为湛江市中考备考的专题发言人，做了"课改，我在路上"的专题发言，还被邀请送课到增城荔城三中和贵州金海湖区。因为表现突出，我还被邀请作为初中农村教师置换培训的讲师，做了"例析初中语文课堂教学设计"的专题讲座。同年还被邀请为县的乡村教师做了"做一段美好的乡村教育"的专题讲座，影响了很多很多的乡村教育同行。

三、以德育德，打造乡村德育品牌

省级骨干教师培养项目安排我们学员到南京跟岗，那是我第一次去南京。在南京跟岗期间我认识了来自金陵中学的大咖——王鼎宏教授。他给我们带来了题为"教师职业素养提升与职业幸福感"的专题讲座。王鼎宏教授是"全国模范教师""全国德育工作先进个人""全国德语专家""中国好人""江苏最美教师"……在王教授45年的从教经历中，我深刻地明白：其实所有的幸福都要自己去争取，而前提就是一定要认可自己的职业，只有认可才会有以后的成长。我对我的职业高度认可，所以我是幸福的。

学科的专业成长带给我巨大的幸福感，而学科专业成长的同时又带动了我德育的专业成长，所以在培养期间，我是双面成长的最大受益者。专业成长理念的建立，促使我德育专业成长理念的建立，因而在班主任专业成长方面也十分迅速。受阅读专业书刊的影响，我逐渐也开始看德育方面的专著，我让自己从小小农村的三尺讲台之地突围而出，游刃于更广阔的天地之中，我既读李镇西老师的《做最好的班主任》、万玮老师的《班主任兵法》、吴非老师的《不跪着教书》、王晓春老师的《问题学生诊疗手册》、梅洪建老师的《做一个不再瞎忙的班主任》、张妙龄老师的《德育从心灵开始》……也读简尼尔森、琳洛特、斯蒂芬格伦合著的《正面教育》、艾斯奎斯的《第56号教室的奇迹》……这些书告诉我，"没有爱就没有教育，这是真理；有了爱，也不等于有了教育，这也是真理；但教育仅仅是靠爱是远远不够的，教育还需要智慧"。这样一次又一次阅读下来，不但提升了自己的教育理念，还滋养了自己的生命，更关键的是，成全了很多学生。我不再急功近利，不再懊恼，学生们的天性在我的呵护下，得以保全，并且自由健康生长。

2017年，我来了一个专业的华丽转身，那就是拥有了以自己名字命名的湛江市名班主任工作室。翻开李季教授的《德育新思维》时，我的心中泛起了万丈狂澜，这本书告诉我，用"紫色奶牛"思维，化德育劣势为优势，提炼核心主题，创新构建德育模式，打造乡村德育特色品牌！通过品牌效应影响更多的德育人，壮大乡村德育的队伍。我面向全市征集了一批实实在在做事的、志同道合的班主任，结成学习的共同体，共生共长。我们在导师张妙龄的指导下，打造工作室的特色："关注留守儿，家校共育"，让留守儿变成非留守儿，全力打造品牌"三为德育"——学校、家庭、学生三位一体，学校有为，家庭有为，学生有为！通过统一专业发展的愿景，激发了团队对工作室未来的认同以及期许。我们开始创新乡村德育模式，立足乡村，扎扎实实实践，一次次集中研讨交流，一次次思想火花碰撞。我们理念先行，通过一系列的活动渗透德育，既注重培养留守儿生活的基本自信和对乡村的良好情感依恋，又教育他们积极接纳现代文明，拥有开阔的胸襟，与社会和谐共处，培养有为少年。"三为德育"中，最重要的是激发家长有为。我们引导家长们通过灵活多样的方式参与到班级管理当中来，全力打造"班级教育同盟"。我们通过微信群发送大量教育资讯，好书推送，学习借鉴"空中家校联动"模式，尝试培养学习型家长。然后定期举办网上亲子活动和家长会，通过带动战略，少数影响多数。扮演弱者，求助借力家长，举办"家长进课堂""家长讲坛""我以你为荣"等活动。有效的家校联动，让家长们亲眼见证班级的改变和学生们的进步，增强了家长和学生的归属感。这些举措在乡村学校中引起了强烈的反响，我的一系列的教育故事被刊登在《湛江晚报》和《湛江日报》上，同时本人也被邀请到贵州毕节的梨树中学作"破解农村班级管理低效之谜"的讲座，影响了很多农村教育人。

参加省级骨干教师培养的过程，让我从一名默默无闻的乡村教师成长为一名能带给乡村教育些许引领的先行者，我心感激不尽，此刻行胜于言，我会继续鞭策自己，完善自我，争取为乡村教育做出更多的实事。

📝 成长分析

杨小婵老师是一名扎根乡村的优秀教师，积极、正向，自我发展愿望强烈。参加湛江市省级骨干教师培养项目以来，通过理论学习、现场专题研讨、教育名著研读、名师工作室跟岗、名校考察交流、校本行动研究、示范辐射等路径快速实现了自己的专业成长。

在培养过程中，杨老师明白了读书的重要性，在导师的引领下认真阅读教育教学专著，书里的营养变成她专业成长的生长素。通过主题讲座的现场学习，学会以发展的眼光看待学生与教学，树立正确的教学质量观，大胆尝试新的教学方法和形式，创建不同的教学情境，积极探索生本理念下的新型课堂教学模式。通过跟岗学习和名校考察等，从不同角度汲取专业成长的养分，不断提高自己各方面的修养。杨小婵老师的专业成长是积极的，主动的，卓有成效的。她是一名优秀的、充满激情的课堂组织者，全身心投入日常教学实践中；她积极地开展行动研究，在课堂中与学生结为伙伴，进行探究式教学方和对话式教学法，并对自己的经验进行提升，生成自己的教学模式。学科专业成长的同时也带动了班主任专业的成长，杨老师成长为湛江市名班主任工作室主持人，她与志同道合的德育人结成学习共同体，共生共长；携手家长们同心同向，关注留守，让留守儿变成非留守儿，尝试"空中德育课堂""家校共育，网络研讨"，培养学习型家长，探究"三为德育"，整合教育资源，形成合力。

在这次省级骨干教师培养项目中，杨老师增加了教学的底气，增添了教学的灵气，具备了持续发展的意识和能力，成就了一个美好的自己。杨老师有一分热，发一分光，把学到的东西毫无保留地与同行分享，实实在在地用自己一点点行动影响带动一个个同行。她"心中有温暖，脚下有力量，眼中有方向"，演绎着温暖和感动，呵护着每一位学生！感动着每一位家长！影响着每一位同行！用信仰、智慧、专业成就一名乡村教师的幸福人生。

（张妙龄）

段钦：薄弱学校中成长起来的骨干

👤 段钦

　　湛江市第二十七中学党总支书记兼工会主席、中学政治高级教师。湛江市广东省骨干教师培养对象，湛江市第三批名校长培养对象，霞山区初中道德与法治名师工作室主持人。湛江市家庭教育讲师团讲师，霞山区政府第三届和第四届责任督学。主持完成了 1 项省级重点课题、2 项省级科研课题；获"广东省教育科学规划实验研究课题先进个人""霞山区德育先进工作者""霞山区教学先进工作者"等荣誉称号。

💬 成长自述

　　2015 年，我有幸成为广东省第三批骨干教师培养对象员。将近 5 年的学习过程中，在导师们的引领和学伴们的互学促动下，我学会了反思、规划、行动研究。跳出了薄弱学校发展的瓶颈，和自己的团队一起实现了蜕变。

一、既来之，则安之

　　如果您以为我从小的梦想就是当一名教师，那您就错了！

　　小时候的我，目睹从事教育工作的父母日夜操劳，不仅无暇照顾年幼的我和姐姐，还因工资收入不高，家中用度常常捉襟见肘，就想自己以后绝对不能当老师。20 世纪 80 年代末期，初中毕业成绩优异者才能报读中等师范院校。我断然拒绝了班主任推荐我上师范的建议，去了高中，只为不当老师。可是阴差阳错、事与愿违，高考后我还是不得不去读师范院校。对专业不感兴趣、对未来没有规划，我苦恼于将来的日子怎么熬。临开学了，爸爸慈爱地摸着我的头说："我们家的小宝贝又贪玩又任性，以后当老师会不会误人子弟啊？"我当时就暗暗发誓，终生不换职业且不能居于人后。

　　大学期间，我在各种社团活动和赛场上狠狠磨砺，只为自己能站稳讲台。几年下来，在全校十名优秀毕业生全国分配的名额中，我争取到了本系的唯一指标。20 岁的我快乐地摆脱了父母的控制和"人脉的束缚"，远离故土，只身来到离家千里之外的湛江，当上了一名普通的教师。如今，20 多年过去，我的岗位从学校到区教育局、区委机关，再回到局机关、学校，职务从普通老师、班主任、学校团委书记兼辅导员，到区少先队总辅导员、区教育局团工委书记、学校副校长、党总支书记，一直没有刻意地规划，只有不怕辛苦、不计得失地接受任务和挑战。其中，当然有很多次不错的转行机会，我毅然放弃，完全谈不上什么教育理想，只是想印证"自己绝对不会误人子弟"。

到湛江市第二十七中学的工作，要追溯到 2011 年 10 月 30 日。那天临近中午下班时分，在局办公室工作的我接到通知，下午将与时任区教育局副局长的陈梅蓉同志到该校参加一个会议，我需要带上记录本，具体工作则听从陈副局长安排。我对这个学校不了解，以为这只是一次普通的调研，并没想到会从此在这里一待就是 9 年。会上，组织部领导宣布由陈副局长担任学校临时负责人，主持学校全面工作。会后，组织部和教育局的领导给我明确，我来此的任务就是当陈副局长的助理，协助其维稳和负责学校日常工作，要确保教学有序直至新的领导班子到任。这个时间少则七八天，多则二十来天。我没有犹豫就答应了。第二天开始调查、走访，让我瞠目结舌，备感焦虑。因为，你绝对无法想象一所运营了几十年的学校居然会校舍破败、设施老旧、环境恶劣、机构紊乱，行事毫无章法可循，各种违背教育规律的做法会让人瞬间愤怒。看着破败狭窄的校园、接触着各种类型的家长、应对着此起彼伏的投诉、处理着各种尖锐的矛盾，我突然就理解了其"垃圾学校"称谓的由来。这所企业改制的区属学校，地处城乡接合部，因为历史遗留问题，用"一穷二白"形容都毫不过分。师资的"穷"让人震撼。学校有 96 个教师编制，在编在岗的不到 60 人，且学历、任职资格严重不达标。规章制度、育人成果都停留在学校改制前 10 年左右，规范化建设一片空白，教学质量更是在全区连年垫底。看着无心向学、行为乖张的孩子们和毫无斗志、怨天尤人的老师们，我非常心痛和担忧，但我的字典里没有"退缩"二字。我想，我必须做点什么，哪怕只在这所学校待一天，也不能在我眼皮子底下发生一件误人子弟的事情。只是这个临时助理一做就是三个年头。

临时助理的头衔，就意味着你没有校长的权限，而要担当校长的职责。工作开展的当务之急便是要化解各种矛盾。面对师生、家长对学校过去领导、管理措施等扑面而来的指责、抱怨、批评，以及对我们开展工作的观望，我多方了解、积极沟通，力求达成共识、明确观念、统一思想。当很多确定必须完成的工作无人担当、无法执行时，我就冲锋陷阵、身体力行、言传身教来影响大家。刚去没多久，中考报考工作结束，在刚刚恢复的行政会上，教务处报告学校有 33 名基础非常差的孩子，自己不愿意报名参加中考，但是本人和家长又都坚持要在学校上课直至中考结束，请示如何处理。把他们保留在原班，班主任和科任老师都不乐意，因为这些孩子没有中考压力，作风一贯懒散，势必影响班级的整体备考气氛；若是单独成班，本就严重师资不足的学校实在安排不出人来开足开齐课程，他们中有人打架上瘾、有人冲撞老师、有人犯错屡教不改……没人愿意接过这些烫手的山芋。大家就这群孩子如何管理的问题，争执不已，半日无果。最后，陈副局长对我说："小段，那你来做这些孩子班主任吧。现在把他们放出社会，我不放心，我们也不能这样做。"她的期待和旁边观望的眼神形成了鲜明的对比，我点了点头，说"行"！

兼职班主任，我要真"行"。进班的那天早上，孩子们举止鲁莽、言行粗俗，着实吓了我一跳。我决定马上开始进行团队打造，从最初的破冰，到后来见招拆招的各种团体重塑，一天里，游戏间，我与他们无所不聊。晚上的亲子家长会，我感受到孩子们跟家长的关系都不太融洽。我向家长细数了每一个孩子的亮点，交流着我和他们聊天的感想，家长和孩子的眼睛都亮了。会后，有个四十来岁的男子走到我面前，紧紧握着我的手哭了，他说："老师，我的儿子，已经有几年没有跟我说一句话了，就在刚才，他向我道歉，还告诉我他将来想过怎样的生活。谢谢您，我不会放弃这个孩子了，我会和他一起努力，我们都听您的……"他是我们新选出来班长的父亲。后来的四个月，我和孩子们一起排课，也经常根据变化和需要调整课程，探讨他们走入社会该学些什么，怎么学。孩子们规定书法、劳动、阅读是每天的必修课，在他们的请求下，我请来一些热心的专业人士，免费给他们开设了电影鉴赏课、摄影课、朗诵课、美发课……我买了几十本励志、情绪调节的书，在教室的讲台上安了个简易书箱，让他们在每天的阅读课看书，我一有时间就去听他们交流读书体会；他们看我忙的时候，会帮我巡堂，课间会自觉分散到各个楼层、楼道去做安全管理员，监督小学生不要乱跑乱跳，各种记录本装满了两个矿泉水箱……3 月 30 日那天，我走进教室，讲台上的生日蛋糕和贺卡、窗上的气球和彩带以及黑板上的"段妈妈，生日快乐"让我瞬间泪崩。我懂了，教育的秘诀就是"真爱"。你付出的真心，孩子们都懂。庆幸的是，我有机会陪伴这些孩子度过了他们最彷徨、无助的几个月。他们现在一直安好，而且都很努力工作和生活。而我，最富有。因为，我多了 30 多个成功的儿女。

二、稳中变，变促进

时间转到 2014 年年底，经过几年的上下求索，学校校舍布局调整、危楼改建、基础设施整改基本完成，教师队伍基本稳定，教学工作已恢复常态。我也从临时负责人助理转任副校长一年左右，分管学校的德育、教学和工会工作，还兼任着初三年级政治学科教学工作。工作看似不少，但一切运转已是按部就班，无需太多操劳。

居安思危，才能让我们发现不足，努力去追赶上其他兄弟学校的奔跑的步伐。我常常为如何提升师资水平、提高教育教学质量通宵达旦苦苦思索。有一天，时任校长陈小飞对我说："段校，我们新的领导班子里，你最熟悉学校情况。你跟我说的学校发展瓶颈和解决策略，我很认同。我们师资确实太弱了，大家都不大乐意出去学习。现在有个省级骨干教师的培养项目，报其他人上去，没有竞争力，还是你报个名试试吧！""我？我都在校级岗位上了，职责已经不一样，再去参加教师的培养项目，会不会不太合适？""我看了一下文件，就目前学校的现状，符合条件申报的也只有你了。参加学习、培训，你肯定会辛苦一些，但学校需要名师、骨干教师啊！"我不怕辛苦，反而一直很享受学习、工作过程中那种苦中有乐的感觉。况且独木难以成林，如果在我的带动下，能打造一个强有力的教师团队，推动学校发展驶上快车道，那也是很令人惬意的事情。"啊！那好吧，我试试！"

省级骨干教师培养项目的培训模式让我大受启发。学以致用，我带领老师们做每个人的专业成长规划；精心挑选一些逆势崛起的学校，带领全校老师们分批去学习、观摩、交流。我组建了学校的科研小组，申报课题、开发学校的校本课程，不断反思、实践、促行。大家不计报酬，忙得不亦乐乎。

真正的教育之魂必定是人格的教育。学生和谐人格的构建包括内部心理素质和外部行为和谐发展。基于中国优秀传统文化的文明礼仪，不仅能塑造自我形象，还能调节行为举止、改善人际关系，这是每个人立身之本。教会孩子做人，培养孩子高尚的道德品质，也是育人的终极目标。孩子的成长，有着成年人的烙印。虽然说父母是孩子的第一任老师，但孩子进入学校后，教师身上的品质，无论优劣，都会影响孩子。小事往往就能折射出人的灵魂。教育孩子的时候，讲多少大道理，效果都差强人意。只有将目标、行为细化到生活当中的一言一行，方能润物无声，静待花开。我们从"厚德、崇礼、慎思、知行"校训、"尊师、爱生、乐学、善教、进取、有为"校风的凝练，到"稚雅""博雅""儒雅"三栋建筑的命名和"书香园""悦读角""雅致书吧"的设置；从"面带微笑向每一个孩子问好""弯弯腰，让每一片垃圾进桶"的每个细节到"开笔礼""国旗礼"仪式感满满的每一个活动；从每一个宣传板块到三册《礼仪与文化》校本教材和相关课程的出炉……用文明浸润，用精神滋养。

整整六年时间，我们一直朝着"崇德尚礼，健康成长"的办学愿景，积极传播"崇礼"文化。学校变化令人欣喜：实施全额奖补，鼓励教师参加各种形式的学历提高培训，全校教师学历百分之百达标；采用竞岗方式，把一批年轻有为的青年优秀教师提拔为学校的中层领导干部、学科组长、年级组长；加强教师现代技术教学技能的培训工作，50岁以下教师均能掌握计算机操作和运用多媒体平台教学；学校一大批中青年教师在各项教学技能竞赛中获得喜人成绩；领导带头深入教研教改一线，引领老师们做课题，完成一项省级重点课题、两项省市级课题研究，现有2个省级研究项目、3个区级课题已经立项。学校已有区级名校长工作室1间、名师工作室2间，有省级骨干校长、省市级骨干教师、市级名校长、市级名教师共18人；教师和管理团队年龄梯度合理，专业结构完整。我们开发的30多个社团，活动多彩，获奖颇丰。学校各项工作齐头并进，获区艺术展演优秀组织奖（2015）、区科技节优秀组织奖（2016）、区最佳教学设计团队奖（2017）、区教学质量进步单位（2015）；市中小学电脑制作先进单位（2017），市计算机教育软件制作先进单位（2018）；学校连续三年获区教学质量达标先进单位（2016—2018），中考综合评估跃居全区前三甲。学校"崇礼"办学特色逐渐凸显，在和谐社区、法治学校、信息化建设等方面有良好示范作用。

我代表学校在全区推进教育工作现代化和中考备考会上介绍工作经验。

几年间，我们倾力将学校打造成了一所公认的"四精"学校（精干的团队，精细的管理，精致的校园，精品的学校）。"垃圾"学校的时代一去不返。

三、心有信，必行远

2020年的春季，谁都没想到来了一场突如其来的疫情，改变了很多人的生活方式。在家上课的超长时间，也向传统的教育模式和授课方式提出了挑战。

学校管理层的变化，没有影响学校管理。学校原来的几个校级领导调动的调动，退休的退休，只有我留任，当了书记。因为疫情影响，新校长不熟悉工作，3个副职没有到位，学校疫情防控工作、线上教学工作的任务一下全部压到了我头上。不能聚集，我就带着工作室的几个年轻人在线学软件、试平台，召开视频会议，组织教师参加线上培训，不仅保证了本校线上教学工作的稳步推进，还组织初中"道德与法治"课的任课教师原创录制了几十个课例，在工作室的公众号推出，引领全区初中思政教师同步开课，争取不让一个孩子掉队。

累并快乐着的同时，我开始思考和关注学校教育之外的生活教育、社区教育、家庭教育、多元化教育。我认为，广大教育人理念和价值的创新、学校管理体制和制度的创新、教育技术的创新都已迫在眉睫。带着我的课题研究团队，奋战了几个昼夜，制定了"以STEM教育推进教师专业教学能力发展的研究"研究方案，一举获得广东省中小学幼儿园科创与STEM教育教改实验学校研究课题立项。接下来，我们将在提升师生科创精神和STEM素养，培养孩子具备适应社会竞争能力方面进一步研究与实践，争取为同类学校的师资提升提供可操作的应用模式。

"师者，传道授业解惑者也"，肩负着为国家培养人才，为民族培养接班人重任的小小的我，将牢记"培养什么人、怎样培养人，为谁培养人"的目标，乘着学校"广东省信息技术中心校"和"广东省中小学幼儿园科创与STEM教育教改实验学校"两个项目建设的东风，继续带领大家不断学习、不断提升，将从事的教育活动都围绕让孩子学会担当、适应社会需求、有创新思维、有学习能力、能面对新困难来设计和落实，引导他们有信心、有能力去迎接未来可能出现的一切新挑战。

俗话说："兴趣是最好的老师。"当年的我虽然没有兴趣当老师，但一路走来，看着有我陪伴不断长大的孩子和日渐成熟的同事，他们所绽放的色彩和芬芳，传递给了我春天的信息。让我得以把这项不感兴趣但有意义的事情坚持了下来。

此刻，我想说，我喜欢当老师！我也深信：我，我们！不会误人子弟！

✍ 成长分析

段钦老师的成长自述朴实无华，真实地讲述了一位最初对教师职业不感兴趣，后来发展成为喜欢当老师的骨干教师的故事。她一直工作在薄弱学校，无论是做普通老师和班主任，还是当学校领导，面对各种困难，她没有"退缩"，而是迎难而上！办学条件薄弱可以改善，若教师心灵"薄弱"，条件将更加薄弱！我从段老师身上看到了一种力量，一种希望！

1. 教师成长需要倔强

段钦老师原本没有志趣从事教育工作，但她父亲的一句话激励了她，暗暗发誓："终生不换职业且不能居于人后。"一个追求卓越的教师，一定是一个倔强的、不服输的教师，不甘人后的教师；是一个宁可"累倒"自己也不愿意被人"说倒"的人。

2. 教师成长需要求变

一个要求成长的教师一定是一个不满足现状的人。段老师摆脱"可以安稳的人脉"求职至湛江；面对"垃圾学校"改变了心态，探求适合学校发展的可行之路，校园变了、教师团队变了、学生变了；疫情来袭，线上线下，创新教研，打造精品线上课，段老师面对困境总能想到解决问题的办法。"变"，与时俱进：变思想、变观念、变方法、变路径、变行为。

3. 教师成长需要坚定

成长的路上没有一帆风顺的，正如教学研究、教学策略的实施未必都是成功的，但一定要坚定"成长"的信心，面向前方，心有格局，不拘泥于眼下成败，眼里有学生，心里有教育，脑里有梦想，沿着不懈的奋斗的路前行，成长是一定的。因为这个过程不就是在成长吗？

段老师是从薄弱学校成长起来的骨干教师，她身上不服输的性格、敢于改变的勇气、对未来充满坚定的信心，相信会给我们很大启发和力量！

（王海波）

黄康太：扶贫启智为康泰

🧑 黄康太

吴川市第二中学团委书记、初中物理高级教师，曾任团湛江市委学校部部长助理、湛江市省级骨干教师培养工程培养对象、湛江市第二批名教师培养对象、湛江市初中物理学科骨干教师，吴川二中驻那蒙村委会扶贫工作队队长，2018—2020年度湛江市中学教师职务培训辅导教师；广东省2016—2018年脱贫攻坚工作突出贡献个人、湛江市优秀共产党员、湛江市中考先进工作者、湛江市优秀共青团干部、吴川市优秀扶贫干部和吴川市中考先进科任教师。

💬 成长自述

回望参加省级骨干教师培养工程的整个过程，我是幸运的，也是收获的，更是成长的。在中期汇报时，我有幸作为学员代表分享了自己的学习心得。这不代表我最优秀，但对我还是有极大的激励。这项培养工程，在岭南师范学院的精心策划和组织下，我和同伴们经历了"反思和规划""实践和提升""示范与引领"的三个阶段的锤炼，特别是在集中理论学习、现场专题研讨、教育名著研读、工作室跟岗、网络研修、名校交流、校本行动研究、示范辐射、结业答辩等环节的成长，让我收获了许多，我的教育境界、教学水平和教研能力有了质的突破，也懂得了一名教师尤其是一名省级骨干教师的使命和担当。在此期间，我先后荣获"广东省2016—2018年脱贫攻坚工作突出贡献个人""湛江市优秀共产党员""湛江市中考先进工作者""湛江市优秀共青团干部""吴川市优秀扶贫干部"

"吴川市中考先进科任教师"等荣誉称号。

正因为如此，在下乡进行教育扶贫的抉择面前，我毅然选择了迎难而上，决定深入乡村，为乡村教育护贫点灯、启智赋能。

一、让教育为扶贫点灯

2016 年 5 月 31 日晚上，我接到了校领导电话："由于驻点扶贫工作没有人愿意做，学校班子会议刚提议你去，不过，你的小孩才 3 岁多，计生政策放开了二孩你也准备了吧，家庭负担过重、教学任务重、团务工作多，如果你不想去，明天领导找你谈话时，你就以此为困难提出不去吧。"

我征求妻子意见，她马上就反对了："你作为一个穷教师，自己生活都过不好，哪有能力扶贫别人？扶贫户的困难，你能帮助解决吗？扶贫工作如果那么容易做，别人为什么去一周就不去了？我教高三工作忙，你去了家里怎么办？"

当夜，我无法入眠，于是上网查询精准扶贫的有关政策。习近平主席在 2015 减贫与发展高层论坛上，发表演讲时指出："我们坚持分类施策，因人因地施策，因贫困原因施策，因贫困类型施策，通过扶持生产和就业发展一批，通过易地搬迁安置一批，通过生态保护脱贫一批，通过教育扶贫脱贫一批，通过低保政策兜底一批……" 2015 年 4 月，习近平总书记主持召开中央全面深化改革领导小组第十一次会议，会议审议通过了《乡村教师支持计划（2015—2020 年）》。他强调要"发展乡村教育，让每个乡村孩子都能接受公平、有质量的教育，阻止贫困现象代际传递，是功在当代、利在千秋的大事"。

习近平总书记的指示，不仅增强了我能做好扶贫工作的信心，而且也让我认识到扶贫不单是政府的事，作为党员教师也应承担一份社会责任和政治责任。

那么，一线教师如何扶贫呢？我想，应结合自己的专业特长，开展"扶贫启智"。一方面通过抓实教育扶贫，使那蒙村贫困学子顺利完成学业，让他们都能读上大学，或者职业技工学校，学到技术，找到一份稳定工作，可以让全家摆脱贫困，实现人生理想；另一方面，通过思想教育让有劳动力的贫困户，树立勤劳致富的信念，并通过劳务技能和种养殖培训，助力他们外出务工，或者发展种养殖产业，从而实现致富。

我和妻子的兄妹都是由贫困农家子弟通过读书考取大学才有机会走出来，才使家庭摆脱贫困。我自己也是山区贫困农民的儿子，在党的培养下成长，更应响应党的号召，做好扶贫工作，报效家乡。我决定就让教育为扶贫点灯，打赢脱贫攻坚战。我叫醒妻子，将这个想法跟她说，经过2个多小时的商量后，她终于同意了。"你本来身体不是很好，日后工作更忙了，你得注意。"妻子的理解和支持，让我感动且更加信心满满。

第二天，校长找我谈下乡扶贫时，我二话不说，就爽快地同意了学校的提议，并于当天（2016年6月1日）入驻吴川市吴阳镇那蒙村，开展为期5年的"扶贫启智"之旅。

二、教育扶贫重在启智

作为一名教育工作者，我深知扶贫必先扶智，振兴乡村教育才是打胜脱贫攻坚最有力、最持久的保障。

自2016年以来，我协助村委会加大教育投入，改善学校条件。具体做法是盘活集体经济，从集体经济中投入20多万元；同时发动村中外出创业成功的企业家捐助30多万元，对那蒙村小学按照市一级标准升级改造，并增设幼儿园（学前教育）。此外，村中外出创业成功的企业家们每年还资助2万元，设立那蒙奖教奖学基金，用于每年教师节对优秀教师和学生进行嘉奖。

从2016年8月开始，我与贫困户陈某的儿子小济同学结对。当时，他是从吴阳镇上郭初级中学以指标生（中考分数412分）考上我校吴川二中读高中。开学时，由于学校对家庭经济贫困新生是先收学费后退费，而小济同学的父亲重病，单靠母亲在照顾父亲之余在村中打点杂工，支持4个孩子读书，根本没法交1500元学杂费。考虑到既要交学费又要生活费，那时的他萌生了外出打工的念头，以减轻家里的经济负担。

为了让他能继续上学读书，8月20日我自己出钱帮他交了1500元学杂费，办好入学手续，然后再拿出3000元作为生活费送到他家，告诉他说，这是通过特批提前落实教育补助政策，他必须要去读高中，不然我要被处分和扣工资。可能出于对我的"同情"，8月30日早上8点，他早早准备好行装如约到村委会，等待我送他到市区上学。当天我带他见到新班主任、新教室、新宿舍。当看到我为他准备的全新生活用品，他终于对我说了一声"多谢老师"。考虑到他是第一次离家，当天我陪他吃了晚饭，一起在校园散步，他对我敞开了心扉，他向我讲了家庭状况和想早点打工的原因，当晚我也帮他制定了高中阶段的学习计划。

此后，每周三中午我都会约小济一起在饭堂进餐，了解他的学习状况和生活困难。当我得知他某科学习有困难，我请科任老师利用课余时间帮忙辅导。学期末的一天晚上，陈济到我办公室，说"老师，我今天领到了学校退的学费和生活费共 4500 元，感谢您的美丽谎言，让我有书读。"经过了 3 年的努力，小济 2019 年高考被广东轻工技术职业学院录取。我再次毫不犹豫地帮他办好入学手续和落实生活费，让他可以继续深造和安心学习。

2016 年 9 月 5 日下午，我得知贫困户蔡某的儿子大志本应在上郭初级中学读初二，由于学习成绩不好和家庭经济贫穷，准备辍学到东莞打工。学校多次通过电话动员大志回来复学，但都被拒绝，并被其说多管闲事。9 月 24 日，我自费到东莞动员大志回来复学，我找到大志的雇主，最后说服大志回去上学。为了他能顺利完成学业，以及提高他学习积极性和成绩，我不仅为大志落实了每年 3000元的生活补助，还多次走访上郭初级中学的老师，并利用暑寒假下乡时为大志辅导功课。

2017 年 7 月 25 下午 1 点，我在村委会，突然听到有人呼喊，我赶忙下楼开门，迎来的是一老一少两男子。原来 17 岁的小康同学的父亲 10 年前因病去世后，母亲将他送到广西三江县山区的外公家生活，母亲后来改嫁他乡。10 年来，他依靠外公务农支持读到高二，由于户口不在广西不能参加当地高考，外公又年老体弱无力支持，他想回到吴川居住和读书，但他在村里已经没有房，也没有能力找到学校接收，希望得到我们帮助。

当天下午，送走他们后，我第一时间召集村干部对他们反映的问题进行走访调查，确定情况属实后，向上级扶贫办反映情况，并为他办理了申请纳入扶贫户手续。纳入扶贫程序要各级调查、公示和会议研究，至少要 1 个月才有希望批复，但高三 8 月 1 日就开学了，不能耽误孩子读书呀，于是我向吴川二中申请接收小康同学转学。在校长支持下，我们走访了两地教育局和学校，终于在 8 月 3日办完了转学手续。在我的担保下，学校按扶贫学生政策减免学费和发放生活补助 3000 元，还安排了全寄宿，以方便他安心读书。为了让小康同学能够适应学习和生活，我特地联系优秀学生和老师与他结对，在课余和假日进行辅导帮扶。

2017 年 10 月他正式被纳入扶贫对象，我为他多方争取各类慰问金大约 5000 多元作为生活费，从根本上解决了他生活和学习上的困难。经过一年的努力，小康同学考上广东交通职业技术学院。2018 年 9 月入学，我也帮助他申请助学贷款并联系学校落实扶贫学生"两补一费"和勤工俭学岗位。

2018 年贫困户杨女士的儿子大洲（父亲 2013 年身故，靠母亲供养 3 位儿女）在扶贫工作队的支持下，于湛江二中毕业，考上广州中医大学本科临床医学专业。但是，面对每年 2 万多的学杂费和生活费（按扶贫政策本科生无法享受"两补一免"），杨女士想让儿子放弃本科找个专科读。我得知后，马上下户找到杨女士，郑重地告诉她，大洲一定要读本科，每年 2 万多的学杂费和生活费我保证帮忙解决。为此，我花了 1 个多月时间，走访各级部门和自己的朋友，终于功夫不负有心人，在湛江二中领导的帮助下，得到湛江市政协领导的重视，8 月 25 日湛江市政协为大洲送上了 2 万元助学金和一台笔记本电脑，社会爱心人士也支持 3000 多元助学金，我又帮助他办理了助学贷款，使他得以顺利上大学。

从中我意识到，扶贫政策也应资助本科以上学段的学生。为此，我主动向上级扶贫部门反映情况。2019 年 9 月起本科以上学段精准扶贫学生享受"两补一免"（每年生活补助 7000 元/人、国家助学金 2000 元/人和减免学费）。这让我更加坚定和坚信自己的教育信念：在扶贫路上，一线教师也是大有作为的。

在挂点扶贫那蒙村期间，我协调落实该村所有贫困学生"两补一免"（小学至高中每学年 3000 元/人生活补助、大专生 7000 元/人生活补助。此外，每学年再获国家奖学金 2000 元/人，小学至大专学费全免）。由于 2019 年前本科学生无法享受"两补一免"，4 年多来，我通过调动了自己所有社会资源及发动本校师生和社会爱心人士筹募资金 11 万多元，全额资助了该村就读肇庆学院和广州中医大学等学子，其中有的已在广州电视台等单位工作。同时，该村贫困户义务教育适龄儿童均 100% 入学，义务教育保持率 100%，初中毕业生 100% 接受高中阶段教育，普通高中毕业生 90% 接受高等教育，教育扶贫工作落实 100%。

此外，我还联系湛江商业技工学校和吴川市育才职业培训学校，利用夜晚下户多次动员组织贫困户中有劳动能力的成员 39 人，进行职业技能培训并成功转移就业 35 人，平均工资 2000 元。其中，邱女士在我多次动员下，参加粤菜师傅培训。后来，我还帮她申请扶贫小额贷款，在吴阳市场经营快餐店，年利润达 3

万元以上。

三、扶贫启智永在路上

几年来，我总是一早离家上班，孩子还在睡梦里，晚上回家时，孩子已入睡，家里家外全靠妻子一个人。"实在对不起，再坚持一下，等扶贫结束，我就回家好好照顾老人和孩子。"我总在不断默默地告诉自己。

2017年7月，妻子怀上二胎，怀孕初期呕吐症状反应强烈，但我不能在她的身边照顾，只好让妻子边上班边照顾家庭。2018年4月27日清晨，我下乡走访患病五保户，妻子要临产打电话给我，由于信号差打不通，住在步梯房8楼的妻子只好独自靠着扶手下楼，在亲友帮助下赶到保健院。后来岳母打通了我的电话，我赶到保健院时妻子已经进入了产房。女儿满月后，妻子就主动提出回娘家住，好让我安心工作。

2018年9月16日（周日），超强台风"山竹"将正面袭击粤西，上午9时我顶着风雨赶到那蒙村，组织村干部带上衣物和食物慰问所有五保户。下午风雨更大，我担心几户患病年老的五保户，决定冒风雨下户转移他们。下户途中穿过竹林，被野猫咬伤小腿，流血不止，我还是忍痛转移所有的五保户。当晚还陪同五保户在村委会大楼度过风雨之夜。第二天早上伤口发红肿痛，我还是坚持给五保户准备好早餐，才赶到市区疾控中心打针，医生说如果超过24小时不就医，会感染狂犬病细菌，那是会有生命危险的。

正因为如此，我更要打赢脱贫攻坚战！才能对得起家人，特别是妻子和孩子，才能对得起"不忘初心，牢记使命"的自己，才能不负省级骨干教师培养的称号。

作为一名扶贫路上的一线教师，我还负责学校团务及年级管理和物理教学工作，这些工作已经很繁重，还兼任扶贫工作队队长。由于工作队员不懂电脑，我就自告奋勇地担起信息管理工作。

经过了四年多"五加二、白加黑"的努力工作，坚守习近平总书记指示，我负责那蒙村扶贫工作坚持分类施策，因人因地施策，因贫困原因施策，因贫困类型施策，2020年所有劳动力户均通过技能培训后推荐就业和扶持生产发展产业、教育扶贫脱贫方式让各户至少一人稳定就业或有收益稳定产业，使之达到稳定脱贫致富；无劳动力户通过落实五保、低保、残补等政策兜底；2020 年全村贫困户达到"两不愁、三保障"，人均可支配收入超万元，实现稳定脱贫。

我渐渐发现贫困户在各级部门的倾力帮扶下收入高了，新房建起来了，生活条件也好起来了，但有一部分贫困户在尝到了勤劳致富的甜头后发展劲头却没了。开始出现安于现状，怕累，不愿发展生产，不愿从事体力工作，有的孩子毕业工作了父亲就不愿外出工作，甚至还在家饮酒、赌博，有的学生认为读书不用钱还有补助就出现逃学玩手机不愿学习等好吃懒做的现象。

这样就没办法形成可持续发展的良性循环，整个"造血"系统还是无法正常运转。这都是贫困户思想上出了问题。扶贫工作要根本上取得胜利，必须坚持扶贫启智永在路上，坚持扶贫先扶志、教育要当先的原则。在激发贫困户的内生动力后，还需端正贫困户的思想观和发展观，并拓宽他们自身的发展思路。这就需要贫困户们不断加强学习和开拓视野。所以我们不能忽视教育，振兴教育才能从根本上改变人的思想，才能有更清晰的发展思路，才能彻底拔除穷根、彻底摆脱贫困。

一路走来，我在扶贫工作中尽职尽责、任劳任怨，早已把为每个贫困户排忧解难当作自己的分内事。在扶贫背后，默默地将困难和心酸留给自己承担，而把爱心、关心、耐心送给了贫困户。因为，在我的心里，贫困群众对脱贫致富的希望的眼神更令人牵挂；全面建成小康社会的理想更令人激动；实现中华民族伟大复兴梦的决心更令人振奋。

总之，于教师，扶贫启智永在路上。而我，愿意在这条道路上耕织芳华。

📝 成长分析

读完黄康太老师"扶贫启智为康泰"的成长事迹，我情不自禁地陷入思考和追问：究竟是什么力量让他毅然选择"明知山有虎，偏向虎山行"，且心甘情愿地"舍小家顾大家"，挺身踏上"扶贫"的艰辛之路？他甚至还用自己微薄的薪水为家庭经济贫困的学生续航上学读书，从不放弃任何一个相遇的农家子弟。

我想，是他心中澎湃不息的信仰之光、是他在血液中流淌的使命和担当、是他念念不忘的乡村情结……给予了他日夜奔波的勇气，给予了他攻坚克难的胆识，给予了他无比深厚的情意；学校领导和同事、同行，以及社会各界人士的大力支持，尤其是扶贫村的干部、百姓和孩子们的认可及信任给予了他极大的自信；而亲人的理解、支持和分担，更加给予了他强大的动力。对骨干教师成长而言，读懂身上的专业使命，践行专业之精神，不忘来时之路，无私奉献自身的专业力量，无疑是一种专业成熟的表征。

黄老师的光和热如灯似阳，不仅把那蒙村的贫困学生的成长照亮和滋养，还赋予了那里的贫困户生命之正能量，使他们走上了勤劳致富奔小康的道路。

从黄老师的身上，我看到了好教师的模样，特别是骨干教师的"高尚"。正如人民教育家于漪老师所言："选择了当教师，就选择了高尚。"康太老师是也，我们也应是也。希望更多如黄老师一样优秀的教师把光、把热、把生命、把智慧撒播在祖国教育最需要的地方，尤其是广袤的乡村教育之田野。

（李文送）

第六章 骨干教师成长特性与
自我发展机制分析

从一名新手教师发展为胜任教师，再成长到骨干教师，这是教师专业发展的规律，是教师综合素质提升的过程，是优秀教师成长的必由之路，也是教师生命成长的过程。我们分析骨干教师成长的特性和自我发展机制，既可为广大中小学教师成长提供借鉴，又可为教师培养培训提供参考。湛江市省级骨干教师培养项目中的 36 名骨干教师的成长经验为我们研究骨干教师成长特性与自我发展机制提供了生动的样本。在对 36 名骨干教师成长经验进行个案分析的基础上，本章我们运用教师专业发展理论，探寻骨干教师成长特性与教师自我发展机制，同时探寻骨干教师如何走向专家型教师。

第一节 骨干教师成长特性分析

从 36 名骨干教师成长自述中，我们发现，优秀教师的成长有以下共同特性和行为特点：真挚的教育情怀、强烈的内在动力、科学的教育理念、修炼教育实践智慧、不断地教育反思、持续地终身学习、真实地行动研究、携手同侪共发展。无论从新手教师到合格教师，还是从合格教师到骨干教师，都应从这八个方面进行修炼。

一、真挚的教育情怀

"我父亲曾是一位中学数学老师，小时候我最大的快乐就是跟随父亲到学校上课。受父亲的影响，一个教师的梦想在我幼小的心里播种。1993 年我中师毕业回到古老美丽的小镇——廉江安铺镇当了一名小学语文老师……

从踏上讲坛的第一天起，后来无论身在哪个单位，我对教育的热爱未减。面对教育事业，二十多年我一直恪守：对学生的不良习惯，坚持用温情去融化他们，使学生能爱上学习；对学生的言行，坚持以高尚的人格感染他们，培育学生健康向上的品质；对学生的错误，坚持以博大的胸怀爱护他们，让学生知错能改；对学生的学业，坚持以丰富的知识引导他们，让学生学有所成。记得冰心说过：'有了爱，便有了一切，有了爱，才有教育的先机'。为了自己的教育理想和追求，我二十多年来默默把更多的爱，给了学校和学生，做到了爱生犹爱己，甚至胜过爱自己的孩子。正是对教育事业这份崇高的执着的理想，我从一名缺乏经验的年轻教师迅速成长为一名学生喜欢、家长尊敬、同事夸奖的学科带头人、教坛新秀。"

这段成长自述道出了宋广玲老师的教育情怀，她是教育部"援藏援疆万名教师支教计划"首批援疆支教教师、湛江经济技术开发区第四中学副校长。

被社会认可的好老师，深受学生喜欢的优秀教师，不仅仅有高超的教育教学能力，一定还有让人敬佩的真挚的教育情怀。有研究表明，优秀教师与普通教师相比，最本质的差别不是教育的技能和方法，而是教育的艺术和情感以及精神和信念。① 教师是否有教育情怀，决定了教师是否有教育热情，决定了教师的教育态度。

情怀是一种高尚的心境、情趣和胸怀。教育情怀是教师对教育所产生的一种心灵状态、一种心灵境界，它指向一种执着的爱。曾荣获"全国师德先进个人""全国首届十大明星校长"的南京市北京东路小学校长、特级教师孙双金认为教育情怀是教师的核心素养。什么是教育情怀？教育情怀就是热爱。首先是热爱教育事业，真心喜欢教师职业；其次是爱自己的学校，无论它是城市学校，还是偏远山区的一所村小；再次是爱自己的岗位，要有一份坚守；还有爱学生，能够尊重学生、真心地读懂学生、真正关心每一个学生。此外，教师还应该热爱生活，

① 薛晓阳. 卓越教师的意图改写及反思——教师教育体系、教师资格制度的价值、功能与关联 [J]. 教育研究与实验, 2018 (3).

拥有一份阳光心态。① 教育的全部技巧就是一个字——爱，对教育事业的爱，对儿童生命的爱。

教师真正的发展动力也是来自对教育事业的爱。相关研究也印证了孙双金老师的观点，有研究者对 41 位中学特级教师的访谈分析发现，优秀教师专业发展动力主要是由对教育的热爱、责任感和成就感构成。教师对教育的热爱主要表现为热爱教育教学、热爱所教学科、热爱学生三个方面。② 有爱，才能在教育领域不懈地追求、艰辛地探索，并生成教育智慧；有爱，才能面对充满个性的学生而创造性地交流；有爱，才能体验到教师工作的乐趣；有爱，才能得到爱，才能体验到幸福。工作也像婚姻一样，你爱它，它给你幸福；你对它不负责任，它会令你苦恼、痛苦。

"对教师来说，没有什么比爱心更重要的。……你有一往情深的'爱心'，你就会吃别人不能吃的苦，坐别人不愿坐的'冷板凳'，苦读苦练，日积月累，终成大器。"③

当我们认真阅读了本书中 36 名骨干教师的成长故事后，发现真挚的教育情怀是他们的共同特征之一。例如，湛江二中港城中学教研室主任尤小蓉老师深受当老师的爷爷的影响，因对身为教师的爷爷的崇拜，一上学就树立了当老师的职业目标，高中毕业，毫不犹豫地报考了师范院校，走上了教师之路。教育的责任感和使命感使她坚守着教师职业，全身心投入教育教学实践中，成长为优秀的骨干教师，正如她自己所讲："追述自我成长历程，更加坚定从教的信念，更加明确了自己的责任与使命，让内心充满不懈奋斗的力量。"再如，湛江市坡头区官渡中学教导处副主任窦梦婷老师不畏条件的艰苦，安于清贫，勤勤恳恳，默默耕耘，凭着真爱，长期扎根在农村中学，从教 26 年来，"以一名优秀共产党员的准则要求自己，以成为一名学者型的教师为目标，凭着一腔教学热情、一股工作干劲、一种教育情怀在教学教研上获得累累硕果，深得学生爱戴、家长赞誉、上级领导的认可和表扬"。窦梦婷老师先后获得"湛江市

① 许占权，张妙龄. 教师培训理论与实务 [M]. 武汉：武汉大学出版社，2019：101.
② 王海平. 优秀教师专业发展的动力构成——对 41 位中学特级教师的访谈分析 [J]. 上海教育科研，2016（5）.
③ 朱永新. 教育的九个定律 [J]. 当代教育家，2019（11）.

优秀教师""广东省山村优秀教师"和"全国优秀教师"等荣誉称号，2021 年被评选为特级教师。

> "教育就是教师和学生一起追寻幸福。教育不仅是为未来的幸福做准备，教育生活本身就应该是幸福的。这样的幸福不是简单的感官快乐，而应该是全身心的完整、和谐的满足和喜悦。要让学生幸福，首先教师自己要幸福。我在教育教学实践中与学生共同发现幸福，创造幸福，享受幸福。"

这段话是本书的主人公之一——岭南师范学院附属中学吴帅老师说的。从这段话语中，我们能感受到吴帅老师满满的教育情怀。具有 20 多年教龄的广东省和湛江市名教师工作室主持人黄剑涛老师也这样表达了教育情怀：

> "我深爱教师这份职业，教师不仅是教书，更要育人，具有挑战性。从教 21 年的职业生涯中，面对不同的学生，我觉得每一天都是新的。每一天都有很多很多新的思考：育人的初心不变，但育人的方法要与时俱进；我希望用自己最大的力量引导更多的学生积极向上，成为一个有用的、优秀的和卓越的人；教育要沉得住气，同时也要不断地去激发学生内在的学习动机。"

在现实生活中的中小学，并不是每位教师都有教育情怀。有一些教师把教师职业仅仅看作谋生的手段，还有一些教师虽然对本职工作也能尽职尽责，但缺乏远大的理想，没有坚定的职业道德信念，对教育事业缺乏自觉的追求和满腔的热情。

二、强烈的内在动力

大家都明白这样一个道理：事物发展的规律在于内因与外因的相互作用，外因是促进事物发展的重要条件，内因是促进事物发展的关键。教师的成长也不例外，每一位教师的成长发展，既需要外部力量的推动，更离不开教师自身的自主成长意识、强烈的内部发展动力。优秀教师的成长是自身的内驱力和外部引领力共同作用的结果。内部动力是教师发展的"第一动力"。外部动力真正起作用，也应体现在它击中、激发了内部动力。① 正如法国思想家孟德斯鸠所说：任何他人的意见或建议都无法代替自己内心强烈的呼唤。教师专业发展的动力来自外界环境的"促动"与内部自我的"重构"，教师发展的基本动力由"外力"与"内力"两大力量组成，② 而"内力"是关键。"内力"来自教师挖掘自身存在的价值，从自觉与自为中完善终极生命意义而回归主体，表现出自主、主动、能动、有目的的行动特征，体现出主体性的意义与价值。③

有关教师专业发展方式的理论主要有现代主义的"外铄论"及后现代主义的"内在发展论"。"外铄论"倡导外在的培训，即使是校本培训也是从学校的需要出发而不是从教师的需要出发来设置。这是一种外在要求下的强迫式的被动发展方式。这种理论在我国各种教师培训的实践中表现很明显。

"内在发展论"要求教师专业发展是一种自我的主动发展方式，从"被造"变为"自造"。这种教师专业发展理论的"后现代转向"体现出教师专业的发展的自主发展、叙事研究、关怀情意、个体知识等趋势。该理论提出：自主专业发展是教师专业发展的新内涵，自主专业发展意识的激起、自主专业发展能力的提升、教师自主专业发展的外在关怀是教师自主专业发展的主要特征；教师自我专业发展的核心因素是自主意识和自主能力，教师专业发展的过程也是教师的专业自我形成的过程。

大仲马曾说过："生活没有目标就像航海没有指南针。"在强烈的内在发展动力推动下，就会产生明晰的发展目标，并全身心投入行动。在教师专业成长之路上，有强烈的内在发展动力，有执着发展目标者，才能成为教师队伍中的精英。正如顾泠沅教授所讲："名师的产生是追求卓越的结果。"

专业成长的内驱力源于教师的职业追求和自我价值实现，我们在分析 36 名骨干教师的成长特点时也发现，他们都具有较强的自主发展意识，强烈的内部发展动力，明确发展方向和具体目标，通过自觉规划、调控和反思自己的专业发展，激励自己实现自我更新。例如，岭南师范学院附属中学李文送老师既是省级骨干教师培养项目的学员，也是本书编写组的核心成员。刚刚 41 岁的他，已经

① 成尚荣. 第一动力·第一品质·第一专业 [J]. 人民教育，2015 (3).
② 孟旭. 论教师专业发展的动力机制 [J]. 教育理论与实践，2015 (22).
③ 伍叶琴，李森，戴宏才. 教师发展的客体性异化与主体性回归 [J]. 教育研究，2013 (1).

在教学教研上取得了显著的成绩，出版《教师的生命成长》等著作 5 部，在《中国教育学刊》《人民教育》等刊物发表文章 200 多篇，获广东省教育教学成果奖一等奖、湛江市教育教学成果奖一等奖等奖励。自立、自强、自觉、自律、自主、自悟不仅是文送老师的成长密码，而且是他生命成长最重要的内驱力。正是这"六自"让他走向了专业自觉、专业自主和专业觉醒，并找到自己的教育信仰、教学主张，从而更好地实现教师的生命价值；也正是这"六自"让他克服重重困难、层层阻碍，日夜兼程，以文化人，以书会友，从而成为著述丰富，富有教育情怀、很有自己教育思考和想法的优秀骨干教师。2021 年，他还成长为广东省新一轮"百千万"人才培养工程名教师培养对象和湛江市名教师工作室主持人。

三、科学的教育理念

"教育理念是指人们对于教育现象（活动）的理性认识、理想追求及其所形成的教育思想观念和教育哲学观点，是教育主体在教育实践、思维活动及文化积淀和交流中所形成的教育价值取向与追求，是一种具有相对稳定性、延续性和指向性的教育认识、理想的观念体系。"① 教育理念是一种理想化、信仰化了的教育观念。教育理念是教育家、校长、教师、家长乃至整个民族的教育价值取向的反映。一类是关于"培养什么样的人"的目的类理念，如素质教育、创新教育、博雅教育等。另一类是关于"如何培养人"的方法类理念，如以人为本、因材施教、做中学等。

平时，中小学老师们更多关注的是教育教学行为，而对教育理念的反思和关注不够。但实际上，一定的教育教学行为都是在某种教育理念支配下进行的。教育理念决定了教育行为，教育行为决定了教育效果。教师是教育活动的组织者和引导者，教师持有什么样的教育理念，不仅直接关系着教师的教育行为，而且还间接地影响着未来教育的性质与状态。② 教育理念是教育行为和效果的根基，教育理念的优劣决定了教育效果的优劣。

---

① 韩延明. 理念、教育理念及大学理念探析 [J]. 教育研究，2003 (9).
② 邹志辉. 教师教育理念的现代化及其转化中介 [J]. 东北师范大学学报（哲学社会科学版），2000 (3).

在教育教学实践中，从一名普通的教师到教育家都会形成自己的教育理念，只不过教育家的教育理念更加深刻系统并且富有影响力。实践证明，优秀教师名教师们不断反思教育理念，学习优秀的教育理念，更新自己的教育理念，逐渐形成自己的教育理念。

思想能滋养丰富的心灵和厚重的人格，理念能影响教育教学行为的优劣。骨干教师、名师要形成自己的教学主张，明确树立科学的教育理念，有独特的教学理念，才能形成独特的教学风格。刚入职的新教师往往只关注具体的教学技能或班级管理技能等具体实践问题，发展到骨干教师阶段，走向名师，特别是作为指导区域教师发展的教研员，要关注更深层次的问题，关注实践背后的理论依据，关注引领实践发展的前沿教改动态，形成能够引领自己、指导同伴的先进的教育教学理念。例如，通过冯宇红老师的成长自述，我们能看到她在参加省级骨干教师培养项目学习中，关注到了智慧型教师理论，研读了相关文献，并运用于实践，形成了"智慧共生，共研共进"理念，指导自己的教研工作，成为区域智慧型教师成长的助推者。冯宇红老师基于智慧型教师理论，以培养"智慧型中学语文教师"为目标，以"构建思维型语文课堂"为教研方向，在培养教师专业规划力、教学思考力、团队学习力和项目研究力等方面，开展深入的实践探索，自己和同伴均取得了一定的教学和教研业绩，在教师专业发展的道路上不断前行，她已经从骨干教师成长为一名优秀的语文教研员、省名师工作室主持人、特级教师。

再如，湛江市中小学名师工作室主持人、湛江市二中海东中学副校长、生物高级教师魏莲花老师在20多年的教师生涯中贯彻着"融合"教育理念，"融合"教育理念在她专业成长的天地里融心融智，相因相生。在入职初期，她受陶行知先生"生活即教育"的理念影响，有意识地在课堂中融入生活，千方百计让课堂"生"动起来，让学生在"做中学，学中做"，体验理论知识，培养学习兴趣；在她自己的教学中借鉴、融入老教师宝贵的经验，尝试将不同学科知识相结合；在骨干教师阶段，她探索着教学与教研的融合；在担任名师工作室主持人期间，探索着"生物圈"式的工作室联盟体的团队融合；在校本课程建设上，她探索着"生物+"，跨学科融合。

教师的成长发展，就是要不断地改变提升自己的教育教学实践能力，而教育教学能力的提升和改变离不开教育理念的更新和发展。根深蒂固的教育理念就会成为教师们的心智模式。著名的学习组织理论创立者，美国麻省理工学院彼得·圣吉博士认为："心智模式"是根深蒂固存于心中，影响我们如何理解这个世界，以及如何采取行动的诸多假设、成见，甚至图像、印象。心智模式不仅决定人们如何认知世界，并影响人们如何采取行动。哈佛大学的阿吉瑞斯认为，"虽然人们的行为未必总是与他们所拥护的理论（他们所说的）一致，但他们的行为必定与其所使用的理论（他们的心智模式）一致"。心智模式常常隐藏在人们的心中不易被察觉与检视。①

教师的心智模式根深蒂固地影响着教师的教育理念、教育教学方式以及专业发展方式。教师的心智模式如何，决定了教师的生存方式和工作方式。心智模式有优劣之分，没有良好的心智模式，就不可能成为优秀的教师。心智模式需要不断改进，需要与时俱进。世界在变，教育在变，学生在变，如果教师的心智模式不改变，不仅严重阻碍教师自身的专业发展，也会阻碍教育改革发展，影响的学生的发展。在课程改革中，一些教师之所以对新课改有抵触，深层原因就是他们的固有心智模式在作怪。改善心智模式要求教师从过去旧有的心智模式中解放出来，转变思维方式，与时俱进，用全新的思维去观察变化了的世界。首先，教师要善于反思。要反思自己的心智模式，"把镜子转向自己，是心智模式修炼的起步"；觉察自己心智模式的缺陷，要经常对自己的局部或静态思考方式为主的心智模式进行检查和修正，并向以注重互动关系与动态变化的思考方式为主的心智模式转变。在教师培训中，我们要引领教师改变心智模式，跟上教育改革发展的步伐。②

四、修炼教育实践智慧

"上课期间，我会尽心保护孩子们参与课堂的积极性，尽量给每个学生发言的机会，鼓励学生互相评价彼此的实操作品，促进共同的进步。记得一次作品展示中，有个学生的作品纰漏较多，同学们一一指出了一堆'毛病'，

---

① ［美］彼得·圣吉，著. 郭进隆，译. 第五项修炼——学习型组织的艺术与实务 [M]. 上海：上海三联书店，1998：9，202，204.
② 许占权，张妙龄. 教师培训理论与实务 [M]. 武汉：武汉大学出版社，2019：102.

这个时候，我话锋一转：'那大家看看，这个作品有没有值得我们借鉴的地方?'果然，学生们纷纷发言，听到'构思比较独特''想法很新颖'等称赞声，这个学生僵硬的小脸也在温暖的气氛中展开了笑容。在以后的课堂中这个学生更加积极主动了，对自己的作品精益求精，学习成绩也直线上升。他还悄悄告诉我说以后一定要研发自己的软件。看着他认真的模样，我很是替他高兴，相信他一定可以做得到!"

从这段叙述中，您感受到了湛江市第二十八中学叶泗凯老师的教育智慧吗?

教育实践智慧是教师在教育活动中所形成和表现出来的有效解决具体教育问题的聪明才智，是教师对教育情境和问题的深刻洞察和敏锐把握。教育实践智慧是教师的人格、学识、能力、经验、教育机智等综合素质的体现。美国教育社会学家洛蒂（D. C. Lortie）在《中小学教师》（1975）中提出"不确定性"是教师的显著特征。正如洛蒂所巧妙指出的，比之专业的许多问题的解决都基于科学的见解与合理技术的"确凿性"，教师的工作几乎是由"不确定性"所支配的。在某课堂中有效的计划，在别的课堂里未必有效。"不确定性"提出了教育实践的创造性与探究性，也就是要求教师要具备实践智慧。① "教师的教育智慧集中表现在教育、教学实践中：它具有把握教育时机、转化教育矛盾和冲突的机智；具有根据对象实际和面临的情境及时做出决策和选择、调节教育行为的魄力。教师的教育智慧使他的工作进入科学和艺术结合的境界，充分展现出个性的独特风格。教育对他而言，不仅是一种工作，也是一种享受。"② 教育实践智慧是教师必备的素质，骨干教师的成长离不开教师教育实践智慧的提升。

五、不断地教育反思

"初中的四年教学和高中的一年的教学经验告诉我，是经常的反思成就了我。每次教学后的反思不经意间已成了我的一种自觉习惯。一直到现在，课前想一想，准备教给学生哪些知识? 哪些学生需要特别关注? 课堂上准备组织些什么活动? 设计的这些活动要达到什么目的? 教学中想一想，怎样对

① 许占权. 提升教育实践智慧 促进教师专业发展 [J]. 教育导刊, 2007 (8).
② 叶澜. 新世纪教师专业素养初探 [J]. 教育研究与实验, 1998 (1).

待课堂上学生的提问？教学后还要想一想，我今天的课堂改变了什么？为什么要这样改变？有何得失？哪个教学环节不够理想？需要怎样改进？就如在湛江市广东省骨干教师培养跟岗学习时，导师鼓励我们说的那样：教科研并不只有大学老师或专家才能做，中学老师在平时的教学中做有心人，反思存在的问题，寻求解决问题的办法，也能实实在在地搞教研。坚持在教学实践中反思，不断完善我的数学课堂教学，是我专业能力提升快速而有效的方法。"（岭南师范学院附属中学教导处副主任　陈恒海）

本书中36名骨干教师的成长自述其实就是这36位教师的教育反思，反思他们自己的成长历程，反思自己的教育教学理念，反思自己的教育教学实践。通过这次系统反思，我们相信，他们将会更加明确自己下一步发展方向和奋斗目标，不忘初心，从优秀走向卓越，成为更加优秀的专家型教师。"如果不进行批判和反思，我们生活在当今也无异于生活在过去的牢笼里。如果不进行批判和反思，就会总是认为事情的对与错、是与非应当按专家说的算。于是，我们就永远只能从别人那里明白做任何事的意义，于是任何时候的教学都是在实现别人的思想。"①

自20世纪80年代以来，西方发达国家掀起一场如何为21世纪做准备，提高基础教育教师素质的教育改革高潮。反思性教学便是在这场世界性教育改革和实践中蓬勃兴起的一种教育理论，也是近年来备受欧美教学界青睐的一种促进教师专业发展的教师培养理论。反思被认为是取得实际教学效果并使教师的教学参与更为主动，专业更为积极的一种手段和工具。教学反思、教育反思、反思型教师等理念已经被我国教育界广泛接受。

反思性教学是教师在教学实践中，批判地审视自己的教学行为及其所依据的观念、教学结果，或给予肯定、支持与强化，或给予否定、思索与修正，从而不断提高自身主体性的过程。反思型教师就是在教育实践中用批判和审视的眼光，多角度地观察、分析、反省自己的教育思想、观念和行为，并做出理性判断和选择的教育工作者。

---

① ［美］Stephen D. Brookfield. 批判反思型教师 ABC［M］. 张伟，译. 北京：中国轻工业出版社，2002.

教育反思，即教师自觉地以自身的教育实践为思考对象，对自己所做出的行动、决策以及由此产生的结果进行审视、分析和总结。教育反思是促进教师专业发展的重要途径之一。教育反思以教师自身的真实性为基础，以探索教师行动意义为目的，架起教育理论转化为教学策略的桥梁。教育反思可以培养教师的问题意识，使之养成批判性的思维习惯，促进学校和教师不断提高教学实践的合理性，是一种促进教师成长的研究范式。① 其实，教育反思不仅仅是研究范式，也是教师教育实践提升的范式。美国学者波斯纳认为只有经过反思，教师的经验方能上升到一定的高度，并对后继行为产生影响。他十分简洁地提出了教师的成长规律："经验+反思＝成长。"我国著名教育学者叶澜教授也曾指出："一个教师写一辈子教案不可能成为名师，如果一个教师写三年教学反思，就有可能成为名师。"

身为教育专业人员的教师不应该仅仅是"技术熟练者"，而应是具有一定教育实践智慧的"反思实践家"。教师是以经验的反思为基础，面向儿童创造有价值的某种经验的"反思型实践家"，其专业成长的性质是在复杂情境的问题解决过程中形成的"实践性认识"的发展。② 经历不等同于经验，只有经过反思的经历才能变成经验，才能获得实践智慧。未经反思的经历是缺乏智慧的。现实教育实践中，大家有目共睹，一个不善于反思的教师，即使有很多年的教育教学经历，但仍然缺乏教育实践智慧。教师只有经常反思自己所从事的教育教学活动，才能不断提升自己的教育实践智慧。教育教学的实践不是凭一般的技术原理运用就能奏效的。教师要在不确定的复杂的教育教学情境中即兴式地应对它们的实践，必须拥有实践智慧。这种智慧综合了来自经验之反思所培育的洞察、选择与判断的学识。

六、持续地终身学习

"通过学习，我清晰地认识到，学生是课堂的主体，应把思考的时间和空间留给学生，教师是课堂的组织者、引导者，在课堂中要真正体现学生学

---

① 梁燕玲. 教育反思：一种促进教师成长的科研范式 [J]. 中国教育学刊，2006 (8).
② 佐藤学，著. 钟启泉，译. 课程与教师 [M]. 北京：教育科学出版社，2003：239-240.

的过程，要真正训练到学生的思维能力、创造力。通过学习，我不断变革自己的课堂，提升教学的艺术。哪怕是基础薄弱的班级，只要我担任班主任并任教语文学科后，都可以在短时间内改变学生的学习态度和学习习惯，提高学习成绩。学生的改变，得益于我的专业学习和专业发展。专业发展，使我成长为专业型教师，让我在培养学生时目光会看得更加长远，看到了思维发展才能培养出创新型人才的需要，看到了学生终身发展的需要。"

这是湛江市第八小学梁桂云老师在成长自述中的总结，梁桂云老师勤奋好学，她立足语文教学，主动学习，博采众长，不断提升自身专业水平。她不惜自费，向同行学习、向名师学习、向名著学习、向网络学习，在专业成长道路上要求严谨、不断追求，教学水平不断提高，成长为一名优秀的小学语文名师。在广东省小学语文课堂教学竞赛中荣获广东语文青年教师课堂竞赛一等奖，成长为广东省名师工作室主持人。

要当好老师，首先自己要当好学生，教师是需要终身学习的职业。正如"人民教育家"于漪老师所说："我做了一辈子教师，但一辈子还在学做教师!"教师成为终身学习者是成为好教师的必要前提，学校不仅是学生学习的地方，也是教师学习的地方。我国2011年颁布的《教师教育课程标准（试行）》把终身学习作为教师教育的基本理念之一，该标准指出"教师是终身学习者，在持续学习和不断完善自身素质的过程中实现专业发展"。教育部2012年印发的教师专业标准也将终身学习作为四个基本理念之一。

美国学者泰勒前瞻性地指出："未来的在职培训，将不被看作'造就'教师，而是帮助、支持和鼓励每个教师发展他自己所看重、所希望增加的教学能力。占指导地位的、被普遍认可的精神，将是把学习本身放在最重要的地位。"①2005年6月，经济合作与发展组织（OECD）发表的26国教育政策议题报告《教师问题：吸引、发展和留住优质教师》指出，教师的专业发展主要不是依靠教师在师范院校期间的课程学习获得专业理解，而是在参与和实践中学习，即在教学工作中的专业提升，因为教师的专业素养是一种根植于教学情境的实践表

① ［美］泰勒，著. 马立平，译. 教师在职教育的回顾与展望. 瞿葆奎主编. 教育学文集·教师［M］. 北京：人民教育出版社，1987：468.

现。应该"把职业教师想象为不是一个已经学会了如何教学的人，而是一个不断地向教学实践学习的人"①。

加拿大学者伊斯顿指出："教育者必须能够自我发展。为了变革，他们必须知道得足够多；为了获得不同的结果，他们必须改变自我——他们必须变成学习者。"1998年，美国"全国教学与美国未来委员会"在《变化中的工作，变化中的学习：工作场所和社区中教师学习的必要性》的研究报告中指出："在工作场所和社区背景下的教师学习是专业发展计划中所必须的，其目的是为了提供真实的学习经验。"② 联合国教科文组织指出：教师职业是一种"学习"的职业，从业者在职业生涯中自始至终都要有机会定期更新和补充他们的知识、技能和能力。③ 通过学习促进自身专业发展，已经成为教师职业生涯中应时代和发展自我的唯一可控制的手段。

当我们认真阅读分析36名骨干教师的成长经验时，发现他们都是热爱学习，不断通过读书、参加研修班、同伴观摩研讨、名师工作室等各种学习途径结合教育教学工作实际进行学习提升。

"要让阅读成为习惯，老师和家长要以身作则、率先垂范。"特级教师潘唯女老师不仅这样说，也是这样做的。她用两年的时间读了20本教育著作，写了107篇读书笔记，并与同行、同事和家长进行分享。

> "从2017年2月开始，到2019年4月，用了两年多的时间，107个星期，读了苏霍姆林斯基、李敏才、王崧舟、史金霞、窦桂梅、山姆·斯沃普、李庆明、赵德成、朱煜、孙建锋、道格·莱莫夫、唐娜琳·米勒、薛瑞萍、陈大伟、常生龙等17位中外教育专家和名师的20本教育专著，提炼了107篇读书笔记和感悟，并相应录制了107段语音。规定每周日早上7点前在工作室微信公众号（潘唯女名师工作室）推出一期《教师读书》栏目。很多同行、同事，甚至家长，都养成了每周日早上打开手机，聆听我读书的习惯，并纷纷留言，喜欢这样的方式，觉得用最短的时间，获得了最有益的

---

① 张勇. 论教师学习的内涵与特点 [J]. 天津市教科院学报，2011 (5).
② 朱旭东. 教师专业发展理论研究 [M]. 北京：北京师范大学出版社，2011：144.
③ 张敏. 教师学习的理论与实证研究 [M]. 杭州：浙江大学出版社，2008：8.

专业理论的学习。坚持就有收获！2019年12月，收集了107篇导读教育专著的文章和107段读书语音的《潘老师带你悦读·教师版》出版。"

教师的学习不同于在校学生的学习，教师的学习是基于问题的行动学习。学习的目的直接指向教师的教学行为，学习的需要直接来自教学中的问题。教学实践成为学习的资源。教学实践为学习提供了生动的素材，学习不是超越自己的教学实践问题的范围之外。教学实践的过程成为学习过程的主要载体，学习在教学实践过程中进行，即教学学习化，学习寓于教学过程之中，为改进自己的教学而学习；针对自己的教学问题而学习；在自己的教学过程中学习。

教师不仅需要深度掌握他所要教的知识，更重要的是要实现一种"转化"，即将自身对客观知识的主观建构，通过主体间的互动，调动学生内在的力量，转化成为学生的知识和智慧。教师的"专业学习"是一个持续不断的发展过程。不仅仅是学科知识的更新问题，更重要的是教师面对的主体不同且不断变化，因而需要不断重建"转化"的结构性框架，这才是问题的核心。这意味着教师的"专业学习"，应当成为教师在专业实践中基于专业需要而形成的主动学习的习惯，这是维系专业性的内在支撑。

"我被确定为湛江市省级骨干教师培养工程培养对象，深感无比荣幸，备感责任重大。岭南师范学院制订了科学严密的培养计划，充分发挥省级中小学教师发展中心的资源优势，打造优质的学习交流平台，采取混合式培养模式，运用多元培养方法，让我们有机会近距离向专家学习，与名师面对面交流。在这浓厚的学术氛围中，感受到的是专家点石成金的顿悟，收获的是教师职业精神的升华。一路走来，专家教授的教育理论大大拓宽了我们的视野，一线名师的实践智慧启迪了我们的思维，同伴的切磋交流解决了我们的困惑。参加省级骨干教师培养工程，在我20年的专业发展历程中，是一次实现螺旋递进式成长，专业成长上台阶的又一次跨越，感悟是深刻的，收获是丰盈的。"

（廉江市教育局教研室副主任 杨浩）

七、真实的行动研究

湛江市省级骨干教师培养工程培养对象、湛江市经济技术开发区第一小学教导主任、湛江市名班主任工作室主持人梁春梅老师在成长自述中写道：

"通过参加这次省骨教师的培养项目，我深刻认识到，单凭自己的专业知识、教育理论基础和原有教学实践经验是远远不够的，难以解决课改过程中出现的大量实际问题。教师必须在教学实践中不断进行行动研究，把抽象的教育原理与具体的教学实际结合起来，与生活紧密联系，培养学生的问题意识和自主学习能力，形成自己优化的实践教学模式。同时，教师要充分发挥主动性和创造性，批判地、系统地考察自己的教育教学实践，认真分析、研究教育教学实践中遇到的问题，把反思中存在的问题，继续开发策略，在课例中研究，不断提升综合能力，努力使自己成为研究型教师，走上自主发展的道路。"

梁春梅老师这段话讲出优秀教师的成长必由之路。英国课程理论家斯腾豪斯（Lawrence Stenhouse）指出"教师既研究者"，教师既是学习者又是研究者。教师职业的专业化发展要求教师成为研究者，专业化职业与普通职业的区别之一就是把服务和研究融为一体，研究是一种自觉的行为。教师有能力对自己的教育行为进行反思、研究和改进。由教师来研究和改革自己的教育实践是教育改革最直接最适切的方式。教师不仅是别人研究成果的消费者，教师更应该成为研究者。①

教师专业化要求教师成为研究者，并不是要求教师成为学究式的研究者，而是实践研究者，通过行动研究，研究教育教学实践问题，研究目的是提高实践。教师的研究主要是校本教研，研究范式以行动研究为主。例如，湛江市第二中学物理学科组长袁勇老师痴迷于合作学习，常年学习研究实践合作学习，组建了包括教授、博士在内的近 200 人的合作学习研究团队，获得了一系列教研教学成果。对合作学习的研究与实践，使他从一名普通老师蜕变成了专家型教师，2019

---

① 王鉴. 论教师主体与研究型教师 [J]. 学科教育, 2003 (5).

年通过了正高级教师职称评定，现在已经成长为具有较大影响力的名教师。再如，陈恒海老师对教学研究这样反思道：

　　"在 18 年的中学数学教学中，有时我会想，我为什么要进行教学研究？是因为提升教学效果的需要，亦即是学生的需要。我开始进行课题研究时，并未想要建构新的教学模式，更未想要创设新的教学理论，我是源自对教育实践的拷问，想找寻教育教学困惑背后的原因，更多是想对那些可以意会、难以言传的教学经验所蕴含的教育本质的揭示。"

　　校本教研是一种将行动研究本土化了的研究模式。作为教育教学之行动研究的一种形态的校本教研已被教育业内人士所广为认可。校本教研就是"以校为本的教研"。校本教研的真正目的是将先进的教育理念通过教师的教育学探索，将行动研究的过程变为教师的教育教学与研究的内在素养，从而以此为依托促进教师的专业成长；而且，校本教研也是教师的专业成长的一条有效途径，因为它能够锻炼教师的教学反思能力与提高其自身的教育教学研究能力，使之具有发展的内生力。"校本教研"不仅仅是一种认识、研究方法和实践活动，更是学校和教师存在的基本方式和特征。①

　　"理论素养的提升，不仅仅在于直接理论的学习，基于教学实践的课题研究也是很好的路径。自 2014 年参加省级骨干教师培养以来，我先后主持或参与了 2 项省级重点和 2 项省级一般课题研究，研究成果先后获得广东省中小学教育创新成果奖三等奖和广东省教育教学成果奖二等奖。课题研究促使我广泛深入研读与课题研究相关的文章和论著，促使我思考自己的教育教学问题，反思自己的教育教学行为，探索解决问题的有效路径与方法，实践之、研究之、再实践之、再研究之，在教育教学实践中研究，在教育教学研究中实践。如此反复，不仅提高了自己的理论认识，也提高了自己的实践能力。用一方水土育一方人。我主持的"基于雷州半岛乡土资源的农村中学作文教学研究"课题，就是为改善自己所在的农村中学学生写作的"四无"

---

① 肖川，胡乐乐. 论校本教研与教师专业成长 [J]. 教师教育研究，2007 (1).

（无题材、无感情、无认识、无表达）状况，提高学生作文信心、兴趣、能力，弘扬乡土优秀传统文化，培育学生乡土意识和家国情怀。两年的实践研究，在参加《语文报》等教学类报刊的征文比赛中，我任教班级有 20 多人次获奖。"

这是湛江市省级骨干教师培养项目首批培养对象吴连助老师对课题研究的感悟。"实践之、研究之、再实践之、再研究之"，实践与研究螺旋递进，提高了吴连助老师的理论基础和实践能力，教师自身和学生同时受益。细读本书中的每一位优秀骨干教师的成长自述，都能看到他们是如何走上实践与行动研究相结合的历程以及他们或多或少的研究成果，特别是行动研究给他们的教育教学实践带来的变化。

八、携手同侪共发展

"独行快，众行远"，教师的成长发展也不是单打独斗就能行的，而是需要携手同侪共同学习发展。正如弗莱尔指出的，"藐视团队合作而独自行动无疑是自杀的最好方式"。教师群体是一个学习共同体，学校是一个学习型组织。教师之间的差异就是教学资源，就是合作学习的动力和源泉。

36 位骨干教师都有同伴携手共同成长的故事，课题组、工作室、送教下乡、研学团队、同行切磋等词语出现在他们的成长自述中。例如，湛江市第八小学梁桂云老师从向同行学习、向名师学习，发展到成为湛江市名师工作室主持人，带领自己几百人的网络研修团队，通过腾讯会议等云端方式每周一起研讨，指导老师们进行主题研讨、备课、研课、评课，解决语文教学过程中遇到的实际问题，像蒲公英播撒种子一样，把爱和教育的种子播撒在小语人身上，带领团队成员共同成长。湛江市第二中学物理学科组长袁勇老师热衷于合作学习的研究与实践，取得了显著的成效。从 2015 年仅有 2 个人的团队，到 2018 年底发展成为 150 多人的团队，团队成员分布在湛江市 30 多所中小学各学段、各学科。他在成长自述中写道：

"不论团队内谁讲公开课，全团队成员尽力参加并支持，大家互相学习、互相探讨、互相鼓励、互相关爱，团队成员充满力量，很有自豪感和成就感。"

"在课题研究路上不停地开展同课异构、示范课、讲座等活动，不断组织成员阅读书籍，参与教学设计与实践，撰写教学反思，团队成员得到了充足的锻炼，他们的理论水平和课堂教学水平明显提升。"

"经过近5年的合作学习研究与实践，基本形成我们团队的合作学习理念：基于众多理论基础之上来引领行动研究，基于国内知名专家指导之下开展研究，基于学生核心素养之上来设计教学，基于团队智慧之上来共赢，基于高密度反复实践之上来提炼，基于频繁的教科研活动之上来探索。"

回顾这几年团队建设之路，团队具有如此大的成就和凝聚力，主要源于团队成员的教育情怀和创新意识，他们在这里能够找到自己的位置，感受到了自我教育价值的有效实现。"

苏联心理学家维果茨基（Vygotsky）认为，人类的学习是在人与人之间的交往过程中进行的，是一种社会活动。首先是作为社会合作的活动出现，然后才是个体内部进行的思维活动。学习的本质就是人与人之间的交往，是他人思想和自我见解之间的对话。建构主义的观点也指出，学习在本质上不仅是个体性的，更是社会性的。为了推进教师学习的深度，必须鼓励团队协作和组织化学习。因为新信息、新理念和反馈的获得，不仅来自个体性的学习，而且在很大程度上来自教师之间的对话与互动。正因如此，体现教师社会合作的专业学习共同体（Professional Learing Community，PLC）被认为是提升教师学习有效性、实现"深度学习"的关键，从而也成为推进学校深度变革与持续改善的有效策略。

通过对36名骨干教师成长经验的分析，我们可以看出，真挚的教育情怀、强烈的内在动力、科学的教育理念这三个方面是骨干教师成长的基础。教育情怀是骨干教师成长的情感系统，内在动力是骨干教师发展的驱动力，教育理念是骨干教师成长的灵魂。修炼教育实践智慧、不断地教育反思、持续地终身学习、真实地行动研究、携手同侪共发展等五个方面是骨干教师成长的行为特点，是提高教师教育教学能力、教研能力及综合素质的必由之路（见图6-1）。

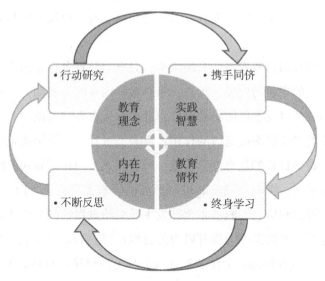

图 6-1　骨干教师成长之路

第二节　骨干教师自我发展机制

骨干教师的成长既离不开国家、地方教育行政部门和学校的政策支持与提供成长环境，更需要教师自身内在发展机制的建立。在对 36 名骨干教师的成长自述的整体分析基础上，我们再来探寻骨干教师的自我发展机制。

一、教师自我发展机制及其影响因素

教师自我发展的机制涉及教师自我发展的动力、结构、原理及其相互关系。它可分为内在和外在两个维度，二者是相互影响、相互作用的关系。教师自我发展的内在机制涉及教师自我发展的内在资源和态度以及教师内在专业结构两方面。教师内在资源和态度包括探究欲、虚心、专心、毅力等智慧资源以及责任心和爱心等道德资源；教师内在专业结构包括发展的自我意识、内在的教育信念和智能结构，智能结构主要指教师的知识结构、智力结构（一般能力结构）和教育能力结构。教师自我发展的外在机制涉及教师专业发展的经验和支持条件两方面。教师专业发展经验主要包括教育教学实践的经验、反思的经验、学习的经验等；支持条件主要指教师生活其中的、有助于教师自我发展的组织、制度、人际、心理等的人文生态环境，尤其是教师文化对于教师自我发展具有更为重要的影响作用。①

自觉自发是教师自我发展的高级水平，只有当教育者自觉地完善自己时，才能更有利于学生的完善与发展。首先，来自教师内在的发展动力和较高水平的自我发展意识是教师自我发展的必要条件；其次，来自外在的推动、支持对于教师发展会起到或促进或阻滞或延缓的作用；再者，过程是一个至关重要的起决定作用的因素，即教师日常的教育教学实践、行为方式、内在品质和习惯的养成。

相关研究发现，影响自我发展机制形成的因素主要有：（1）自我意识的形成，这是一个观念和信念不断清晰化并发生转变的过程；（2）外力内化为自我调节的能力，这是一个借助外力提升内力的过程；（3）行动中发展自我，主要指做的过程；（4）自我发展是社会化的理性调节与生理规律的自然调节的和谐；（5）人具有自尊和创造的需要，这是自我发展的重要动力机制；（6）具有一个内在的教育信念，这个内在的教育信念滋养着教师心灵，使教师在实践着自己内在信念的过程中，感受着内心世界的丰富，在得到他人认可和赢得尊重时，又会激励和坚定他们内在的教育信念。②

二、教师专业成长的最强动力源自生命成长的需要

从教育生态学的视角来看，骨干教师作为学校教育生态系统的生态主体，其成长的核心机制在于骨干教师内在的因素。③ 教育情怀、职业认同、职业兴趣、责任心、事业心、明确的发展目标、自我生命价值的实现等都是教师发展的内在因素。教师成长不是被动、消极地发展，必须充分关注教师自主发展的内在需求、主体意识与主观能动性。只有具有专业发展自主的意识和能力的教师才能自觉地不断促进自我专业成长。教师的专业发展自主意识按照时间维度划分为三方面内容：对自己过去专业发展过程的意识、对自己现在专业发展状态和水平的意

---

① 李方安．论教师自我发展 [J]．教育研究，2015 (4)．
② 李方安．论教师自我发展 [J]．教育研究，2015 (4)．
③ 高旺蓉．骨干教师成长的支持性因素：生态学分析 [J]．教育发展研究，2007 (7-8B)．

识、对自己未来专业发展的规划意识。① 本书的研究对象（也是研究者）岭南师范学院附属中学李文送老师在成长自述中表达了同样的观点：

　　"内心充满力量，我们就可以找到教育的'诗和远方'。当你拥有自立、自强、自觉、自律、自主和自悟的阳光雨露，坚守专业实践，坚持专业阅读，坚定对话交流，坚信专业引领，并勤于独立思考，相信你的专业成长也会是一片春意盎然。"

　　教师专业成长的最强动力源自教师自我生命价值的实现。生命是教育之核心，教育就是点化和润泽生命，为生命的不断发展和完善创造条件。② 精神科学教育学的代表人物德国哲学家、教育家爱德华·斯普朗格（Eduarl Spranger）认为，"教育绝非单纯的文化传递。教育之所以为教育，正因它是一个人格心灵的'唤醒'，这是教育的核心所在"。所谓"人格心灵的唤醒"，实质上是生命感和价值感的解放，使人成为活生生的具有思维能力和创造能力的个体。③

　　能够做到引领学生实现生命感和价值感的解放，把学生培养成为具有思维能力和创造能力人才的教师，一定是"生命化的教师"。"生命化的教师，就是要审视教师的生命意义。教师的生命意义，在于通过教育活动创造人的精神生命，既包括创造学生的精神生命，促进学生的生命发展；也包括创造自身的精神生命，实现自身生命的意义和价值。"④ 当我们理解教师专业发展的时候，必须认识到，教师首先是一个"人"⑤，然后才是教师。唯有把教师视为一个整体的人加以培养，使教师充满灵性，教师才能作为一个完整的个体发挥"以心传心"的教育力量，通过活生生的现实影响学生。

　　教师不仅仅只是作为职业的工具人的存在，更是作为生命的主体人的存在。

---

　　① 许雪梅，何善亮. 教师专业发展的内在机制和有效途径［J］. 高等师范教育，2002，14（5）.

　　② 冯建军，等. 生命化教育［M］. 北京：教育科学出版社，2007：2.

　　③ 单中惠. 西方教育思想史［M］. 北京：教育科学出版社，2007：473.

　　④ 冯建军，等. 生命化教育［M］. 北京：教育科学出版社，2007：230.

　　⑤ Fullan M., Hargreaves A. Undetstanding Teacher Development［M］. New York：The Falmer Press，1991：5.

教师专业成长不仅仅是教育实践能力的提升，更是对自我生命意义的追寻。教师的生命自觉力是实现自我主动发展的动力。教师生命自觉力展现为两个方面：一方面，教师对内在的自我生命获得一种认同感，进而发现自我、反思自我、发展自我，努力达成生命价值的释放与超越；另一方面，教师要不断探索教育的真谛，确立自己的教育理想。①正如本书的研究对象，廉江市第二中学刘美老师所说：

> "都说教学相长，的确，在和孩子们的交流和思想碰撞中我也受到了启发，给以了我工作最高的热情，保持着十年如一日的工作状态，耕耘在三尺讲台。让生命爱上歌唱，共同唱响生命的大合唱。这已不知不觉成为了我音乐教育教学的追求！"

如果一个教师不能体验到体现内在尊严的人生价值与意义，我们很难想象他可以真正行使教育赋予他的使命。因此，教师专业发展要以关注教师生命状态为前提。教师的专业发展不仅仅是专业知识、专业能力和专业道德等专业素质的发展，还应包括教师生命的解放和发展。教师专业发展不仅仅是专业素质的提高，还应是教师生命幸福的提升。没有教师生命的解放和发展，就没有学生生命的解放和发展；没有富有生命活力的教师，就没有富有生命活力的学生；没有教师的生命幸福，就没有学生的生命幸福。生命化的教师专业发展，不只是强调教师的发展适应外部的要求，更强调"教师职业的内在尊严和欢乐"。正如特级教师王崧舟所说："从某种角度看，放逐、架空了生命发展的专业发展，只能是缘木求鱼、隔靴搔痒。所谓皮之不存，毛将焉附？只有融入了自身生命发展的专业发展，才是职业成长的不二法门。这既是职业的解放，也是人自身的解放。"②

教师职业体认制约着教师专业发展的动力。教师职业体认是教师对自身职业的体察、认识及在此基础上的接纳、悦纳，这当中蕴含着教师对自身职业的事实判断与价值判断。教师是一种特殊的专业，教师工作关系到学生的成长，关系到民族的发展。教师的工作是无边界的，而教师的报酬是有限的。教师的工作是一

---

① 周亚东. 论教师现场学习的动力机制 [J]. 教育理论与实践，2017，37（11）.
② 王崧舟. 特级教师是这样炼成的（一）[J]. 中小学管理，2010（1）.

种精神立身的工作，教师需要一种育人精神，教师需要拥有教育信仰。"教育没有信仰就不成为其教育，而只是教学的技术而已。""教育，不能没有虔敬之心，否则最多只是一种劝学的态度，对终极价值和绝对真理的虔敬是一切教育的本质，缺少对'绝对'的热情，人就不能生存，或者人就活得不像人，一切就变得没有意义。"① 天职观念是教师应拥有的一种重要信仰。

天职观念是教师应该具有的职业体认，拥有天职观念的教师是拥有充足专业发展动力的教师。"教师应当视教书育人为天职，有了这一份天职观念就有了自己立于教育事业的生命的根。""天职观念意味着对某种神圣的职分的富于生命的体验，有了它，人便能由衷地守住与某种神圣的志业关联在一起的生命重心。""天职是一种担待，一种承诺，一种对于至上的事业追求的担待，一种对自己生命分量的承诺。"② 教师不仅是一种职业，更是一种生命存在的方式。教育工作既是教师的职业，实际上更应该成为教师一生的事业追求，教师的喜怒哀乐、悲欢离合，教师的荣誉感、成就感、满足感大体上离不开教师的工作。让教师的工作更有质量、更有意味、更有诗意、更有创造力。

不是所有教师都能够把教育工作视为"天职"，把教师专业发展视为自己生命存在方式的老师只是部分教师。有些老师仅仅是把教师当作一种职业而已，仅仅是谋生的一种手段而已，这些老师发展动力不足，往往原地踏步。教师失去工作热情，专业发展就成为美丽的泡影。失去了工作热情的教师必然过着一种麻木的、固化的、平庸的生活。"经验消解了理性，继承消解了创新，从众消解了个性。"③

教师专业成长需要"生命在场"，教师在自己日常的专业实践中呈现出自我更新式的主动发展态势，改变了适应、服从、执行他人意志和思想的基本生存方式，成为自觉创造教师职业生命的主体。"生命在场"的教师不会感到非个性化和外来主宰的威胁，而是个性化和自我主宰性的发展。"生命在场"，体现了个体发展的内在本质，即个体自由、自主精神的彰显。对于"生命在场"的教师而言，教育工作是其钟爱的事业。他们用自己的真实生命在演绎着教育，把自己的

① 雅斯贝尔斯. 什么是教育 [M]. 邹进译. 北京：三联书店，1991：44.
② 黄克剑. 天职观念与范本教育 [J]. 福建论坛·社科教育版，2004 (3).
③ 张传燧，谌安荣. 论教师生存方式及其现代转型 [J]. 教师教育研究，2007 (3).

生命融入教育职业生涯中，使教书育人成为生命价值的实现。

　　教师通过"生命在场"，通过与学生共处的方式把情感素质和社会责任感带给学生。"生命在场"的教师总是为学生彰显各自生命的力量、发展各自独特精神提供广阔、自主的空间，让学生的心灵得以自由舒展、生命意义得以真正实现，同时，教师自身也体验到了生命的活力与价值。相反，现实中，在教师专业发展的进程中，一些教师的生命没有在场，而是游离场外。一些教师处于一种被动的位置，存在着一种"要我发展"，而不是"我要发展"的心态。一些教师把教育工作看作与自己的生命无关，仅仅是一个满足物质需求的谋生手段；把教师专业发展与教育改革看作外在于己的上级的指令。因此，教师专业发展的形式化、依附性不可避免。因教师生命的不在场，时至今日，仍然还有一些教师以"旁观者观点"看待"教师专业化"，致使校本教研、教师培训等教师专业发展措施流于形式。一些教师把写教育反思、教育故事、教育论文当作应付领导检查的烦心事。一些教师对各种教师培训持反感心态。造成教师在教师专业化进程中生命游离场外的原因是多方面的。[①]

　　教师发展是一个生命整体的发展，教师需要过一种完整的生活，展现其整全的生命状态。教师专业发展是其中一个重要组成部分。教师发展不仅仅是关于教师所教学科的知识和从师的技能的训练，更为重要的是从师的品质和对于教育的深刻体悟，是教师内在资源的丰富和提升，是从一种生命状态上升为另一种生命状态的过程和结果。[②]

三、骨干教师成长过程是学习、实践、反思、研究螺旋递进的过程

　　从36名骨干教师成长自述中，我们发现，学习、实践、反思、研究是教师成长过程中的不可或缺的四种行为，并且这四个环节不是直线型的，而是螺旋递进的。"三阶十环螺旋递进"骨干教师培养模式也是在这一理念下实施的。实践证明，每位优秀教师的成长都是在不断地学习、实践、反思、研究螺旋递进中发展的（见图6-2）。在教师专业成长的每个阶段都需要学习、实践、反思、研究，

　　① 许占权.生命化教育理念下的教师专业发展 [J].东北师范大学学报（哲学社会科学版），2009（6）.
　　② 李方安.论教师自我发展 [J].教育研究，2015（4）.

当然，不同教师不同专业发展阶段的学习、实践、反思、研究在深度和广度上是不同的，是螺旋递进的，不断深入的。

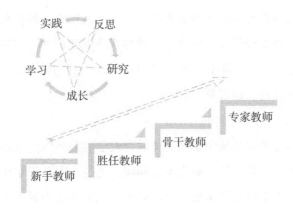

图 6-2　学习—实践—反思—研究螺旋递进

（一）教师学习基于实践为了实践

教师的在职学习与职前的大学生学习不同，大学的学习以学习系统的理论知识为主，教师的职场学习源于教育教学实践改进的需要，教师的学习是基于教育行为改变的学习，教师的学习是基于解决实践问题的行动学习，学习与实践互相促进，螺旋递进。教师学习的目的直接指向教师的教育教学行为，学习的需要直接来自教育教学中的具体问题。教育教学实践成为教师学习的资源，教育教学实践为教师学习提供了生动的素材，学习不是超越自己的教学实践问题的范围之外。教育教学实践的过程成为学习过程的主要载体，学习在教学实践过程中进行。即，教学学习化，学习寓于教学过程之中。为改进自己的教学而学习，针对自己的教学问题而学习，在自己的教学过程中学习。

1. 教师学习是实践导向的经验学习

教师学习是基于经验的学习与反思，特别是基于自身教育教学实践的专业发展。80 年代后期以来，在建构主义学习理论指导下，教师教学知识所具有的综合性、情境性、个体性和实践性等特征被人们日益重视，教师的学习不再只是吸收教育专家的知识，而是积极主动地从自身的经验和教育教学实践出发去建构具有情境性的个人知识。①

实践表明，教师的学科知识（本体性知识）和教育心理学知识（条件性知识）的简单叠加并不能形成教师的专业素质，它们必须通过教师教育教学实践的整合，才能内化为教师自己的专业素质。除了书本以外，教师获得教育教学知识和技能的一个重要途径就是实践经验，教师实践性知识的学习是"通过转化经验来创造知识的过程"。教师经验性学习的目的在于通过经验建构个人教育知识，学会教学，提升教育实践智慧。②

2. 教师学习是问题导向的校本学习

教师校本学习是立足于中小学具体教育教学实践问题的职场学习，是基于教育现场的专业学习，其目的是解决实践问题，更好地服务于学生发展。在教师专业成长路上，校本学习是最主要的学习渠道，也应该成为教师工作样态，成为教师生存方式。

教师源于问题的学习，一方面主要是指教师学习往往是由自己实践中的问题引发，源于教师解决实践问题过程中的困惑，而不仅仅是为了系统掌握某个方面的知识并形成完整的体系。教师以问题为中心的时效性学习决定了教师学习的方向和内容与当前工作问题的关联性。教师职业特点和教育对象的特点决定了："有问题"是教师实践的本质，特别是在教育改革中，课程教材问题，教学模式与教学方法问题，学生学习、心理、道德问题，师生关系问题，考试问题……需要教师去思考、研究，在对问题的不断思考和解决中教师的能力和素质得以提升。另一方面，教师在自我成长的不同阶段，他们对自身的角色概念、职业认同、教育教学水平的认知等也会出现许多心理或思想上的诸如"落差""倦怠""转型"等问题。③

3. 教师学习是校本教研导向的行动学习

"行动学习"的概念是由"行动学习之父"雷吉·瑞文斯（Reg Revans）在20世纪40年代提出的，但他本人没有对行动学习给出明确定义。之后，很多理论家和实践者对行动学习予以定义。佩德勒（Pedler）认为，"行动学习是一个

---

① 朱旭东. 教师专业发展理论研究［M］. 北京：北京师范大学出版社，2011：145-146.

② 许占权，张妙龄. 教师培训理论与实务［M］. 武汉：武汉大学出版社，2019：113.

③ 张勇. 论教师学习的内涵与特点［J］. 天津市教科院学报，2011（5）.

组织和个人开发的方法，人们以小组的形式一起工作，处理重要的组织课题或问题，并从尝试改变的过程中学习"。麦吉尔（McGill）和贝蒂（Beaty）认为，"行动学习是一种持续学习和反思的过程，同事之间相互支持，共同致力于事情的完成"。达特里奇（Dotlich）和诺埃尔（Noel）认为，"行动学习就是受控的环境下的一种做中学，除此无它"。综合起来看，行动学习特点是：采取行动是学习的基础；深入的个人发展产生于对行动的反思；要致力于问题；所提出的问题包括组织的发展也包括个人的发展；行动学习者结成伙伴关系开展工作，他们互相支持和互相挑战；首要工作是寻找新颖的问题和质疑性洞察，而非获得专业知识。①

行动学习和校本教研异曲同工。所谓"校本"，无非就是"在学校中""基于学校"和"为了学校"。校本教研就是以学校为基础、以教师为主体、以行动为导向的学校教育教学研究。校本教研是由教师反思、同伴交流、专业支持三大因素构成的一种新的教研制度，是教师的一种学习方式，即研究性学习，也是行动学习。校本教研有以下几个重要特征：（1）校本教研的宗旨是促进师生的共同成长；（2）校本教研的核心是解决学校教育教学的实际问题；（3）校本教研的主体是学校的教师，是整个教师群体；（4）校本教研的主阵地是学校，校长是校本教研的第一责任人，他/她必须真正树立科研兴校的办学理念，承担校本教研组织者和管理者的重任，致力于校本教研的制度建设。这些特征主要体现在教师的自我学习和反思，与同伴的合作和互助，以及专家的专业引领和提升之中。② 在我们看来，校本教研就是行动学习，校本教研的特征与行动学习的特征是吻合的。

（二）实践需要反思，反思促进实践

教师专业发展的主体是实践着的教师，教师首先关注的主题是自己置身于其中的教育情境的改善和教育教学实际问题的解决，并以解决实践性问题为主旨，

---

① ［美］朱迪·奥尼尔，维多利亚·J. 马席克，著. 唐长军，等，译. 破解行动学习——行动学习的四大实施路经 ［M］. 南京：江苏人民出版社，2013：18-19.

② 肖川，胡乐乐. 论校本教研与教师专业成长 ［J］. 教师教育研究，2007（1）.

"为了实践、关于实践、在实践中"构成了教师专业发展的一条主线。①

教育是一种"实践",需要教师具有"实践性知识"。教师实践性知识的形成与发展固然有赖于良好的外部支持条件及环境,但更重要的是取决于教师自身的心态与作为,教师应在现实生存的土壤中寻找自己的生长点。从这个意义上说,教师自身是发展与提升其实践性知识的关键。教师作为研究者,首先需要研究自身的教育教学实践经验,通过对自身实践经验的研究,不断改进和优化教育行为,实现教育效果的提升。教师研究自身教育教学实践经验的基本方式就是反思。可以说,反思教学实践经验是促进实践性知识发展的重要举措。教师的反思贯穿个人实践行动的始终,教师们在教育教学活动中的抉择和困顿,在实践共同体中的矛盾与挣扎以及个人生活史的成长与感悟都可能成为教师反思的重要契机,从而进一步影响教师实践性知识的发展。②

"经验+反思"机制是国际流行的公认的教师专业发展的机制之一,它是前经验主体层次和经验主体层次教师专业发展的主要机制。前经验主体层次的教师表现出模仿、热情、适应等特征的经验积累,经验主体层次的教师表现出从零散经验到系统经验、从个体经验到群体经验、从经验迁移到经验反思的机制过程,依据"经验+反思"促进教师专业发展是前经验主体层次和经验主体层次教师的机制。这两个层次在"经验+反思"机制下促进了教会学生学习、自身的专业发展和教育教学质量的提高。③

(三) 教育实践需要研究,研究为了改善教育实践

教师从事教育行动研究是教师专业特性的要求,也是教师生存方式的转变,更是教师专业发展成长的需要。苏霍姆林斯基说:"如果你想让教师劳动能给教师一些乐趣,使天天上课不致变成一种单调乏味的义务,那么你就引导每一位教

---

① 许雪梅,何善亮. 教师专业发展的内在机制和有效途径 [J]. 高等师范教育,2002,14 (5).

② 陈静静,姜美玲. 论教师实践性知识形成与发展的内在机制 [J]. 全球教育展望,2014 (5).

③ 朱旭东. 论教师专业发展的理论模型建构 [J]. 教育研究,2014 (6).

师走上从事一些研究这条幸福的道路上来。"①仔细研读本书中 36 名骨干教师的成长自述，几乎都谈到了开展教育教学研究在他们成长中的作用。但在现实中，一些中小学教师对开展教育研究缺少正确认识。一些教师认为，教育研究是高校教师、专门教育研究人员的事，中小学教师工作繁忙，根本没有时间和精力从事教育教学研究，也没有必要开展教育研究。有学者调查表明，大部分学校都要求教师做教科研，要求教师撰写科研论文，而且经常与教师的评职称、评优、评骨、评绩效等挂钩。但是，整体看来，中小学教师并不支持教师做教科研，甚至反对教师做教科研，认为做教科研会增加教师的压力和负担。②

认知决定了行为，有一部分中小学教师对中小学教师开展教育研究的不科学认知导致了他们不热衷于开展教育教学研究。提倡中小学教师开展教育研究，不是让大家像大学的专家学者们那样去开展理论研究，而是开展基于改善实践的行动研究，研究的目的不是建构新理论，而是改建教育教学方法，提高教育质量。2019 年 11 月，教育部印发《关于加强新时代教育科学研究工作的意见》，要求中小学积极开展教育教学实践研究，支持中小学教师增强科研意识，改进教学方法，提高教育质量。

教师的教育研究有利于解决教育教学实际问题，提高教育教学质量。教师的教育研究可以使课程、教学与教师真正地融为一体。教师的教育研究可以促进教师专业成长与发展，不断提升教师的自我更新能力和可持续性发展能力，增强教师职业的乐趣和价值感、尊严感。

很多教师误认为行动研究是一种研究方法，其实行动研究不是一个具体的研究方法。行动研究是一种实践性很强的研究取向，是一种研究理念和研究类型，通过研究、解决实际问题。其特点是行动者即研究者，也可与外来研究者合作（例如与大学老师合作）。在研究中行动，在行动中研究。行动研究的目的是发现问题，采取对策，改进工作。

行动研究作为一个专业术语、一种研究类型，是 20 世纪 40 年代在美国的社会学研究中开始出现的，50 年代被应用于教育研究之中，70 年代以来越来越受

---

① 苏霍姆林斯基. 杜殿坤，译. 给教师的建议 [M]. 北京：教育科学出版社，1984：25.

② 姚计海. 校长如何引领教师成长 [M]. 北京：北京师范大学出版社，2016：164.

到教育研究工作者的欢迎，目前，已成为广大教育实践工作者从事教育研究的主要范式。

行动研究有三种类型：（1）行动者用科学的方法对自己的行动进行的研究。（2）行动者为解决自己实践中的问题而进行的研究。（3）行动者对自己的实践进行批判性反思。①

美国课程学者麦克考南（J. Mekekoman）认为："教育行动研究乃一反思性过程，在一个给定的问题领域，人们希望借此过程而改进实践或加深对问题的个人理解。"② 反思贯穿于整个行动研究的过程，教师对教育教学活动及其问题的认识往往是局部的、表面的，因此需要对自身实践进行有意识的、系统的、持续不断的探究反思。通过在行动中的反思，理解在自身实践中有着内在联系的各种要素的含义，从而使实践具有一种"理性"的特征。"行动研究者往往战略性地从一个行动步骤着手（审慎地、试验性地实践，同时以改进实践、改进对实践的认识和改进实践发生的情境为目标），对这一行动、行动发生的环境和行动的结果进行监控，然后回顾性地按照作为未来行动基础的要求，对这一行动重新做出说明解释。③"

"行动研究"这个名词听起来，有些老师可能觉得是个新事物，其实，中小学一直在开展行动研究，例如教研是开展的教研活动，就是行动研究。"校本教研"实际上是用行动研究的方式研究教育和教学问题。

有研究者把骨干教师的成长规律概括为：第一，骨干教师的成长过程是他们热爱教育事业的敬业精神形成并发挥作用的过程；第二，骨干教师的成长过程是他们的教育教学素质不断提高和更新结构的过程；第三，骨干教师的成长过程是不断学习、不断实践、不断创造的过程；第四，骨干教师的成长过程是不断利用外部资源和条件进行优势积累的过程；第五，骨干教师的成长过程是不断由目标到反馈的自我监控过程。④ 36 名骨干教师的成长自述也与该研究结论相吻合。

从 36 名骨干教师的成长自述以及相关理论研究来看，从新手教师成长为胜

① 陈向明. 什么是行动研究 [J]. 教育研究与实验，1999（2）.

② 单丁. 课程流派研究 [M]. 济南：山东教育出版社，1998：238.

③ 施良方. 教学理论：课堂教学的原理、策略与研究 [M]. 上海：华东师范大学出版社，1999：397.

④ 倪传荣，等. 骨干教师队伍建设研究 [M]. 沈阳：沈阳出版社，2000：60-78.

任教师，再发展到骨干教师，自我生命意义的追寻，自身价值的实现，是教师成长的内在动力（见图6-3）。学习与实践、反思与实践、研究与实践螺旋递进，互相促进，推动教师不断地成长和发展。

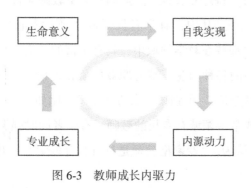

图 6-3 教师成长内驱力

第三节 从优秀到卓越：走向专家型教师

　　骨干教师是教师专业发展之路上的一个重要阶段，下一步发展方向是成为专家型教师，从优秀教师走向卓越教师。从优秀教师走向卓越的道路更加艰难，教师的发展呈金字塔形状，越是向上发展人越少，专家型教师是金字塔的顶端了，只有少部分骨干教师能够攀上金字塔的顶端。美国学者柏林纳的研究表明，教师发展到骨干教师阶段后，教师的专业发展进步缓慢，大约90%的教师将处于停滞不前状态，只有10%左右的教师专业发展能够进入下一个阶段成为专家型教师。专家型教师有哪些特点？专家型教师的标准是什么？为什大部分骨干教师发展到一定阶段就停滞不前了？骨干教师如何发展成为专家型教师？

一、什么是"专家型教师"

　　"专家型教师"这一概念早已经进入与教师发展相关的研究和实践领域的话语中，人们也认可了这一概念。国外在20世纪70年代开始研究专家型教师，我国在20世纪90年代才开始研究专家型教师。尽管有不少相关研究，但到底什么是"专家型教师"？"专家型教师"的标准是什么？至今还没有明确统一的答案。

关于专家型教师的内涵，研究者们从不同视角给予了阐释，归纳起来有三种观点①：

第一种观点为"特殊专长说"。强调专家型教师应备"教育、教学与教研专长"中的一种或几种。其中，有学者仅强调"教学专长"。比如，张大均认为，专家型教师是指"那些在教学领域中，具有丰富的和组织化了的专门知识，能高效率地解决教学中的各种问题，富有职业的敏锐的洞察力和创造力的教师"。有学者既强调"教育专长"也强调"教学专长"。比如，徐辉指出，"专家型教师是指在某一方面或某一领域有专长的教师。有学者同时强调"教育、教学与教研专长"。孟繁胜等认为，"专家型教师是具有教育教学专长并且能够自我发展的研究型教师"。

第二种观点为"特级教师说"。陈桂生认为，"专家型教师"主要指"造诣高深的中小学特级教师"。李继峰指出，目前很多以教学创新成果享誉教坛的名师、省市级以上的特级教师等，可以说达到了"专家型教师"的高度。

第三种观点为"优秀教师说"。俞国良、林崇德旗帜鲜明地表明，"一般地说，优秀教师是一名专家型教师"。马艳华指出，"专家型教师是教师群体中的优秀分子，是对教师达到专业成熟状态时的称谓"。

以上三类定义从不同角度阐明了"专家型教师"的某些属性，具有一定的合理性，但它们均未精准厘清"专家型教师"的本质属性。② 也均有一些不合理性，如果说有专长的老师是专家型教师，骨干教师也有专长啊，骨干教师与专家型教师有什么区别呢？众所周知，特级教师是教育行政部门评选和授予的荣誉称号，可以说特级教师达到了专家型教师的水平，但要说明的是，一些没有特级教师称号的教师也可能是专家型教师。说"优秀教师"是专家型教师，就更加模糊和不合理了，因为专家型教师一定是优秀教师，但优秀教师不一定是专家型教师。

《现代汉语词典》对"专家"的解释是："对某一门学问有专门研究的人；

---

① 徐红，董泽芳. 我国专家型教师研究的回顾与展望 [J]. 课程·教材·教法，2011 (7).

② 徐红，董泽芳. 批判与超越："专家型教师"概念再探析 [J]. 教育科学，2011，27 (1).

擅长某项技术的人。"① 这与人们日常用语中的专家含义也基本上是一致的。但是，对于"专家型教师"的解释就不能简单地套用《现代汉语词典》对"专家"的解释。骨干教师也是擅长某项技术的人，例如学科教学或班主任工作等，与专家型教师如何区分呢？所以，我们非常有必要厘清"骨干教师""专家型教师""特级教师""优秀教师""教育家型教师"等概念。

2018 年 1 月 20 日，中共中央、国务院印发的《关于全面深化新时代教师队伍建设改革的意见》指出："到 2035 年，教师综合素质、专业化水平和创新能力大幅提升，培养造就数以百万计的骨干教师、数以十万计的卓越教师、数以万计的教育家型教师。"我们认为，"专家型教师"的内涵与这份中央文件中的"卓越教师"的内涵应该是相同的。《现代汉语词典》对"卓越"的解释是："形容非常优秀，超于一般。"②

另外，我们解释"专家型教师"的内涵时，不要忘了教师职业生涯发展阶段语境。我们这里探讨的"专家型教师"是教师专业发展阶段中的一个高级阶段，是骨干教师要进入的一个更高水平的阶段，是进入了教师专业发展金字塔的塔顶阶段，但还不是最高层，最高层是教育家型教师，能发展成为"教育型教师"的老师更是凤毛麟角了。

我们认为可以这样界定"专家型教师"：专家型教师是骨干教师经过多年的历练后，有明确科学的教育理念，形成了自己的教学主张和独特的教学风格，教育教学艺术高超、教育实践智慧突出、育人效果非常显著，研究成果丰硕，示范辐射能力更强，能够影响区域教师的成长的卓越教师。

二、"专家型教师"的特征与标准

"专家型教师"有什么特征？标准是什么？有关"专家型教师"的特征与标准，国内外学者们开展了一定的研究，但目前尚无一个统一的标准。我们尝试在他们的研究基础上，结合教师专业发展特点与教师评价实践，概括出"专家型教

①　中国社会科学语言研究所词典编辑室．现代汉语词典（第 6 版）[M]．北京：商务印书馆，2012：1708.

②　中国社会科学语言研究所词典编辑室．现代汉语词典（第 6 版）[M]．北京：商务印书馆，2012：1718.

师"的特征。

有人说，"专家型教师"是"学术型教师""研究型教师"，我们认为这种观点不够周全。专家型教师要具备一定高度的研究能力，发表了一定的研究成果，比普通教师的学术水平高。但是，如果仅仅是学术水平高，而教育教学实践能力比较普通，我们认为还没达到专家型教师的标准。把善于研究、善于发表论文和出版著作的教师说成专家型教师，是因为在认识上把"专家"等同为以研究为主业的教授学者。但是我们所说的"专家型教师"不局限于专长于研究，还要专长于教育教学实践，并且重心在教育教学实践上。

（一）国内外相关研究

美国心理学家斯滕伯格（R. J. Sternberg）提出，专家型教师的特征有三个：首先是能将更多的知识运用于教学问题的解决，这些知识包括所教学科的内容知识、一般教学法知识、与具体教学内容有关的教学法知识以及教学得以发生的社会和政治背景知识；其次是解决教学问题的效率高，他们能在较短的时间内完成更多的工作，或者明显只需要较少的努力；最后是要富有洞察力，他们能够鉴定出有助于问题解决的信息，并有效地将这些信息联系起来。德耶弗斯（J. J. Dreyfus）认为，专家型教师一般符合下列特征：教学行为流畅灵活，具有高超的教学技能，可以很好掌握教学节奏，并且他们形成了自己独特的教学风格，具备了很强的教育科研能力。[①] 美国学者舒尔曼（L. S. Shulman）认为，学科教学知识（Pedagogical Content Knowledge）最能区分学科专家与教学专家、高成效教师与低成效教师的差别。[②]

国内已有研究主要分析了专家型教师在知识、能力、人格与行为等方面的特征。俞国良等认为，专家型教师"一是具有好的、全面的知识结构，二是解决各种问题的效率高，三是在解决实践教学领域的问题时富有创新性和洞察力"。张正中指出，专家型教师在情感上表现为对事业的坚定信念和对理想人格的不懈追求，在认知方面具备广博专深的知识结构和丰富的个性化实践知识，在能力上体

———————————

① 王后雄，王世存. 专家型教师学科教学认知结构探析 ［J］. 中国教育学刊，2011 （4）.

② 王后雄，王世存. 专家型教师学科教学认知结构探析 ［J］. 中国教育学刊，2011 （4）.

现为具有"超凡脱俗"的问题解决能力，在行为方面具有敏锐的洞察力和机智处理教育问题的能力。肖映雪立足心理学视角指出，专家型教师具备丰富而高度组织化的知识并能有效运用，有很强的教学监控能力、教学反思能力、合理归因能力，很强的洞察力和创造性解决问题的能力，有较强的教育科研能力。①

（二）"特级教师"和"正高级教师"评审标准

目前，尚无专家型教师标准，但我们可以从"特级教师"和"正高级教师"的评审标准来审视"专家型教师"标准。一般情况下，人们认为"特级教师"和"正高级教师"是专家型教师。因"特级教师"和"正高级教师"是教育行政部门和人事部门组织专家评审出来的，通常都会有评审标准。我们以广东省为例，从"特级教师"和"正高级教师"评审标准来分析一下"专家型教师"的标准。

广东省《特级教师申报指南》② 中明确指出："特级教师应是师德的表率、育人的模范、教学的专家。"要求具备下列条件："对所教学科具有系统的理论基础知识和丰富的教育教学经验；精通业务，严谨治学，教育教学效果特别显著。或者在学生思想政治教育和班主任工作方面有突出的专长和丰富的经验，取得显著成绩；在推进素质教育和教育教学改革中成绩卓著。在当地教育界有声望。""在培养、提高教师的思想政治、文化业务水平和教育教学能力方面做出显著贡献。"

《广东省中小学教师水平评价标准（试行）·正高级教师水平评价标准》③ 中的专业条件要求是：（1）育人工作。教书育人成果突出，从教以来担任班主任工作 10 年以上。任现职以来，所带班级获得校级以上表彰奖励 3 次，或个人获得与德育（班主任）工作相关的市级以上称号。（2）课程教学。具有深厚的教育理论基础，精深的专业知识，深入系统地掌握所教学科课程体系，对学科课程

---

① 徐红，董泽芳. 我国专家型教师研究的回顾与展望 [J]. 课程·教材·教法，2011 (7).

② 广东省教育厅等部门. 关于开展南粤优秀教师（优秀教育工作者）暨特级教师评选表彰工作的通知（粤教人函 [2021] 9 号）附件 2.

③ 广东省人力资源和社会保障厅 广东省教育厅. 关于印发《广东省深化中小学职称制度改革实施方案》的通知（粤人社规 [2016] 5 号）.

体系建设有贡献。具有课程与教学领导力,具有较强的信息技术与学科教学整合能力,能够创造性地对本学科课程的教育教学方法进行改革,并取得显著效果。具有先进的教学理念、形成独到的教学风格和精湛的教学艺术;教学经验在本学科领域得到推广并有较大影响;教学业绩显著,教学效果在同级同类教学中处于领先等次。在市级以上开设过3次以上教学示范课、观摩研讨课、专题讲座并获好评,或获得市级优质课、教学技能竞赛一等奖或省级二等奖以上。至少还需具备下列条件中的一项:被评为省特级教师,或省百千万人才培养工程培养对象,或市级以上名教师、名校长、名班主任。被聘为高校或教育学院兼职教授,并承担过培养硕士研究生工作。参加过经省级以上教育行政部门审定的教材编写。(3)教研科研。具有主持、指导和引领本学科领域教育教学研究的能力;在教育思想、课程改革、教学方法等方面取得高水平成果,并广泛运用于教学实践,在实施素质教育中,发挥了示范和引领作用。(4)示范引领。在本区域学科教学领域享有很高的知名度,是市级以上本专业学术团体主要成员,经常参与组织学术活动;是同行公认的教育教学专家,曾获得市级以上综合性荣誉称号;任现职以来在指导和培养本专业青年教师方面取得成效,其中至少2人成为市级以上骨干教师,或参加市级以上的教学比赛或班主任技能大赛取得突出成绩;对推动区域学科课程建设、教学工作或学校改革与发展产生重要影响。

从广东省特级教师和正高级教师评审相关文件来看,特级教师和正高级教师必须是专家型教师。广东省《特级教师申报指南》中明确指出特级教师是教学专家,而正高级教师的评审标准比特级教师的标准还高。

(三)"专家型教师"的特征与条件

结合学者们的相关研究以及广东省特级教师和正高级教师评审标准,我们认为"专家型教师"应该具备以下条件:

(1)具有深厚的能运用到实践中的教育理论基础,拥有明确科学的教育理念,形成了自己独特的教学主张或育人理念。这是专家型教师与普通教师的内在区别。

(2)师德的表率、育人的模范。为人师表,为党育人,为国育才,是教师的初心,是教师的使命。专家型教师在师德与育人效果方面会有卓越的表现。在学生思想政治教育或班主任工作方面有突出的专长和丰富的经验，取得显著成绩。

（3）形成独到的教学风格和精湛的教学艺术，教学效果显著。拥有精深的学科专业知识，深入系统地掌握所教学科课程体系，能够创造性地对本学科课程的教育教学方法进行改革，对学科课程体系建设有贡献。

（4）具有很高的课程与教学领导力，教学经验在本学科领域得到推广并有较大影响，在本区域学科教学领域享有很高的知名度，具有较强的示范引领作用。

（5）具备很强的教育研究能力，不仅教学成绩突出，而且研究成果丰硕。

三、骨干教师如何发展成为专家型教师

有人形象地描绘了骨干教师在教师队伍中所处的相对位置，认为"骨干教师"在教师群体内，就好比"中产阶级"，与大多数默默无闻的普通教师相比多了一些成功的体验与机会；而与已经成名成家的特级教师、名教师相比，他们又普普通通。比上不足、比下有余，是中小学骨干教师普遍的心态。① 这比较形象地描述了骨干教师在教师群体中的位置和发展状态，他们确实还"在路上"。他们基本上属于教师队伍的"上游"，但其主体并非最优秀的那一部分。其中，少部分低水平的骨干教师在教师群体中的位置只是中游偏上，发展态势则是"在路上、有希望、前景好"，他们属于群体中的核心和中坚力量，他们的水平低于专家型教师。② 根据教师专业发展阶段规律，专家型教师是骨干教师下一步发展台阶和成长方向。

国内外相关研究以及现实情况表明，很多教师发展到骨干教师这一阶段后，就停滞不前了，大约有10%的教师能发展到专家型教师。骨干教师要蜕变成专家型教师，必须跨越发展高原期。一些骨干教师经过高原期后，继续前行，攀上了专家型教师的高峰，也有一些骨干教师经过高原期后，继续停滞不前，满满开始走下坡路，进入职业的衰退期（见图6-4）。

骨干教师如何跨越专业成长的"高原期"，发展成为专家型教师呢？

专业发展高原期是骨干教师继续成长发展的瓶颈。1977年，美国职业心理

---

① 王丽琴. 走近骨干教师的生活世界——一种社会学分析 [J]. 教师教育研究, 2005 (1).

② 吴振利. 中小学骨干教师培训理论与实践 [M]. 北京：人民出版社, 2019：57.

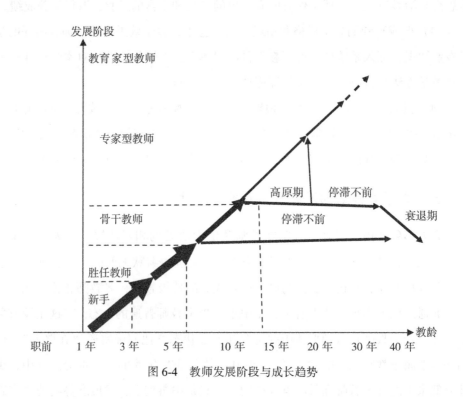

图 6-4　教师发展阶段与成长趋势

学家 T. R. 菲伦斯将高原现象引入职业生涯研究，指个体职业生涯中出现的暂时停滞甚至后退的阶段。高原期现象在各行各业中普遍存在。教师职业高原期通常在入职 8~12 年后到来，表现为教师进一步努力的热情和动力不足，出现职业倦怠感。进入专业发展高原期的中小学教师变得按部就班和安于现状，多数教师甚至开始自认平凡和甘于平庸，其专业发展欲求明显降低。①

　　有研究表明，骨干教师认为当前阻碍自己发展的最主要因素是自我发展的内在动力不足和存在懒惰心理。从骨干教师走向卓越教师时，很多教师一开始就望而却步，停滞不前了。骨干教师大多开始步入中年期，家庭的压力、生活的经历、身体的精力等各方面的因素都影响教师的成长状态，那种入职初时的热情和年轻时的韧劲、毅力都很难保持下来。如果缺少进一步成长的动力，大部分骨干

---

　　① 吴振利. 中小学教师突破专业发展高原期的策略［J］. 教育理论与实践，2015, 35 (11).

教师会步入个人发展的高原期。为此，如何激发教师二次成长的内在动力，让教师感到自己二次成长的可能性，为教师们营造一个积极向上的氛围，是促进教师实现二次成长的前提条件之一。①

随着社会的发展，对人才的素质要求越来越高，国家和社会对教育质量的要求也与日俱增，对教师素质的要求也必然不断提高，这必将给教师带来了一些前所未有的压力。为了缓解压力，某些教师可能会采取得过且过的应付态度，产生职业倦态，不思进取。学校学生人数的膨胀，不断增加的工作量也增添了教师工作的负荷。在学校中教师缺乏自主性，存在职称评定论资排辈现象。特级教师、正高级教师等指标很少，难度很大，教师感到职业发展的阶梯相对渺茫，失去前进动力。久而久之，成长中"高原期"就会越拉越长。②

专业发展高原期是教师专业动态发展过程中相对静止的阶段，属于成长中的正常现象。但是必须清醒地看到处于高原期的教师往往由于不能正确认识导致高原现象的原因，在情绪上会产生一定的波动，从而对自身的发展以及工作和学习造成一定的消极影响。因此帮助教师正确认识高原现象，克服高原期带来的不良后果，快速逾越高原期对教师的专业成长具有非常重要的现实意义。

骨干教师如何跨越高原期，继续成长发展？一方面，需要社会、教育行政部门和学校为骨干教师进一步发展营造良好的成长环境和条件；另一方面，需要骨干教师自身的努力。外在良好的成长环境和条件固然重要，但起关键作用的还是教师自身的努力。在同样的成长环境下，有些骨干教师发展成为了专家型教师，有些骨干教师停滞不前，甚至走下坡路。

骨干教师首先要正确认识和面对高原现象，认识到高原现象是一种规律性的发展现象，并且是可以跨越的。跨越需要坚定的发展志向和克服困难的顽强意志。另外，持续不断地开展教育教学研究，既是跨越高原期的良方，也是走向专家型教师的必由之路。许多骨干教师在多年的实践中积累了丰富的教育教学经验，实践能力达到了一定的水平，但由于未能进行科学总结和提炼，缺少深入的研究，个人的经验又带有一定的局限性，因此就进入了发展的高原期。对教师专

①　万伟. 骨干教师二次成长中的五大转折——由一次暑期教师培训想到的 [J]. 中小学教师培训, 2010 (2).

②　郑友训. "高原期"：教师专业成长必须逾越的平台 [J]. 当代教育科学, 2005 (11).

业成长而言，教育科研是强而有力的"催化剂"，通过教育科研寻找专业发展的突破口，从而超越自我高原期，逐步形成自己的专业特色和教学风格。① 同时，教育科研也能给骨干教师带来新的成就感和幸福感。正如苏联教育家苏霍姆林斯基所言："如果你想让教师劳动能给教师一些乐趣，使天天上课不致变成一种单调乏味的义务，那么你就引导每一位教师走上从事一些研究这条幸福的道路上来。"

著名特级教师王崧舟总结自己的成长历程，揭示了专家型教师成长的秘诀："回顾自己 25 年的心路历程，我越来越觉得：要成为一名优秀教师，必得有四大支柱的坚固支撑——用丰厚的文化底蕴支撑起自己的教育诗性，用高超的教育智慧支撑起自己的教育灵性，用宏阔的课程视野支撑起自己的教育活性，用远大的职业境界支撑起自己的教育神性。"②

教师的专业成长是一个曲折复杂螺旋递进的历程，骨干教师必须不断克服职业倦怠，逾越发展中的"高原期"，早日成为专家型教师，这既是教师实现自我价值的需要，更是国家对我们教师发展的要求，也是千千万万家长们的期待。

本书研究的对象，其中已经获得广东省特级教师称号有 8 人，他们是潘唯女、揭振东、窦梦婷、王钦、刘美、冯宇红、庞彩虹、郑秀葵；成为正高级教师的 3 人，他们是袁勇、王海波、揭振东；成为广东省名教师工作室主持人 4 人：潘唯女、黄剑涛、梁桂云、冯宇红。这些教师已经从骨干教师发展为专家型教师了。读者们不仅可以在他们身上看到如何成长为骨干教师，也能看到他们如何成长为专家型教师。我们期待更多的骨干教师发展成为专家型教师！

---

① 郑友训. "高原期"：教师专业成长必须逾越的平台 [J]. 当代教育科学，2005 (11).

② 王崧舟. 特级教师是这样炼成的（四）[J]. 中小学管理，2010 (4).

第七章　"三阶十环螺旋递进"中小学骨干教师培养模式研究与实践

　　本书的叙事研究是在"'三阶十环螺旋递进'中小学骨干教师培养模式研究与实践"基础上开展的，也是后续的深入研究。本章介绍"'三阶十环螺旋递进'中小学骨干教师培养模式研究与实践"，是"湛江市省级骨干教师培养项目"四年的培养实践和行动研究成果，该项目是广东省教育厅实施的省级骨干教师和骨干校长培养计划的地方实践。湛江市 191 名中小学教师和幼儿园教师被广东省教育厅遴选为该项目培养对象。湛江市教育局将该项目委托给岭南师范学院省级中小学教师发展中心承办。经过四年培养项目实施和行动研究，形成了"三阶十环螺旋递进"骨干教师培养模式（见图 7-1），为骨干教师培养探索了一种有效的模式，发表和出版了一系列理论研究与实践探索成果，为湛江市基础教育培养了一批师德高尚、理念先进、视野广阔、实践能力强、发挥引领示范作用的优秀骨干教师。

一、问题的提出

　　建设高素质专业化创新型教师队伍是国家和我省新时代教师队伍建设目标，《中共广东省委 广东省人民政府关于全面深化新时代教师队伍建设改革的实施意见》提出了广东省师资队伍建设目标："到 2035 年左右，全省教师综合素质、专业化水平和创新能力大幅提升，稳居国内先进地区行列。建立符合教育规律的教师发展体系，培养造就数以十万计的骨干教师、数以万计的卓越教师、数以千计的教育家型教师。"作为广东省十家省级中小学教师发展中心之一，多年来我们

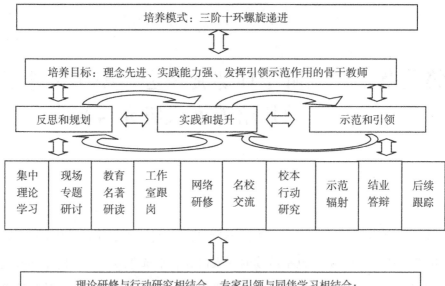

图 7-1 "三阶十环螺旋递进"骨干教师培养模式

一直在探索如何更有实效地为广东省高素质专业化的创新型教师队伍建设贡献力量。

教师培训是教师队伍建设的重要举措,岭南师范学院每年承担几十项"强师工程"省级教师培训项目,我们在为广东省,特别是粤西地区培养培训骨干教师。在培训工作实践中,存在培训实效不理想的问题,影响培训实效的因素很多,培训模式的创新是解决该问题的一个关键要素。

为加强中小学骨干教师队伍建设,广东省教育厅从 2014 年开始实施省级骨干教师和骨干校长培养计划,这是落实"强师工程"的重要举措。该项目在全省范围内遴选一批中小学省级骨干教师、骨干校长培养对象进行培养,提高他们的师德水平和业务能力，促进形成特点鲜明的教育教学风格及学校管理特色，使他们成为教育家、名教师、名校长的后备梯队。同时建立省、市、县三级骨干教师、校长培养体系，充分发挥各级骨干教师、校长的示范引领作用，全面带动和促进中小学教师队伍整体水平提升。

岭南师范学院"广东省中小学教师发展中心"接受该项目后，成立了项目组，项目组负责人由广东省中小学教师培训专家工作室主持人许占权教授担任，遴选了高校和中小学专家担任项目组成员。该项目不是普通的培训项目，是时间长达四年的培养项目，如何有效实施省级骨干教师培养项目，有效实现培养目标？如何结合新时代中小学教师生命成长的规律和特点培养骨干教师？如何富有实效地培养培训骨干教师？如何创建一个有效的骨干教师培养模式？围绕这些问题，我们在几年的理论和实践研究基础上，以承担湛江市省级骨干教师培养项目为契机，开展了为期四年的骨干教师培养模式行动研究和实践探索。

二、解决问题的过程与方法

（一）前期准备工作

1. 校地联动、协同推进

湛江市教育局与岭南师范学院高度重视项目的实施，校地联合成立"湛江市省级骨干校长和骨干教师培养工作领导小组"，组长由岭南师范学院副校长和湛江市教育局副局长担任，成员由湛江市教育局人事科、教师继续教育指导中心、教研室、岭南师范学院省级中小学教师发展中心等部门的相关负责人组成。领导小组的职责是审定培养项目实施方案，负责组织领导、协调整体工作，监督评估培养过程及效果等工作。

岭南师范学院省级中小学教师发展中心是湛江市省级骨干校长和骨干教师培养工作的执行机构，成立项目组，项目组由管理服务团队和专家团队组成。具体职责是制定并执行培养方案，并负责项目的实施工作。

2. 调研论证、制定方案

项目组展开广泛而深入的、多种形式的训前调研与研究，在深入了解培养对象实际需求的基础上，遵照骨干校长和教师成长的专业发展需要和教师生命成长的理念，设计了《湛江市省级骨干教师培养项目实施方案》《湛江市省级骨干教师培养项目考核方案》。

为了使这一重要的培养项目更具实效性和可行性，更接地气，项目组联同湛江市教育局多次召开培养方案论证会。论证专家由教育局行政部门管理者、岭南师范学院教授、中小学特级教师、教研员、中小学校长等组成。各位专家围绕培训目标的定位、培训内容的选择与课程设计、培训环节与培训模式、师资配备、培训过程管理的监控以及培训效果的评价等方面开展全方位、多视角的诊断，并结合自身的教学、培训、管理经验提出了细致的、具有针对性的培训实施建议和改进措施。论证会集思广益，项目组在汲取专家意见和建议的基础上进一步修订完善项目实施方案，为下一步开展行之有效的项目实施工程奠定了良好的基础。

（二）项目实施与行动研究过程

1. 明确培养目标和研究目标

本项目的培养目标是通过进一步提高省级骨干教师培养对象的教育理论素养、教学实践能力和研究能力，提升教育实践智慧，形成科学的教育理念和教学风格，培养造就一批师德高尚、理念先进、视野广阔、学识渊博、业务精湛、实践能力强、能够发挥引领示范作用的湛江市基础教育骨干教师，为名教师培养后备梯队。

在多年的教师专业发展规律研究和教师培养培训实践经验基础上，结合湛江市骨干教师专业发展需求调研，我们把该项目的具体培养目标确定为：（1）深度掌握科学的教育理念，形成自己的教育信念。通过进一步深入学习教育理论、把握国内外基础教育改革动态和趋势，结合教育反思与提炼，使参训教师形成科学的教育理念，拥有教育信念。（2）深化提升教学艺术，形成个性教学风格。更新学科知识，了解学科教学最新动态和发展趋势，教学素养和学科素养得到进一步提升。创新教学模式，形成个人的教学风格和实践智慧。（3）深入提高校本行动研究水平，形成教学创新能力。真正掌握校本研修方法，研究总结教育教学经验，提高学科教学分析问题和解决问题的能力。促进骨干教师培养对象全面提高教育创新能力，探索教育规律，创新教育教学模式。（4）提高参训教师影响力，发挥引领辐射作用。通过名教师培养工程实现个人专业发展上新台阶，在当地发挥示范引领作用，带动当地教师共同成长。

本项目的研究目标是：通过行动研究创建有实效的骨干教师培养模式，研训结合，研究与培训项目实施相辅相成，互相促进。

2. 创新培养模式：三阶十环螺旋递进

项目组在充分的教师成长规律研究基础上，结合多年的教师培训实践经验，创建了"三阶十环螺旋递进的"的骨干教师培养模式，经过四年实践探索，证明该模式是科学有效的。

（1）三阶十环螺旋递进的内涵。

"三阶"，即四年的培养过程分为三个阶段，分别是"反思和规划""实践和提升"和"展示与示范"。

"十环"，即培养的十个环节：集中理论学习、现场专题研讨、教育名著研读、名师工作室跟岗、网络研修、名校考察交流、校本行动研究、示范辐射、结业成果答辩、后续跟踪指导。各阶段与培养环节既脉络清晰、主题明确，同时又螺旋递进，互相包含。

"三阶十环螺旋递进"是一种混合式研修模式，设计理念，一是强调四个结合：集中学习与校本研究相结合，专家引领与同伴学习相结合，线下学习与网络研修相结合，自我成长与引领示范相结合。二是强调"一主三重"，即以原有经验建构为主线，以对话、研讨和案例分析为重点。三是培养上强调三重视，即重视借鉴国内名教师的成长经验，重视发挥省内名师的作用，重视大学与基础教育的多元结合。各阶段与培养环节既脉络清晰、主题明确，同时又螺旋递进，互相包含。

在培训方式的选择上，充分考虑培养目标的实现和培训者的需求，切实实现由"讲授说教培养范式"向"经验建构培养范式"转变；重在转变观念和行为；重在交流分享和启发；重在诊断与合作解决；重在体验和感悟；重在提升和发展。

（2）三阶段主要内容。

"反思和规划"阶段：通过集中主题培训、学习共同体建设、课题申报研究和专业成长规划等培训活动，将每位学员的培养建立在自身的专业发展基础上，促进省级骨干教师培养对象在教学实践工作的基础上展开自我探索，进行教学反思，在反思中找准方向定位；让导师与学员共同研讨，对每位学员进行专业发展分析，制定个人专业成长规划；每位学员根据自身实际，制定行动研究计划，做好课题申报并开展行动研究，从而开拓教育视野、更新教学理念、形成个人专业发展系统规划与教学改进方案。

"实践和提升"阶段：在延续与深化第一阶段培养活动的基础上，重点启动以实践学习研修——省内外拓展研修为主体的实践研修模块活动，促进省级骨干教师培养对象对自身教学风格与教学思想的认识、凝练，达到在实践中培育个性、形成风格的目标。

"展示和示范"阶段：省级骨干教师培养对象提炼出自己的教学特点，并通过各种形式和途径展示自己的风格和思想，不断提升和完善，最终形成具有鲜明特色的个性化教学风格和品牌。同时，创造各种条件，让培养对象在各种平台上展示和传播自己的培训成果。

（3）十环节具体做法。

集中理论学习：以专题讲座、案例分析、教师工作坊、世界咖啡、教师论坛、走进课堂现场等形式进行。省级骨干教师培养对象每年接受不少于30学时的集中培训课程。

现场专题研讨：学员分组深入学校教育教学现场，围绕一个大家共同关心的问题，结合教育教学实际，进行问题诊断与分析讨论。

教育专著研读：贯穿培养全过程，要求培养对象每年阅读著作10本，精读教育专著不少于2本；每年撰写读书笔记不少于5篇；举行"读书与专业成长"专题报告活动。每位省级骨干教师培养对象每年至少做一次"读书与专业成长"专题报告。

名师工作室跟岗学习：把学员分成若干研修小组，以小组为单位，到省级中小学名教师工作室进行跟岗学习。聘请省级教师工作室主持人作为省级骨干教师培养对象的实践导师，在教育教学思想与观念、教研研究成果等方面进行指导。接受省级名师、中学正高级教师、特级教师、省"百千万人才培养工程"培养对象等高层人才的直接指导不少于2次，每次不少于8学时。

网络研修：每年网络研修30学时，要求培养对象按照远程网络课程学习考核方案完成该任务。通过远程网络课程学习，使省级骨干教师培养对象了解国际教育趋势和我国基础教育相应学科教学新动态，夯实教育理论基础、进一步掌握基础教育新课程理论，拓宽视野，构建合理的知识结构。

名校交流学习：走进国内名校交流学习，观察、听取经验介绍、研讨交流。参加外出学习的每位省级骨干教师培养对象必须撰写一篇《访问学习体会》。

行动研究提升：学习与行动研究相结合。省级骨干教师培养对象应围绕学科教学的热点、难点问题和个人成长经历开展科学研究工作，系统而深入地挖掘和提炼自身教育教学与管理思想、方法和经验。鼓励省级骨干教师培养对象著书立说，传播办学的新思想、新理念、新主张和新观点，宣传和推广一批高水平、有影响的教育研究成果，适时出版名师集刊或丛书。具体要求：①撰写一篇《名师成长个案分析》；②撰写教育教学论文一篇（阐述个人的教学思考和教学行为，以自己教育教学实践案例加以说明）；③省级骨干教师培养对象在导师指导下，在充分认识自我（优势与不足）的基础上，制定符合省级骨干教师要求的科学可行的《专业发展规划》，激励自己更好更快发展。以上材料收入《省级骨干教师培养工作成果汇编》，并作为考核依据。④每位省级骨干教师培养对象在培养期间独立完成一项县级以上课题或者是参与一项市级以上教研课题。

示范带动：①每学期，省级骨干教师培养对象必须在所在学校至少上一堂教学汇报课，由学校组织听课教师进行研讨。②每年，省级骨干教师培养对象必须在全县（市、区）范围内至少上一节教学展示课或者学术讲座，由县（市、区）级学科带头人组织听课教师进行研讨。③参与市、县级骨干教师培训工作。省级骨干教师对象通过参加市、县、校级骨干教师培养对象的培训工作，一是发挥省级骨干教师培养对象示范引领作用；二是相互学习，取长补短，共同发展。④在县域内组建本学科教学指导团队（5人以上），承担当地教师培训和指导青年教师的任务。每位省级骨干教师培养对象及其教学团队3年内培训本学科教师100人次以上，指导青年教师20人以上，其中10人成长为校级以上骨干教师，至少2人成长为县级以上骨干教师。⑤安排省级骨干教师培养对象在市、县、校级骨干教师培养对象培训班做"我的成长道路（故事）"的专题报告。

"成果展示"与"结业答辩"：通过省级骨干教师培养对象培养成果展示，总结项目经验和成效，发挥骨干教师在我市教师专业发展中的示范引领作用，有效促进省级骨干教师培养对象的专业发展。培养对象通过结业答辩才能结业。

后续跟踪指导：培养周期结束后，项目组与培养对象仍然建立密切的联系，专家组对培养对象仍然提供指导服务，进行后续跟踪指导，并建立合作共同体，合作开展教师发展研究和基础教育研究。

3. 围绕培养目标设计培训内容

培训内容由三大模块组成：（1）课程教学理论与改革动态。国内外著名的课程教学理论；国内外优秀教学思想精讲；当代课程教学改革新动态；中小学学科教学改革动态；基于脑科学的学生学习；教学设计与教学艺术；教学理念与学习理念的转变。（2）名师的成长之路。新时期专家型教师发展：理念、策略与方法；名师专业成长的案例分析；校本教研与名师成长；教师生涯发展与规划；教学研究方法与研究成果的撰写；教师的课程领导与教学团队建设。（3）名师的教学实践智慧与艺术。名师教学艺术个案赏析；学科教学研究；中小学有效课堂教学新模式；新时期中小学生学习特点与教学策略；教学方法与学习方法改革；研究性学习的策略与方法；合作学习的策略与方法；自主学习的策略与方法；反思性教学的理念与策略；信息技术与课程的整合；信息时代对教师的挑战与应对。

4. 实施双导师制，构建1+1+5学习共同体

项目采用双导师制度（高校名师+一线名师），用1+1+5（1名大学理论导师+1名一线实践导师+5名培养对象）的结构建立省骨培养对象学习共同体。从岭南师范学院挑选23位课程教学论教师作为理论指导教师，全省中小学名师中选出41位名师和名校长作为省骨培养对象的实践指导教师，41名实践导师由省级教师工作室主持人，省"百千万"名校长、名教师培养对象，特级教师和教研员组成。

三、成果的主要内容

1. 创建了"三阶十环螺旋递进"骨干教师培养模式

2. 出版和发表了一系列相关研究成果

项目组成员出版了《教师从业要求与继续教育》《教师的生命成长》《德育从心灵开始——中小学典型德育案例荟萃》《润泽心灵成长的学科教学》四本著作；在学术期刊公开发表了《教师专业成长的生命周期》《教师专业成长的类型》《教师校本学习文化危机与重建》《基于小组合作学习的教师培训实践探

索——以高中历史教师培训为例》等一系列相关研究论文。

四、效果与反思

1. 创建了一个可以推广的骨干教师培养模式

经过近四年的实践探索和行动研究,建构了"三阶十环螺旋递进"骨干教师培养模式,推动了岭南师范学院省级中小学教师发展中心培训模式改革,发挥了省级中小学教师发展中心服务地方师资队伍建设的积极作用。该模式在湛江、茂名、林芝、重庆等地骨干教师和骨干校长培养项目中得到应用和实践检验。

2. 为湛江市培养了一批优秀的骨干教师

该项目提高了省级骨干教师培养对象的教育理论素养、教学实践能力和教学研究能力,提升了教育实践智慧,形成较科学的教育理念和教学艺术风格,培养造就一批师德高尚、理念先进、视野广阔、学识渊博、业务精湛、实践能力强、能够发挥引领示范作用的湛江市基础教育骨干教师,为湛江市教育家、名教师培养后备梯队。

191名学员中,发表和获奖论文有223篇,主持和参与课题187项,出版著作10部,教育教研成果丰富,个人专业成长迅速。在培养期间,培养对象三年累计上公开课1200节;开展读书活动分享会,三年累计1200次。教学教研实践活动丰富,充分发挥了骨干教师的辐射引领作用,带动了身边一批年轻教师成长。

191名学员中,获得广东省特级教师称号8人,正高级教师3人,成为广东省名教师工作室主持人4人,成为湛江市名教师、名班主任工作室主持人39人,成为县区级工作室主持人46人,被聘为湛江市中小学教师职务培训网络辅导教师78人,获得县区级荣誉总计352人次,省部级荣誉总计106人次,48人次在培养期间通过副高级职称评审,10人被提拔为校级领导,82人成为学校中层干部,培养对象迅速成长,进一步扩大了培养项目的辐射引领作用。

3. 产生了一批有影响的研究成果

研究成果《教师的生命成长》《德育从心灵开始》两本书在全国中小学教师中产生了广泛影响,深受中小学教师喜欢。《德育从心灵开始》入选全国师范大学出版社2018年第三季度微书单,再版印刷;《教师的生命成长》赢得全国29

个省（直辖市）教育同行的认可，作者先后应邀为福建、河北、云南、甘肃、重庆、江西、新疆、广西和广东等地的教师们做学术报告。

项目组负责人许占权等著《教师从业要求与继续教育》获岭南师范学院优秀教学成果一等奖；项目组核心成员李文送著《中学生物学教师生命成长》2016年获湛江市第三届基础教育教学成果奖二等奖；李文送著《教师的生命成长》2018年获湛江市第四届基础教育教学成果奖二等奖；项目组成员参与的《校本研修引领教师专业发展的实践研究》2018年获湛江市第四届基础教育教学成果奖一等奖。李文送主持的《教育现代化背景下教师专业化发展的研究》2020年获湛江市第五届基础教育教学成果奖一等奖；李文送主持的《教师专业发展"生命环"的构建与实践》2021年荣获广东省教育教学成果奖（基础教育类）二等奖。

4. 存在需要改进的问题

项目在实施过程过中也遇到一些问题，今后还需要深入研究和改进。主要有：（1）工学矛盾问题。培养对象是业务骨干，教学和班级管理任务繁重，该项目培训内容丰富，培训环节多，因此工学矛盾问题也突出，如何科学解决培训、研究与教育教学的工作的时间冲突问题？（2）骨干教师培养对象人数较多，覆盖了各学段，各学科教师，给分层分类分科培养带来一些困难。如何做好骨干教师、名教师培养对象培训这些高层次培训项目的顶层设计？这些问题都有待进一步思考、研究和解决。

参 考 文 献

一、著作类

[1] 丁钢. 声音与经验：教育叙事研究 [M]. 北京：教育科学出版社，2008.

[2] 许占权，张妙龄. 教师培训理论与实务 [M]. 武汉：武汉大学出版社，2019.

[3] [美] Stephen D. Brookfield，著. 张伟，译. 批判反思型教师 ABC [M]. 北京：中国轻工业出版社，2002.

[4] [日] 佐藤学，著. 钟启泉，译. 课程与教师 [M]. 北京：教育科学出版社，2003.

[5] 朱旭东. 教师专业发展理论研究 [M]. 北京：北京师范大学出版社，2011.

[6] 张敏. 教师学习的理论与实证研究 [M]. 杭州：浙江大学出版社，2008.

[7] 倪传荣，等. 骨干教师队伍建设研究 [M]. 沈阳：沈阳出版社，2000.

[8] 冯建军，等. 生命化教育 [M]. 北京：教育科学出版社，2007.

[9] 单中惠. 西方教育思想史 [M]. 北京：教育科学出版社，2007.

[10] [德] 雅斯贝尔斯. 邹进，译. 什么是教育 [M]. 北京：三联书店，1991.

[11] [美] 彼得·圣吉，著. 郭进隆，译. 第五项修炼——学习型组织的艺术与实务 [M]. 上海：上海三联书店，1998.

[12] [美] 朱迪·奥尼尔、维多利亚·J. 马席克，著. 唐长军，等，译. 破解行动学习——行动学习的四大实施路经 [M]. 南京：江苏人民出版社，

2013.

[13] 荀渊. 迈向专业的教师教育［M］. 上海：华东师范大学出版社，2018.

[14] 吴振利. 中小学骨干教师培训理论与实践［M］. 北京：人民出版社，2019.

[15] 姚计海. 校长如何引领教师成长［M］. 北京：北京师范大学出版社，2016.

[16] 李镇西. 自己培养自己［M］. 上海：华东师范学大学出版社，2017.

二、论文类

[1] 王丽琴，蔡方. 从师范生到骨干教师（一）——关于教育研究在教师专业成长中地位与作用的个案考察［J］. 当代教育科学，2004（3）.

[2] 杜屏，等. "北京市中小学骨干教师成长与行动研究"项目评估与反思［J］. 教师教育研究，2010（5）.

[3] 罗晓杰. 国内外教师专业发展阶段研究述评［J］. 教育科学研究，2006（7）.

[4] 钟祖荣，张莉娜. 教师专业发展阶段的调查研究及其对职后教师教育的启示［J］. 教师教育研究，2012，24（6）.

[5] 薛晓阳. 卓越教师的意图改写及反思——教师教育体系、教师资格制度的价值、功能与关联［J］. 教育研究与实验，2018（3）.

[6] 王海平. 优秀教师专业发展的动力构成——对41位中学特级教师的访谈分析［J］. 上海教育科研，2016（5）.

[7] 成尚荣. 第一动力·第一品质·第一专业［J］. 人民教育，2015（3）.

[8] 孟旭. 论教师专业发展的动力机制［J］. 教育理论与实践，2015（22）.

[9] 伍叶琴，李森，戴宏才. 教师发展的客体性异化与主体性回归［J］. 教育研究，2013（1）.

[10] 张勇. 论教师学习的内涵与特点［J］. 天津市教科院学报，2011（5）.

[11] 高旺蓉. 骨干教师成长的支持性因素：生态学分析［J］. 教育发展研究，2007（7-8B）.

[12] 黄克剑. 天职观念与范本教育［J］. 福建论坛·社科教育版，2004（3）.

[13] 张传燧，谌安荣. 论教师生存方式及其现代转型［J］. 教师教育研究，

2007（3）.

[14] 许占权．生命化教育理念下的教师专业发展［J］.东北师范大学学报（哲学社会科学版），2009（6）.

[15] 周亚东．论教师现场学习的动力机制［J］.教育理论与实践，2017，37（11）.

[16] 李方安．论教师自我发展［J］.教育研究，2015（4）.

[17] 张勇．论教师学习的内涵与特点［J］.天津市教科院学报，2011（5）.

[18] 肖川，胡乐乐．论校本教研与教师专业成长［J］.教师教育研究，2007（1）.

[19] 朱旭东．论教师专业发展的理论模型建构［J］.教育研究，2014（6）.

[20] 许占权．提升教育实践智慧　促进教师专业发展［J］.教育导刊，2007（8）.

[21] 王丽琴．走近骨干教师的生活世界——一种社会学分析［J］.教师教育研究，2005（1）.

[22] 徐红，董泽芳．我国专家型教师研究的回顾与展望［J］.课程·教材·教法，2011（7）.

[23] 徐红，董泽芳．批判与超越："专家型教师"概念再探析［J］.教育科学，2011，27（1）.

[24] 王后雄，王世存．专家型教师学科教学认知结构探析［J］.中国教育学刊，2011（4）.

[25] 万伟．骨干教师二次成长中的五大转折——由一次暑期教师培训想到的［J］.中小学教师培训，2010（2）.

[26] 吴振利．中小学教师突破专业发展高原期的策略［J］.教育理论与实践，2015，35（11）.

[27] 郑友训．"高原期"：教师专业成长必须逾越的平台［J］.当代教育科学，2005（11）.

[28] 王崧舟．特级教师是这样炼成的（一）［J］.中小学管理，2010（1）.

[29] 王崧舟．特级教师是这样炼成的（四）［J］.中小学管理，2010（4）.

[30] 田慧生. 时代呼唤教育智慧及智慧型教师 [J]. 教育研究，2005 (2).

[31] 周南平. 走向智慧型教师专业发展 [J]. 上海教育科研，2016 (5).

[32] 李润洲. 智慧型教师成长的教学审视 [J]. 当代教育科学，2017 (6).

[33] 张学民，申继亮. 国外教师教学专长及发展理论述评 [J]. 比较教育研究，2001 (3).

后　记

　　我已经从事了大半辈子的教师培养培训工作，一直在探索如何为教师的专业成长提供更多更好的服务。最近，读了李镇西先生的《自己培养自己》，很受启发，也非常认同李镇西先生的观点："'生长'的确需要空气、阳光和水，但这些条件都是普惠于每个人的。那么为什么不是人人都能'生长'（成长）呢？因为'生长'是生长者自己的事。既然如此，那么作为年轻教师，就不要寄希望于别人的'打造'，而应该有'自己培养自己'的信念、行动和毅力。"本书中的36名骨干教师在成长自述中，大家都对省级骨干教师培养项目给予充分的肯定，讲述了培养项目对他们成长的帮助。我深信教师们的话是发自内心的，我也深知在这些优秀教师的成长发展中，尽管省级骨干教师培养项目发挥了一定的作用，但更离不开教师们自己的信念、行动和毅力。正是基于这样的理念，我们在湛江市省级骨干教师培养项目结束后，继续对这些优秀骨干教师进行跟踪研究，进一步研究他们成长的内在特质和机制，并且与培养对象们携手同行，一起开展研究。

　　本书中，撰写成长自述的36名学员既是我们的研究对象，也是研究的承担者、参与者、合作者、创造者，这符合行动研究的理念。这本书不仅仅是36名骨干教师成长经验的呈现，记述的不仅仅是他们的职业生活史，我们还可以倾听到他们成长过程中内心的声音，感受到教师成长过程的主观世界，体验教师发展的生命律动，探寻教师成长的行为意义，为骨干教师的成长提供智慧分享平台，探寻骨干教师成长之路。这无论是对从事教师教育的人们，还是对中小学教师自身，都是非常有意义的。

　　李文送、冯宇红、王海波三位老师既是研究团队的核心成员，也是湛江市省级骨干教师培养项目中的优秀学员。他们三位已经发展成为专家型教师，王海波在 2020 年晋升了正高级教师，冯宇红在 2021 年荣获"特级教师"称号，并被遴选为广东省名师工作室主持人，李文送在 2021 年被遴选为广东省中小学"百千万人才培养工程"名教师培养对象。研究团队中的另一名核心成员张妙龄老师是广东省首批名班主任、首批名班主任工作室主持人。这四位教师也是我主持的广东省中小学教师培训专家工作室成员，能够与这些优秀的教师一路同行，共同开展研究，共同发展，是非常幸福的。

　　祝愿骨干教师们继续乘风破浪，勇往直前，勇攀专家型教师的高峰！

许占权

2021 年 9 月 15 日